DEMOCRACIAS BAJO PRESIÓN

Estado, Fuerzas Armadas y Crimen Organizado en América Latina: ¿Éxito o fracaso de la estrategia de contención militar?

DANIEL SANSÓ-RUBERT PASCUAL

DEMOCRACIAS BAJO PRESIÓN

Estado, Fuerzas Armadas y Crimen Organizado en América Latina: ¿Éxito o fracaso de la estrategia de contención militar?

Dykinson, S. L.

Este libro ha sido sometido a evaluación por parte de nuestro Consejo Editorial
Para mayor información, véase www.dykinson.com/quienes_somos

Editorial DYKINSON, S.L. Meléndez Valdés, 61 - 28015 Madrid
Teléfono (+34) 91 544 28 46 - (+34) 91 544 28 69
e-mail: info@dykinson.com
http://www.dykinson.es
http://www.dykinson.com

ISBN: 978-84-9148-286-4
Depósito Legal: M-20144-2017

Maquetación:
Germán Balaguer - german.balaguer@gmail.com

A mis padres, Antonio y María, pilares fundamentales de mi existencia.

"Son el viento que henche las velas de mi navío y me lleva siempre a buen puerto".

A mi hermana, Patricia, siempre presente a pesar de la lejanía.

A Susana, *anima mea*.

ÍNDICE

PRESENTACIÓN

El interés por la temática de la implicación de las fuerzas armadas en las tareas de contención de la criminalidad organizada, como línea de investigación académica, surgió años atrás. En el 2010, Roberto L. Blanco Valdés, Catedrático de Derecho constitucional de la Universidad de Santiago de Compostela –maestro y amigo–, me animó a expandir mis investigaciones, dados los conocimientos adquiridos tanto sobre la criminalidad organizada, como sobre los ámbitos de la Seguridad y la Defensa, cruzando ambas líneas de trabajo. Conocimiento, adquirido durante años de trabajo como investigador del Grupo de Derecho Constitucional (GRUDECO), del Departamento de Derecho Público y Teoría del Estado de la Universidad de Santiago de Compostela, así como también, del hoy constituido como Centro de Estudios de Seguridad y Defensa (CESEG) de la Universidad de Santiago de Compostela y el Centro Superior de Estudios de la Defensa Nacional (CESEDEN), a través del Instituto Español de Estudios Estratégicos (IEEE), dirigido por el Prof. Dr. José Julio Fernández Rodríguez.

Inicialmente, las investigaciones fructificaron con la preparación de una serie de ponencias en cursos, jornadas y seminarios académicos. A medida que acrecentaba el interés por la temática, los resultados de su estudio pasaron a transformarse en publicaciones científicas y capítulos de libros. Así, en el 2010 y en coautoría con el Prof. Dr. José Julio Fernández Rodríguez, vio la luz el primer texto escrito, "El recurso constitucional a las Fuerzas Armadas para el mantenimiento de la seguridad interior: el caso de Iberoamérica", publicado en el *Boletín Mexicano de Derecho Comparado* del Instituto de Investigaciones Jurídicas de la Universidad Nacional Autónoma de México. Posteriormente, en el 2011 y ya en solitario, fue objeto de publicación a través del Instituto Español de Estudios Estratégicos (IEEE) "La adaptación de las Fuerzas Armadas al desafío de la criminalidad organizada ¿avance o retroceso?" y ese mismo año, "La participación militar en la provisión de seguridad ciudadana y su empleo frente a la expansión del fenómeno criminal organizado", en el libro *Sociedad Internacional en el siglo XXI: Nuevas perspectivas de la seguridad*, editado por las Profas. Dras. María Elena García Rico e Isabel Torres Cazorla, con la editorial Plaza y Valdés. Finalmente, en el 2013, la *Revista Criminalidad* del Cuerpo Nacional de Policía de Colombia publicó "La seguridad ciudadana y las Fuerzas Armadas: ¿despropósito o último recurso frente a la delincuencia organizada?", experiencia de la que partió el interés por desarrollar una monografía al respecto que, años después, ha sido materializada por la editorial Dykinson, a la que deseo transmitir públicamente mi agradecimiento por hacer suyo este ilusionante proyecto.

Trabajo, que tampoco hubiese visto la luz sin la confianza depositada por Roberto Blanco, al contar conmigo en su equipo; oportunidad, que le agradezco encarecidamente como discípulo, al igual que su orientación y guía en el proceloso mundo del Derecho constitucional, y su contagio por la querencia de la docencia y la pasión por la Universidad, a pesar de ser tiempos difíciles para los que recientemente nos hemos incorporado a la Academia.

PRÓLOGO

Si el crimen organizado constituye una de las peores expresiones de la sociedad moderna, la criminalidad de dimensión transnacional muestra la cara más amarga de la globalización. El tráfico de drogas, armas o personas, por no hablar del terrorismo yihadista, operan en un escenario planetario que no conoce más fronteras que las que son capaces de establecer los Estados, muchísimas veces con gran dificultad pese a la creciente cooperación de sus servicios de inteligencia y sus fuerzas policiales. Los gravísimos peligros que esta nueva criminalidad suponen para la seguridad individual y colectiva no son, en todo caso, la única amenaza que de ella se deriva pues una parte de los propios instrumentos que se ponen en marcha para luchar contra el crimen organizado, lucha a la que ningún Estado digno de tal nombre es posible que renuncie, pueden poner en riesgo algunos de los mecanismos esenciales previstos en el constitucionalismo democrático para asegurar la integridad de las libertades y derechos. Por eso, el estudio de las manifestaciones de la criminalidad del siglo XXI y de las armas jurídicas y políticas que para hacerle frente se utilizan nos colocan ante un problema central de la ciencia constitucional contemporánea.

Tal es el contexto en que este excelente libro se sitúa: el de la eficacia y los «costes constitucionales» que la lucha contra el crimen organizado está planteando en una de las zonas del planeta, América Latina, donde aquella se manifiesta con mayor virulencia y donde, por ello mismo, genera mayores amenazas. Aunque es verdad que bajo la denominación conjunta de América Latina se incluyen países con situaciones políticas, sociales y económicas que presentan en no pocas ocasiones profundísimos contrastes, su uso resulta sin duda de gran utilidad no sólo por la unidad geográfica que se deriva del hecho de pertenecer a un mismo continente sino además, y sobre todo en este caso, porque, con algunas excepciones, buena parte de los países que constituyen esa área geopolítica tienen características comunes que permiten agruparlos a los efectos del estudio sobre la criminalidad organizada: Estados débiles, democracias de baja calidad, clases políticas muy oligarquizadas, inmensas fracturas sociales entre una minoría adinerada e inmensas mayorías que carecen de lo más elemental y, en no pequeña medida como consecuencia de todo ello, corrupción generalizada y en muchas ocasiones totalmente fuera de control. Es difícil imaginar un tejido social e institucional más favorable a lo que aquí se denomina, con toda precisión, la infiltración criminal o, aun mejor, la «captura criminal del Estado», por parte de quienes no sólo tratan de violar sus leyes sino incluso de apropiárselo para ponerlo al servicio de las actividades delictivas. El Estado, pues, no ya como un enemigo a batir sino más precisamente como una institución a conquistar para convertirlo en un mero instrumento sometido a los objetivos criminales, en un recurso más en manos de los delincuentes para el logro de su soñada y terrible distopía: la desaparición de todo poder público, de cualquier elemento regulador y del más elemental mecanismo de defensa de la sociedad frente a las organizaciones criminales. En suma, el Estado transformado en el primer y más poderoso delincuente.

Daniel Sansó, que conoce muy bien los problemas relacionados con la seguridad, pues sobre ellos lleva muchos años trabajando y sobre ellos ha dado cursos y conferencias en instituciones americanas y europeas, estudia en esta obra, escrita con una prosa elegante y una admirable claridad que no rebaja en ningún momento la rigurosidad de sus análisis, uno de los perfiles más esenciales de la lucha contra el crimen organizado en América Latina: la utilización en ella del ejército, es decir, el recurso a las fuerzas armadas en detrimento de las fuerzas policiales. Esa es la forma en la que muchos de los aquí denominados con acierto «Estados bajo presión» de Centro y Sur América han reaccionado al acoso del crimen organizado. La allí denominada *guerra contra el crimen* se concibe, por eso, como una conflagración militar entre el Estado y las organizaciones criminales, lo que marca una diferencia sustancial entre el escenario latinoamericano y el que hoy caracteriza la lucha contra el crimen en las democracias más consolidadas de Occidente, donde tal combate se ha puesto primordialmente en manos de las fuerzas policiales. Es verdad, y debe subrayarse, que ese contraste, hoy muy relevante, es sólo relativamente reciente, pues en la historia de una buena parte de los Estados constitucionales europeos –España entre ellos– está la tradicional utilización del ejército en las labores de lucha ordinaria contra el delito y de mantenimiento del orden público interior.

La tesis central que sostiene Daniel Sansó en las páginas que siguen, con la que este prologuista coincide plenamente, es que la entrega a las fuerzas armadas del combate contra las organizaciones criminales que late bajo la idea de la guerra contra el crimen constituye no sólo un gran riesgo sino también, y al mismo tiempo, un grave error. Un grave error porque la militarización de la acción estatal frente a las organizaciones criminales ha dado lugar a una «deficiente gestión de la amenaza», claramente palpable en la creciente sensación de que las bandas criminales ganan terreno poco a poco –y, en algunos países, mucho a mucho– en su confrontación con el Estado y una legalidad que en no pocos casos éste consigue imponer, en sentido estricto, *a duras penas*. Sansó sostiene que esa evidente, por más que terrible realidad, se deriva del hecho fundamental de que la estrategia militar de lucha contra la criminalidad organizada combate los síntomas del mal pero no las causas que permiten explicar la facilidad con la que las organizaciones criminales extienden sus redes y son incluso capaces de penetrar en los propios aparatos estatales (policía, fuerzas armadas, judicatura, inteligencia) que tienen las misión de combatirlas en defensa de la ley, de la seguridad y de la paz. La conclusión que de ello se deriva a juicio del autor de esta obra resulta evidente: es tan necesario como urgente proceder a una redefinición de los mecanismo de lucha contra el crimen organizado, con la vista puesta no en el sueño de su total y absoluta derrota sino, más sensatamente, en su reducción a unas magnitudes que no acaben de resultar contradictorias con la propia pervivencia del Estado que debe procurar la defensa de un orden de legalidad frente al bárbaro desorden que los criminales quieren imponer.

Pero, como ahora se apuntaba, la militarización de la lucha contra la criminalidad organizada no sólo ha supuesto un grave error sino que, por añadidura, ha planteado graves riesgos. Lo expresaré ahora con las precisas palabras del autor: «No sólo no se ha logrado reconducir la situación sino que se ha empeorado, contribuyendo al descrédito de la democracia, la vulneración de derechos, la erosión del Estado de derecho y al incremento de la debilidad de un Estado disfuncional, cuya clase dirigente parece que no termina de interiorizar, que la opción del recurso a las fuerzas militares bajo el estandarte de la "guerra al crimen organizado" y la razón de Estado no tiene futuro». Esa es la razón por la que Daniel Sansó defiende, con firmes argumentos, que, sobre la acción militar, hay que fomentar e impulsar las capacidades policiales en la dura y lenta persecución del crimen organizado, al ser la policía «el instrumento adecuado para desarrollar iniciativas de disuasión, prevención, represión y proactividad». ¿Quiere ello decir que hoy en Latinoamérica, aunque no sólo, por supuesto, para una tarea tan esencial como compleja puede o debe prescindirse por completo del apoyo que pueden prestar las fuerzas militares? En ningún caso. La labor de las fuerzas armadas del Estado en defensa de la seguridad puede resultar necesaria, incluso llegar a ser indispensable, pero siempre que esté sujeta a estrictas restricciones constitucionales destinadas a convertir a las fuerzas armadas en la última garantía del Estado democrático y no en el lecho de muerte de los derechos y libertades sin los que aquel desaparece, es decir, siempre que se asegure «la gravedad de la amenaza, que el propósito del uso de la fuerza militar sea correcto, que sea el último recurso, que exista una proporcionalidad de los medios, que se formule un balance de las consecuencias».

En última instancia, el Estado, y los ciudadanos que son titulares en democracia de su soberanía, sólo podrán defenderse del crimen organizado mediante el fortalecimiento de los propios instrumentos públicos que los delincuentes pretenden controlar, primero, para luego devastarlos. Tal principio, veraz en todo caso, resulta esencial en aquellos lugares donde es la misma flaqueza de los Estados, su desfallecimiento ante un enemigo colosal, y, por tanto, su creciente incapacidad para controlar la infiltración de sus instituciones y aparatos, la que favorece la acción brutal de la criminalidad organizada. Esta es, en mi opinión, una de las principales enseñanzas de este importante libro, que tanta utilidad tiene para entender la naturaleza de uno de los desafíos más arduos a los que nos enfrentamos en todo el mundo en este comienzo del siglo XXI. Sé bien, claro está, que lo difícil es justamente romper el círculo vicioso por virtud del cual la debilidad del Estado favorece la labor de zapa de las bandas criminales y éstas contribuyen a la anemia del Estado. Es, a fin de cuentas, en la capacidad de los Estados para salir victoriosos de ese bucle, sin destruir para ello los contenidos esenciales de cualquier orden democrático, donde aquellos se juegan en grandísima medida sus posibilidades de futuro, lo que es lo mismo que decir las posibilidades de futuro de millones de personas que viven sometidas a una explotación terriblemente inicua: la de matar o morir, la de padecer el crimen o hacerse criminales. Salvarlos de ese trágico dilema debiera ser en la actualidad un objetivo primordial de la comunidad internacional de Estados libres.

Roberto L. Blanco Valdés

Catedrático de Derecho Constitucional

Universidad de Santiago de Compostela

CAPÍTULO 1.
LA IDENTIFICACIÓN DE LA CRIMINALIDAD ORGANIZADA COMO AMENAZA A LA DEMOCRACIA EN AMÉRICA LATINA: DEMOCRACIAS BAJO PRESIÓN

Es indiscutible, a día de hoy, el hecho de que América Latina sea una "zona de paz". Reconocimiento refrendado en estos mismos términos por la Comunidad de Estados Latinoamericanos y Caribeños (CELAC), en su segunda cumbre celebrada en Cuba, en 2014. Sin embargo, el incremento de la presencia y actividad de la criminalidad organizada en la región, ha generado la perversa paradoja de transformar una zona de paz, entendida como "territorio caracterizado por la ausencia de conflictos bélicos", en uno de los espacios más violentos del mundo[1]. Del nada prestigioso ranking de países con la tasa de homicidios más alta del mundo, de los veinte primeros países del listado, once son latinoamericanos[2]. La presencia de la criminalidad organizada en la región ha generado situaciones de extrema violencia, en donde determinadas áreas geográficas de países como Honduras, Guatemala, El Salvador, México, Colombia o Brasil, sólo son comparables con escenarios de conflicto bélico como Afganistán o Irak.

América Latina padece un déficit importante en términos de seguridad, que contrapone paradójicamente la tendencia mundial, al aumentar el número de muertes violentas, mientras el número de conflictos armados disminuye –solo Colombia y Perú experimentaron en 2016, conflictos armados internos regis-

---

[1] Informe *Global Peace Index*, Institute for Economics and Peace, 2015; LUHNOW, David: "Latin America is World's Most Violent Region", en *Wall Street Journal*, 11 de abril, 2014.

[2] Honduras, Venezuela, El Salvador, Guatemala, Jamaica, Colombia, Trinidad y Tobago, son más inseguros que República Democrática del Congo; Ruanda es más seguro que Brasil y la violencia letal en México está por encima de la de Nigeria, Guinea Ecuatorial, Botsuana y Namibia. De las 50 ciudades con más homicidios en el mundo, 42 se encuentran en Latinoamérica, en gran medida producto de la violencia asociada al crimen organizado. Informe *Global Peace Index*, Institute for Economics and Peace, 2015, pp. 12-13, 32.

trados como tales[3]– y confirma que, la mayoría de muertes violentas suceden en países en donde no hay conflicto armado activo[4].

El escenario regional se caracteriza pues, por la vigencia de una "paz insegura", de la que es posible entresacar una doble interpretación conducente a un mismo destino: la situación de inseguridad de las democracias en América Latina. Por un lado, las tasas de homicidios indican que no es tan "seguro" que exista una "zona de paz". Paz, que no garantiza los derechos fundamentales a la vida y a la seguridad personal. Por otro lado, si se afirma que, efectivamente, sí hay "paz", fruto de las democratizaciones y pacificaciones desarrolladas décadas atrás, entonces esta "paz" coexiste con la inseguridad[5]. La discusión sobre la relación entre paz y seguridad es válida, pues detrás de estas ideas existe el deseo de crear marcos de mayor respeto al Estado de derecho y a los derechos fundamentales. El sistema interamericano contemporáneo reconoce, de hecho, que la paz es en sí un valor, el cual "(…) se basa en la democracia, la justicia, el respeto a los derechos humanos, la solidaridad y el respeto al derecho internacional"[6].

El panorama de seguridad latinoamericano, en términos de presencia y actividad de la criminalidad organizada, no es halagüeño. Según datos de la Organización de los Estados Americanos (OEA), la violencia criminal organizada tiene en América Latina un carácter "pandémico"[7]. Desde la Organización de Naciones Unidas (ONU), que identifica la región empleando el calificativo de países "bajo estrés",[8] se alerta periódicamente respecto de la entidad lesiva que

---

[3] MUGGAH, Robert: *Researching the Urban Dilemma: Urbanization, Poverty and Violence*. Ottawa: IDRC, 2012, p. 13; *Geneva Declaration on Armed Violence and Development*, 2011.

[4] Publicaciones como el *Global Peace Index* identifican la "guerra contra el narcotráfico" como un obstáculo a la paz. *Global Peace Index*, Institute for Economics and Peace, 2015, p. 12.

[5] CHINCHILLA, Fernando A.: "Presentación Dossier. Una Paz Insegura: de la reproducción de la violencia colectiva en América Latina y el Caribe", en *Íconos. Revista de Ciencias Sociales*, nº 55, Quito, 2016, pp. 11-24.

[6] *Declaración sobre Seguridad en las Américas*, Conferencia Especial sobre Seguridad, Organización de los Estados Americanos (OEA), Celebrada en la Ciudad de México, los días 27-28 de octubre de 2003.

[7] BARTOLOMÉ, Mariano: "Situación del crimen organizado en América Latina", en *Ágora Internacional* 10, 2009, pp. 16-20.

[8] Informe *The Globalization of Crime. A Transnational Organized Crime Threat Assessment*. Chapter 11: Regions Under Stress: When TOC Threatens Governance and Stability,Viena: United Nations Office on Drugs and Crime, 2010, pp. 221-272.

representa el crimen organizado, especialmente en su vertiente transnacional, y su carácter pluriofensivo, tanto para la seguridad de las personas, como para la estabilidad social, económica y política de las instituciones democráticas. Preocupación reflejada en múltiples publicaciones especializadas en las que dicha peligrosidad se recalca, como en el informe de Naciones Unidas *The Globalization of Crime. A Transnational Organized Crime Threat Assessment* (2010). Se reconoce el accionar del fenómeno criminal organizado, como uno de los mayores desafíos a la seguridad y estabilidad de los Estados[9]. La violencia, la corrupción y sus actividades relacionadas protagonizadas por la delincuencia organizada, inhiben el desarrollo sostenible y constituyen una flagrante violación de los derechos humanos.

No se pretende con estas afirmaciones incurrir en un alarmismo fútil, sino transmitir una realidad que debe ser (y puede ser) reconducida, evitando caer en la inacción amparada en los discursos que minusvaloran la peligrosidad del crimen organizado en términos de amenaza sistémica –cuando logra arraigar en las esferas económicas, políticas y sociales– e incluso, los planteamientos más atrevidos, que niegan su existencia. Sin embargo, en abierta oposición a los planteamientos descritos, la criminalidad organizada, especialmente en su vertiente transnacional, despunta por manifestar un potencial lesivo de gran magnitud y por la extrema nocividad de sus actividades[10]. No en vano, por mucho que se niegue la realidad (*opting out*), ésta no va a desaparecer[11]. Que la criminalidad organizada sea un fenómeno intrínsecamente opaco y que cueste ahondar en él, no quiere decir que no exista o que la peligrosidad atribuida resulte menos cierta. Sólo, más difícil de abarcar empírica y académicamente[12].

De facto, una reflexión pausada y seria en torno a este fenómeno permite explicar, con argumentos sólidos, la promoción de alto perfil de la delincuen-

---

[9] MACE, Gordon y DUREPOS, Catherine (ed.): *The New Security Equation in the Americas*, Inter-American Studies Center, Quebec: Université LAVAL, 2007.

[10] SANSÓ-RUBERT, Daniel: "La internacionalización de la delincuencia organizada: análisis del fenómeno", en *UNISCI Discussion Papers*, nº 9, 2005, pp. 43-62.

[11] DAHRENDORF, Ralf: *En busca de un nuevo orden. Una política de la libertad para el siglo XXI*, Barcelona: Paidós, 2005.

[12] SANSÓ-RUBERT, Daniel: "Reflexiones criminológicas en torno al concepto criminalidad organizada", en *Ciencia Policial*, nº 97, 2009, pp. 5-26.

cia organizada transnacional,[13] elevándola al nivel de problema de seguridad internacional.[14] Hasta el punto de transformarse en un actor capaz de amenazar la soberanía e independencia de los Estados[15]. Extremo este, reconocido en los catálogos de riesgos, peligros y amenazas, que los países han confeccionado dentro de las lógicas de sus políticas estratégicas de seguridad y defensa[16]. Desafío mayúsculo, al que se enfrentan las democracias de América Latina sometidas a la acuciante presión ejercida por la criminalidad organizada.

El incremento de la criminalidad organizada ha tenido importantes repercusiones en América Latina desde inicios de los años noventa[17]. Su desbordamiento en las esferas políticas, económicas y sociales, incluso culturales[18], ha supuesto el "encogimiento de los espacios democráticos"[19]. Los costos económicos y sociales, que ha implicado el incremento sostenido de las tasas

---

[13] Son múltiples los términos empleados como sinónimos: «delincuencia organizada transnacional», «delincuencia internacional organizada», «delincuencia mundial organizada», «delincuencia multinacional»; todas expresan la naturaleza organizada de los grupos que la componen, así como el contexto internacional de sus actividades. LUPSHA, Peter A.: "Transnational Organized Crime", en *Transnational Organized Crime*, vol. 1, 1996.

[14] LUPSHA, Peter A.: "Transnational Organized Crime *versus* the Nation State" en *Transnational Organized Crime*, vol. 2, 1996, p. 21.

[15] WAEVER, Ole: "Securitization and Desecuritization", en Lipschutz, R. D. (comp.): *On Security*, Nueva York: Columbia University Press, 1995.

[16] SANSÓ-RUBERT, Daniel: "Globalización y delincuencia: el crimen organizado transnacional", en *Más allá del Estado*, Jordán, J.; Pozo, P. y Baqués, J. (eds), Madrid: Plaza y Valdés, 2011, pp. 135-157; LÓPEZ, Claudia (ed.): *Y refundaron la patria... De cómo mafiosos y políticos reconfiguraron el Estado colombiano*, Bogotá: Corporación Nuevo Arcoiris y Random House Mondadori, 2ª ed., 2010.

[17] DAMMERT, Lucía y BAILEY, John: "¿Militarización de la seguridad pública en América Latina?", en *Foreign Affairs Latinoamérica*, VII, 2, 2007, pp. 61-70.

[18] Otro ámbito sobre el cual incide perniciosamente el crimen organizado corresponde a la cultura política de un determinado país. Es decir, el conjunto de valores y actitudes que informan la acción política de los ciudadanos. Afecta sensiblemente al entorno social de las democracias, distorsionando las líneas que separan lo legal de lo ilegal, generando lealtades alternativas al Estado y provocando cambios en la opinión pública, que afectan negativamente al funcionamiento del sistema. SANSÓ-RUBERT, Daniel: "Impacto social del fenómeno criminal organizado: déficit constitucional, deslegitimación estatal, corrupción, radicalización y crisis de Gobernanza", en Bañón i Martínez, R. y Tamboleo García, R. (eds.): *Gestión de la escasez: participación, territorios y estado del bienestar. Experiencias de democracia y participación*, Madrid. GOGEP Complutense, 2013, pp. 297-305.

[19] PIZARRO, Eduardo: *Una democracia asediada. Balance y perspectivas del conflicto armado colombiano*. Bogotá: Grupo Editorial Norma, 2004.

de criminalidad y uso de la violencia en prácticamente todos los países de la región, son sustanciales[20]. Circunstancias que requieren de explicación, atendiendo a los factores coadyuvantes implicados en la proliferación de la crisis de seguridad, que afronta la región.

El punto de partida, que no hay que perder de vista, es el hecho de que el fenómeno delictivo, lo mismo que cualquier otro hecho social, está estrechamente relacionado con las realidades que lo circundan. La delincuencia no tiene lugar en "abstracto", sino que se da en unas circunstancias concretas de tiempo y espacio. Las condiciones sociales, de desarrollo tecnológico, político y humano, influyen decisivamente en la forma en cómo esa delincuencia se produce, en sus modos y maneras de manifestarse, en su cantidad, intensidad y en todas sus connotaciones y peculiaridades[21]. Planteamiento, que obliga a identificar las circunstancias definitorias de América Latina proclives a su aprovechamiento y explotación por las estructuras criminales, posibilitando una mejor aprehensión del escenario delictivo vigente.

Es esencial, por tanto, resolver las disfunciones estructurales y coyunturales de diversa naturaleza, que perpetúan las oportunidades para la eclosión, crecimiento y expansión de la criminalidad organizada para, a su vez, atajar los desafíos por ésta planteados, diversos y de difícil resolución.

Siguiendo esta línea argumental, desde la perspectiva de la disfuncionalidad estatal, destaca la vigencia de un Estado de derecho débil, incapaz de garantizar el imperio de la ley favoreciendo la anomia y la impunidad de aquellos que transgreden la norma. Un Estado incapaz de preservar los bienes públicos para el conjunto de la población y más grave aún, asegurar la protección de la indemnidad de los derechos y libertades fundamentales. La criminalidad organizada representa la manifestación más cruda de los "poderes salvajes" de FERRAJOLI, corruptores de los principios de la vida política entendida democráticamente, socavando cualquier intento de configuración de un sistema

---

[20] FAJNZYLBER, Pablo; LEDERMAN, Daniel y LOAYZA, Norman: *Crimen y violencia en América Latina*, Washington, D.C.: Banco Mundial, 2001.

[21] Desde las concepciones antropológicas y fisonomistas, pasando por las sociológicas y ecológicas, entre muchas otras, el delito ha sido considerado como un fenómeno inevitable, parte integrante de la sociedad, e incluso como señala Durkheim, "el delito es normal, ya que una sociedad exenta de delitos es del todo imposible, y es parte integrante de toda sociedad sana". DURKHEIM, Emile: *Las reglas del método sociológico,* Villatuerta, 1999, p. 22.

constitucional, que sea capaz de garantizar los derechos básicos que sostienen la democracia como ordenamiento político de las sociedades[22].

Atendiendo a la particularidad de cada Estado, su vulnerabilidad a la infiltración criminal varía. Lo que para unos representa un problema de seguridad, para otros es, además, un problema de gobernabilidad. Obviamente todos los Estados son vulnerables a la penetración criminal[23], pero existe una diferencia cualitativa entre Estados autónomos (relativamente efectivos) y Estados débiles o impotentes[24] (disfuncionales). Los Estados con una falta de consolidación del sistema democrático y un deficiente desarrollo de sus instituciones públicas configuran un terreno propicio para la actividad de los grupos criminales[25]. La abdicación del poder estatal total o parcialmente es condición *sine qua non* de la exitosa empresa criminal transnacional. La ausencia de monopolio estatal sobre los recursos coercitivos y políticos abona la semilla para el florecimiento, fortalecimiento y expansión de la criminalidad organizada transnacional[26].

---

22 FERRAJOLI, Luigi: *Poderes salvajes. La crisis de la democracia constitucional*, Madrid: Trotta, 2011.

23 ALDA, Sonia: "La vulnerabilidad del Estado como causa para la implantación del crimen organizado", en *Foreing Affairs Latinoamérica*, vol. 14, nº 1, enero-marzo, 2014, pp. 54-64.

24 CASANOVAS, Oriol: "Los Estados fracasados", en García, C. y Rodrigo, A. J. (eds.), *La seguridad compartida. Nuevos desafíos, amenazas y conflictos armados*, Barcelona/ Madrid, Universitat Pompeu Fabra/Tecnos, 2008, pp. 83-89.

25 BUZAN, Barry: *People, States, and Fear*, Boulder: Lynne Rienner, 1991; HUBER, Evelyne: "Assessments of State Strenght", en Smith, P. (comp.), *Latin America in Comparative Perspective*, Boulder: Westiew Press, 1995.

26 La mayoría de las sociedades latinoamericanas están atravesadas por prácticas ilegales extendidas y por una fuerte legitimación social de las mismas. Estas prácticas, ya sean culturales, políticas o económicas, han supuesto la reproducción cotidiana y generalizada de un amplio espectro de comportamientos transgresores y violatorios de la legalidad vigente, así como la legitimación de la violencia –aún de la violencia letal– como mecanismo eficiente y válido de resolución de conflictos y diferencias entre personas y grupos sociales, étnicos o políticos, y el fuerte rechazo a los controles y regulaciones estatales y legales, así como la validación extendida de las prácticas evasivas o violatorias de dichos controles. Todo esto ha colaborado para crear un clima de privatización fáctica y violenta de lo público, sumado a la disfuncionalidad del Estado, ampliamente corrupto, la anomia normativa y los vacíos de poder existentes, que genera un contexto de deslegitimación social de la autoridad estatal y de los poderes públicos. BUSCAGLIA, Edgardo: *Vacíos de poder en México. Cómo combatir la delincuencia organizada*, Barcelona: Debate, 2013; SAIN, Marcelo Fabián y RODRÍGUEZ GAMES, Nicolás E.: *Tendencias y desafíos del crimen organizado en Latinoamérica*, Ciudad Autónoma de Buenos Aires: Universidad Metropolitana para la Educación y el Trabajo, 2015, pp. 27-31.

Un contexto nefasto lo conforman las alianzas entre políticos, organizaciones delictivas y el aparato de seguridad estatal, responsable de la persecución del delito y de la administración judicial[27]. Dicha connivencia genera en la práctica, bien respuestas lentas y vacilantes de los gobiernos, bien directamente la omisión de respuesta pública. Su manifestación más dañina se plasma, cuando lo que impera más allá de la catarsis institucional es el fomento de obstáculos a la cooperación internacional destinada a su erradicación[28]. La existencia del crimen organizado implica, necesariamente, algún grado de protección de la autoridad[29]. La perduración de las actividades de un grupo criminal a lo largo de un período de tiempo considerable, suele implicar generalmente la existencia de un vínculo de cooperación entre funcionarios públicos, sea a nivel local, nacional o supranacional. Esto es así, independientemente del tipo específico de régimen político del Estado en el que el grupo criminal se asiente[30].

[27] En muchos casos, militares, altos funcionarios, policías y agentes de inteligencia, ante la situación caótica generalizada en un contexto de debilidad estatal, optan por adscribirse a la delincuencia organizada en aras de obtener beneficios o simplemente, por supervivencia en un entorno de carencias y miseria exacerbada. Riesgo presente, que no termina de reconocerse abiertamente a pesar de las iniciativas de algunos países como México de incorporar nuevos tipos penales en el marco normativo que le es propio, entre otros: "Decreto por el que se adiciona el Capítulo IV Bis, al Título Octavo del Libro Segundo del Código de Justicia Militar, adicionando los artículos 275 Bis y 275 Ter, publicado el 16 de noviembre de 2011. Se crean nuevos tipos penales en el Código de Justicia Militar, con la finalidad de inhibir la participación de integrantes de las Fuerzas Armadas en la delincuencia organizada". Código de Justicia Militar de los Estados Unidos de México, publicado en el Diario Oficial de la Federación (DOF), el 31 de agosto de 1933. Última reforma publicada en el DOF, el 13 de junio de 2014.

[28] SANSÓ-RUBERT, Daniel: "Criminalidad organizada transnacional y seguridad internacional", en Fernández Rodríguez, J. J., Jordán, J., y Sansó-Rubert Pascual, D. (eds.), *Seguridad y Defensa hoy. Construyendo el futuro*, Madrid: Plaza y Valdés Editores, 2008.

[29] VAN DIJK, Jean: "Mafia Markers: assessing organized crime and its impacts upon societies", en *Trends in Organized Crime*, 10, nº 4, pp. 39-56.

[30] Un modelo explicativo sobre el entorno político en el que se desarrolla la actividad criminal a tener en consideración es el de Williams y Godson. En este caso, los aspectos fundamentales del esquema son la fortaleza del Estado, el carácter democrático o autoritario del régimen y el grado en que se encuentra institucionalizado el cumplimiento de la ley. WILLIAMS, Phil y ROY, Godson: "Anticipating Organized and Transnational Crime", en *Crime, Law, and Social Change* 37, 2002, pp. 311-355. Igualmente, resulta de interés el estudio sobre las relaciones entre la delincuencia organizada y la política recogido en FLORES, Carlos A.: *El Estado en crisis: crimen organizado y politica. Desafíos para la consolidacion democrática*, México: CIESAS, 2009.

El acceso a los estratos de poder[31] es una salvaguarda de su estatus (*statu quo criminal*). Estrategia que persigue ganar autonomía y control sobre el espacio geográfico donde opera la estructura criminal, en detrimento del Estado. El objetivo obedece al aseguramiento de la libertad de movimiento y capacidad de maniobra para desarrollar sin interferencias sus actividades lícitas e ilícitas, convirtiéndose en una amenaza directa a la integridad (territorial, política y social) del Estado, constriñendo su legitimidad y anulando, *de facto,* su control territorial y capacidad de respuesta. *A priori*, no representan una alternativa política al Gobierno. Prima el pragmatismo (obtención de lucro), sobre cualquier ideología, excepto cuando se trata de apoyar a aquellos grupos políticos que les permitan llevar a cabo sus programas. De ahí se deduce la "inestabilidad" de sus lealtades políticas, ya que en último término no son más que una instrumentalización a favor de sus propios intereses. La manifiesta búsqueda del poder desde un prisma instrumental[32], de establecer nexos político-criminales, (*Political-criminal nexus*)[33], ha llevado a la concepción de la delincuencia organizada como una "nueva forma de autoritarismo político no estatal"[34] (poder no democrático), imperante en aquellos espacios geográficos en los que ha logrado desbancar al Gobierno legítimo y desplegar un control social alternativo al oficial.

La debilidad no supone la inexistencia de toda regulación social, como en un Estado fallido. En realidad, esta debilidad estatal lo que genera es un estado concreto de anomia en el cual convive un conjunto de normas de opuesta naturaleza. Por un lado existe un orden formal, en el que la ley y la normativa estatal regulan las relaciones y por otro, allí donde el Estado no alcanza, rige un orden informal caracterizado por ser las relaciones personales de tipo

---

[31] SÁNCHEZ, Isabel: *La criminalidad organizada. Aspectos penales, procesales, administrativos y policiales*, Madrid: Dykinson/Ministerio del Interior, 2005.

[32] El poder y la búsqueda del beneficio económico no son excluyentes, toda vez que la concentración de un gran poder económico en una organización se transforma en poder político y, por otro lado, el poder político siempre implica poder económico. MALTZ, Michael D.: "On defining organized crime: the development of a definition and typology", en *Crime and delincuency,* vol. 22, 1976.

[33] GODSON, Roy (ed.): *Menace to Society: Political-criminal Collaboration around the World*, Transaction Publishers: New Brunswick (USA) y London (UK), 2004.

[34] SHELLEY, Louise I.: "Transnational Organised Crime: The new Authoritarianism", en Friman, H. R. y Andreas, P. (eds.): *The Illicit Global Economy and State Power*, Lanham, MD., 1999.

clientelar y no la legalidad, las que regulan la convivencia. Esta ambivalencia es producto de la incapacidad del Estado de garantizar permanentemente a todos los ciudadanos y en todo el territorio, la aplicación del orden legal. Este escenario cobra vigencia y relevancia en Latinoamérica, donde el Estado es capaz de respaldar el funcionamiento del sistema económico y financiero, pero no es suficientemente fuerte para establecer controles fiscales y mecanismos rectores de las finanzas y de la economía. Esta dualidad explica la idoneidad para el desarrollo de actividades ilícitas. No parece difícil entender tampoco, que el crimen organizado esté incorporado, incluso de manera determinante, en algunas economías nacionales.

Este tipo de disfuncionalidades, extrapolables a diferentes sectores (comerciales, industriales, productivos, bancarios...), explican la idoneidad del Estado débil para las actividades lícitas e ilícitas de la criminalidad organizada, en tanto ésta busca servirse del andamiaje institucional y mantener relaciones fundadas en la corrupción con los sectores públicos y privados, pero buscando siempre efectuarlo desde una posición ventajosa. El crimen organizado no busca subvertir el Estado, sino ponerlo a su servicio.

La corrupción, identificada como un síntoma y no como una causa para el surgimiento de la delincuencia organizada ha sido catalogada en diversos estudios como un factor netamente dañino para el desarrollo económico[35], el funcionamiento del Estado de derecho[36], la gobernabilidad[37] y en relación con la confianza depositada en las instituciones[38]. La tendencia apunta a que los

---

[35] LAMBSDORFF, Johann: "An empirical investigation of bribery in internacional trade", en *The European Journal of Development Research*, nº 10, 1998, pp. 40-59; ROSE-ACKERMAN, Susan: "Desarrollo y corrupción", en *Gestión y Análisis de Políticas Públicas*, nº 21, 2001, pp. 5-21; TANZI, Vito y DAVOODI, Hamid: "Corrupción, inversión pública y crecimiento", en *Gestión y Análisis de Políticas Públicas*, nº 21, 2001, pp. 73-82.

[36] INGLEHART, Ronald y WENZEL, Christian: *Modernization, Cultural Change and Democracy: The Human Development Sequence*, Cambridge: Cambridge Uniersity Press, 2005.

[37] KAUFMANN, Daniel: "Corruption, Governance and Security: Challenges for the Rich Countries and the World", en *Global Competitiveness Report 2004-2005*, Oxford: Oxford University Press, 2005.

[38] NORRIS, Pippa: *Critical Citizens: Global Support for Democratic Government*, Oxford: Oxford University Press, 1999; PHARR, Susan y PUTNAM, Robert. D.: *Disaffected Democracies*, Princeton, Nueva Jersey: Princeton University Press, 2000; DELLA PORTA, Donatella y VANUCCI, Alberto: "The "Perverse Effects" of Political Corruption", en Heywood, D. P.: *Political Corruption*, Oxford: Blackwell Pub. 1997.

dirigentes de estas organizaciones criminales traducen la riqueza acumulada en demandas políticas, sociales y económicas. Aspiran a convertirse en miembros de la "élite social y política", destinando parte de su poder económico a la obtención de legitimidad social (poder político). Así, se termina produciendo una asimilación social de los dirigentes criminales, entremezclándose con las esferas de poder[39].

El sistema electoral tampoco escapa a su esfera de influencia. De facto, en no pocas ocasiones recurren a la manipulación del proceso electivo mediante la postulación de candidatos propios, hacia los que canalizan ingentes recursos económicos e informativos procedentes de sus negocios ilícitos o, en regiones donde el clientelismo[40] es una característica endémica, pueden poner al servicio del candidato "predilecto" el electorado indispensable para la victoria. Su poder económico les permite, llegado el caso, subordinar a partidos políticos preexistentes o crear los suyos propios, para así tener un mejor control sobre toda la estructura de decisiones en las instituciones de representación política. Con ello contribuyen a la deformación y el descrédito de la democracia, reemplazando la auténtica representatividad electa por la mercantilización instrumental de candidatos y electores.

Además de ser un factor que explica el origen de la implantación del crimen organizado, la debilidad estatal es, al mismo tiempo, el principal obstáculo para combatirlo. Dicha debilidad se manifiesta en las limitaciones del sistema de justicia, penitenciario y de policía[41], herramientas imprescindibles para enfrentarlo. En buena parte de la región, estas instituciones se encuentran desbordadas e incapacitadas para afrontar las demandas de seguridad de la ciudadanía. En esta situación podrá entenderse que es prioritario el reforzamiento estatal, en general, y el del sistema institucional de seguridad, en particular, según los criterios de transparencia y control propios de un Estado democrático (exigencias de calidad democrática). Lamentablemente, hasta el momento no ha sido el objetivo principal de la mayoría de las políticas aplicadas. Lejos de

---

39 SANSÓ-RUBERT, Daniel: "Criminalidad organizada transnacional y seguridad internacional", op. Cit. pp. 226-227.

40 CACIAGLI, Mario: *Clientelismo, corrupción y criminalidad organizada*, Cuadernos y Debates, nº 60, Madrid: Centro de Estudios Constitucionales, 1996.

41 FRÜHLING, Hugo y CANDINA, Azun: *Policía, Sociedad y Estado. Modernización y reforma policial en América del Sur*, Santiago: CED. 2001.

ello, se ha recurrido a políticas represivas que acuden a las fuerzas armadas como principal medio para combatir estas amenazas como se analizará a lo largo del texto, con importantes repercusiones en la esfera del Estado, su ordenamiento constitucional y su seguridad.

Tampoco la implantación del crimen organizado es igual en toda la región, ni ejerce el mismo tipo de violencia, aunque en todos sea una preocupación prioritaria para los ciudadanos. Centroamérica, Colombia y México han sido afectados particularmente por esta lacra. En el caso Centroamericano es preciso señalar el Triángulo Norte (El Salvador, Guatemala y Honduras), donde se concentran los niveles más altos de violencia de toda la región, a diferencia de Costa Rica y Nicaragua, donde son notablemente menores. No obstante, pese a las diferencias de dimensión y naturaleza, y de las formas de afrontarla, la violencia criminal organizada es un problema que afecta de manera determinante a las instituciones estatales y al conjunto de la sociedad de toda Latinoamérica.

Por lo que respecta a las fuerzas de seguridad, se encuentran desbordadas e impotentes. La policía carece de efectivos suficientes y los que están disponibles no cuentan con la formación adecuada y tienen escasa conciencia de su condición de servicio público. Cuestión que se agudiza debido a la baja percepción salarial. Estos factores los hacen vulnerables a la corrupción. A ello es preciso sumar la inexistencia de políticas públicas de seguridad interior. En muchos países de la región, hasta el momento ha primado la desestructuración y la autonomía de los cuerpos de seguridad. La consecuencia ha sido el desgobierno en materia de seguridad por la inexistencia de una instancia gubernamental superior especializada, que se encargue de formular y aplicar políticas y estrategias de control del crimen organizado en general y del narcotráfico,[42] en particular.

---

[42] El diseño institucional y el nombre de la estructura abocada al mantenimiento de la seguridad varía, de país en país. En el contexto latinoamericano, el avance más novedoso en esta materia se articuló en la República Argentina que, en marzo de 2011, creó el Ministerio de la Seguridad, ante el avance del crimen organizado y crímenes conexos. La creación de este ministerio, además de permitir una mejor organización del enfrentamiento a las amenazas específicas de este orden, permite una separación más clara de las agendas de seguridad y defensa nacionales. En este sentido, Argentina está a la vanguardia de la clara distinción entre Seguridad y Defensa, y adopción de medidas de arquitectura institucional para el enfrentamiento de los desafíos en cada uno de los órdenes del empleo de la fuerza. COIMBRA, Luis Octavio: "El involucramiento de las Fuerzas

Todos estos elementos ponen en evidencia los vacíos institucionales que afectan a los Estados débiles y las limitaciones para combatir las nuevas amenazas. Ante esta situación de incapacidad y bloqueo institucional, y por las imperiosas demandas ciudadanas que reclaman soluciones rápidas de seguridad y protección, buena parte de los gobiernos de la región han recurrido a las fuerzas armadas y a políticas represivas, con los riesgos que representa de desprofesionalización de la propia institución castrense, así como para la democracia. Las políticas se han concentrado en combatir el crimen organizado, pero no en fortalecer las estructuras del Estado. De esta manera, pese a los esfuerzos realizados, no se modifican las causas que favorecen la aparición de delincuencia organizada. En buena lógica, este tipo de inciativas a corto plazo, desde la perspectiva política, facilitan oxígeno para la supervivencia de un Gobierno, pero no resuelven en modo alguno las necesidades de un país y de su ciudadanía. Se requiere de políticas y estrategias de Estado, que brillan mayoritariamente por su ausencia, fruto de otra realidad de Sudamérica: la falta de preparación del poder civil para gestionar adecuadamente políticas de seguridad y de defensa.

A todo lo expuesto habría que añadir el papel que desempeña la ciudadanía latinoamericana y en este caso, norteamericana y europea; a tenor de que es un dato constatado, que los flujos ilícitos identificados que constituyen el *leifmotiv* del crimen oranizado (ánimo de lucro), fluyen ininterrumpidamente no sólo entre países latinoamericanos, sino desde América Latina hacia Estados Unidos y la Unión Europea, nicho de los principales hábitos de consumo ilícitos estudiados[43]. La delincuencia organizada es una modalidad de crimen, que se inserta en una matriz en la que la sociedad es al mismo tiempo víctima y beneficiaria de los bienes y servicios de los que la provee[44]. En consecuencia, el escenario en el que se desarrolla el crimen organizado hoy es el de una cultura funcional a su expansión. Ésta no afecta por igual a todos los países y regiones, ni su evolución e incidencia sigue patrones semejantes en todos

---

Armadas en actividades de seguridad en las Américas", en *URVIO Revista Latinoamericana de Seguridad Ciudadana*, nº 12, 2012, pp. 127-140.

[43] Informe de Naciones Unidas *The Globalization of Crime. A Transnational Organized Crime Threat* Assessment, 2010; *World Drug Report*, UNODC, 2015.

[44] NAYLOR, R. Thomas: *Wages of crime: black markets, illegal finance and underworld economy*, Ithaca: Cornell University Press, 2000; ROTMAN, Edgardo: "The globalization of criminal violence", en *Cornell Journal of Law and Public Policy*, vol. 10, 2000.

los casos. Existen determinadas áreas geográficas en las que, por su propia especificidad, la incidencia es mayor, como acontece en la región andina por su condición de países productores de cultivos de planta de coca (Colombia, Perú y Bolivia, principalmente) y Centroamérica, por su condición de corredor de transporte y recientemente área de almacenaje de productos del narcotráfico[45].

La conexión entre crimen transnacional organizado y liberalización económica en América Latina es un tema políticamente sensible al que con demasiada frecuencia se ignora o palia convenientemente, o bien se exagera y tergiversa. En este análisis no se pretende trazar el recorrido de cómo ha cambiado el negocio del crimen transnacional, pero sí al menos reseñar, como éste ha sido arropado por una economía internacional cada vez más abierta, esbozando las diferentes aportaciones no intencionadas con las que la liberalización económica ha estimulado la actividad clandestina a través de las fronteras. A su vez, cabe prevenir contra la exageración y la simplificación excesiva de esta conexión causal, postulada desde foros contrarios a la liberalización económica.

La actividad criminal organizada transnacional genera inestabilidad financiera, a la par que distorsiones e ineficacias en los mercados. Provoca disfunciones estructurales en la economía, que afectan negativamente a los ciudadanos y a la estabilidad del sistema democrático[46]. En las décadas precedentes, el extendido desmantelamiento de políticas económicas estatistas y la aceptación de reformas liberales del mercado han transformado en profundidad la economía global, con importantes repercusiones para Latinoamérica. Paradójicamente, este "triunfo de la economía neoclásica" ha sido más pronunciado si cabe, en las regiones menos desarrolladas del mundo[47].

---

[45] *World Drug Report*, UNODC, 2015; MIKLAUCIC, Michael y BREWER, Jacqueline: *Convergence: Illicit Networks and National Security in the Age of Globalization*, Washington: National Defense University Press, 2013; EGUIZÁBAL, Cristina; CURTIS, Karise M.; INGRAM, Matthew C.; KORTHUIS, Aaron; OLSON, Eric L. y PHILLIPS, Nicholas: *Crime and Violence in Central America's Northern Triangle: How U.S. Policy Responses are Helping, Hurting, and Can be Improved*, Wilson Center Press, 2014.

[46] ANDREAS, Peter: "Crimen transnacional y globalización económica", en Mats Berdal y Mónica Serrano (comps.), *Crimen transnacional organizado y seguridad internacional. Cambio y continuidad*, México D.F.: Fondo de Cultura Económica, 2005, pp. 62-85.

[47] BIERSTEKER, Thomas: "The Triumph of Neo-Classical Economics in the Developing World: Policy Convergence and Bases of Governance in the International Economic Order" en

Quizá, una de las consecuencias más drásticas del cambio económico operado resulte el que muchos países en desarrollo y otros plenamente desarrollados, destaquen por ser especialmente competitivos en diversos sectores criminalizados de la economía global. Las actividades económicas de las organizaciones criminales transnacionales son en muchos aspectos "la *quinta esencia* del espíritu empresarial del sector privado, que la ortodoxia económica neoliberal celebra y alienta"[48].

La incómoda realidad arroja que en muchas regiones la economía criminalizada ha resultado una fuente decisiva tanto de ingresos como de empleo, contribuyendo incluso a amortiguar las conmociones propias de etapas de reestructuración económica[49].

A la postre, la liberalización económica ha procurado novedosas expectativas para los que están involucrados en mercados penalizados. Algunas de las mismas iniciativas diseñadas para estimular y facilitar el intercambio económico legal (liberalización comercial y financiera, privatización, desregularización del transporte), benefician el intercambio económico ilegal. Con esto no se está sugiriendo que la globalización, en su vertiente económica, sea la causa fundamental de la delincuencia organizada transnacional, pero sí representa una variable trascendental para explicar su proliferación.

En conjunto, las repercusiones de la inmersión del crimen organizado en el ámbito de la economía son inflación, una distribución ineficiente de rentas, la disolución del libre mercado y la regulación económica estatal, pérdidas substanciales de productividad, una visión utilitarista de la inversión contraproducente con el crecimiento económico prolongado y, en ocasiones, sobrevaluación monetaria. En lo que se refiere al sistema financiero en particular, la volatilidad de los capitales en manos de los grupos criminales dificulta las acciones correctas en materia de política económica y provoca inestabilidad en las instituciones bancarias y en el mercado del dinero en general, lo cual puede desembocar en una crisis económica profunda.

Rosenau, J. y Czempiel, E. O. (comps.), *Governance Without Government: Order and Change in World Politics*, Nueva York: Cambridge University Press, 1992.

[48] ANDREAS, Peter: "Crimen transnacional y globalización económica", en Mats Berdal y Mónica Serrano (comps.), op. Cit., pp. 62-85.

[49] NAYLOR, R. Thomas: *Wages of crime*, op. Cit.

En definitiva, el crimen organizado induce a desequilibrios económicos y largos periodos de recesión, perjudicando gravemente la competitividad internacional. Más aún, en países con economías fuertemente dependientes del sistema productivo criminal, cualquier esfuerzo para su erradicación y retorno a un funcionamiento eficiente de los mercados, de la política y de la sociedad en general, provocará efectos recesivos en la economía y la consecuente contestación social.

La realidad cotidiana plantea la siguiente paradoja: desde los sectores legales de la economía se alienta un Estado no intervencionista, en tanto que para supervisar los sectores ilegales, se promueven políticas diametralmente opuestas, nítidamente intervencionistas. En consecuencia, el hecho de que las economías legales e ilegales estén en mayor o menor medida entretejidas, dificulta sobremanera la adopción de respuestas[50].

Necesariamente debe hacerse hincapié en que la peligrosidad de este tipo de organizaciones delictivas radica especialmente en el "reciclaje o blanqueo de las ganancias del delito", en tanto les confiere la capacidad de perturbar la organización económica de un Estado. La inyección de las ingentes ganancias obtenidas ilícitamente en el mercado financiero legal alteran la libre competencia, en cuanto han sido logradas sin someterse a las reglas legales que constriñen a los demás competidores. La economía de mercado se basa en el principio de la libre competencia, en la confianza en que todos están sometidos por igual a las normas legales reguladoras del mercado. Este equilibrio quiebra en el momento en el que uno de los competidores, dispone de un inagotable capital de origen ilícito. Todo ello en base a que los costes de los recursos

[50] La liberalización comercial también incrementa el acceso a insumos legales que son esenciales para algunos sectores de la economía ilícita. Por ejemplo, el procesamiento de cocaína y heroína se basa en grandes cantidades de químicos precursores ampliamente utilizados en industrias legales. Los intentos de restringir estos químicos han terminado obstaculizando el comercio legal, con el consiguiente rechazo de los fabricantes, que se han resistido reiteradamente a la imposición de medidas restrictivas. Cuando los Estados Unidos empezaron a imponer controles a las exportaciones de químicos a finales de los años ochenta, las compañías estadounidenses se quejaron de que se daba una injusta ventaja comercial a los exportadores de químicos europeos, forzando a su flexibilización. ROSENAU, James y CZEMPIEL, Ernst-Otto (comps.), *Governance Without Government: Order and Change in World Politics*, Nueva York: Cambridge University Press, 1992.

conseguidos de forma delictiva son notablemente inferiores, respecto de los derivados para la obtención de fondos lícitos.

Geoestratégicamente, América Latina se ha consolidado en las últimas décadas como un importante centro de operaciones de una variedad de tráficos ilícitos (especialmente el narcotráfico), así como de diversas actividades ilícitas transnacionales. Relevancia adquirida en el comercio ilegal[51], no sólo a niveles subregionales y regionales, sino intercontinentales, aumentado su importancia en términos de geopolítica criminal[52]. En amplias zonas de sus respectivos territorios nacionales las autoridades no son capaces de salvaguardar los derechos de las personas, ni garantizar la integridad y la estabilidad estatal. La radiografía de América Latina constata, que no sólo atraviesa una crisis de seguridad pública, sino que la situación es más crítica; la seguridad nacional está igualmente bajo amenaza. El Estado está fallando por defecto y por exceso ante el empuje del crimen organizado. Por eso, aunque América Latina, sin lugar a dudas, es una región que funciona y avanza en muchos aspectos de su institucionalización, no parece errado sostener que, aunque no representen casos de Estado fallido, si cabe hablar de democracias bajo presión y Estados disfuncionales.

Con independencia de los argumentos expuestos, que pueden recabar un mayor o menor predicamento, las principales manifestaciones de los perjuicios ocasionados por la criminalidad organizada y de su potencial lesivo se resumen en términos generales en:

- ✓ Atenta contra los principios básicos de la vida comunitaria y de la esencia estatal generando descomposición social, inestabilidad política, así como debilitamiento del Estado de derecho, desacreditando y deslegitimando las instituciones democráticas. Amenaza la soberanía e independencia del Estado.
- ✓ Debilita la economía formal del Estado y menoscaba la competencia, estabilidad y solidez del mercado financiero, haciéndolos vulnerables a la comisión de delitos económicos, ahuyentando la inversión y la

---

51 ARNSON, Cynthia J. y OLSON, Eric L. (eds.): *Organized Crime in Central America, the Northern Triangle*, Woodrow Wilson Center, 2011.

52 SANSÓ-RUBERT, Daniel: "Geopolítica criminal", en *Revista Ábaco*, monográfico *La venganza de la geopolítica*, vol. 3, nº 85, 2015, pp. 62-75.

cooperación internacional y lastrando el crecimiento económico. E incluso, llega a impactar nocivamente en sectores estratégicos vitales para los intereses de seguridad nacional: tejido industrial, energías, recursos naturales, materiales estratégicos y desarrollo tecnológico.

- ✓ Quebranta la salud pública (consumo de drogas) e incide en la calidad de vida de los ciudadanos, interfiriendo en el libre ejercicio de derechos y libertades públicas.
- ✓ Incrementa los niveles de violencia (cuestiona el monopolio estatal de la misma) y fortalece espacios delictivos. Incluido el ciberespacio.
- ✓ Produce nefastos efectos ambientales: deforestación, desertificación, contaminación ambiental, pérdida de diversidad biológica (flora y fauna).
- ✓ Atenta contra la Seguridad Humana.
- ✓ Favorece espacios de impunidad para autoprotegerse (corrupción).
- ✓ Mediatiza los intereses nacionales geopolíticos a su favor y vulnera sistemáticamente las fronteras promoviendo pluralidad de tráficos ilícitos.

En suma, todo ello deteriora la legitimidad democrática y provoca desafección entre la ciudadanía en relación a la institucionalidad. Daña profundamente el funcionamiento del Estado de derecho y genera corrupción política, menoscabando la calidad de la gobernanza y la fortaleza institucional.

Lógicamente, atendiendo a la particularidad de cada Estado, lo que para unos representa un reto importante, teniendo en consideración el vigor de su fortaleza institucional, sus capacidades gubernamentales, su raigambre democrática constitucional y la disposición de articular medios preventivos y reactivos de respuesta, para otros constituye una seria amenaza, incluso para su viabilidad institucional. La consolidación de altos índices de seguridad se ha convertido en una prioridad sin precedentes en pleno siglo XXI; dado que es una de las condiciones indispensables para mejorar los niveles de calidad de vida de la ciudadanía, atraer el interés de los inversores y consolidar el tan anhelado desarrollo humano sostenible.

En definitiva, a grandes rasgos, la delincuencia organizada constituye un problema de seguridad, a nivel nacional, regional e internacional, habida cuenta de su creciente transnacionalidad, que puede llegar a sobrepasar los esquemas ordinarios de respuesta requiriendo medidas excepcionales. Y de cómo se gestione dicha excepcionalidad, la democracia y el Estado de derecho resultarán fortalecidos o, por el contrario, se abrirán espacios de incertidumbre que el Estado deberá afrontar, no ya en el plano de la lucha contra la delincuencia organizada, sino en la esfera de los derechos, libertades y garantías constitucionales, que imprimen el carácter constitucional a las democracias en América Latina. Y todo este proceso transcurre inmerso en un período de acelerados e importantes cambios regionales. Estas transformaciones inciden en la forma de cómo se definen y abordan los desafíos, que han surgido en los tiempos de la democracia. Alcanzar la plena gobernabilidad democrática sólo será posible si se transita por un camino de soluciones ajustadas a acomodar la actuación del Estado al marco democrático, en un contexto de creciente integración regional y de aspiraciones hacia una seguridad democrática compartida.

1. NECESIDAD DE UN CONCEPTO FUNCIONAL DE CRIMINALIDAD ORGANIZADA PRÁCTICO PARA AMÉRICA LATINA

No puede ocultarse el hecho de que el concepto de "criminalidad organizada" se caracterice por presentar unos contornos muy imprecisos y un alto contenido de relativismo[53]. Esta imprecisión acarrea abundantes controversias doctrinales, que han sido superadas a raíz de la implantación universal del concepto auspiciado por las Naciones Unidas recogido en la Convención Internacional de Palermo (Italia), celebrada del 12 al 15 de diciembre de 2000. Esta definición ha sido completada posteriormente con rasgos mayoritariamente aceptados por la doctrina criminológica, tanto acerca del grupo criminal organizado, como de las actividades delictivas implicadas.

El artículo segundo de la citada Convención Internacional define: "[...] por grupo delictivo organizado se entenderá un grupo estructurado de tres o

---

[53] SANSÓ-RUBERT, Daniel: "Reflexiones criminológicas en torno al concepto criminalidad organizada", op. Cit.

más personas, que exista durante cierto tiempo y que actúe concertadamente con el propósito de cometer uno o más delitos graves[54] o delitos tipificados con arreglo a la presente Convención, con miras a obtener, directa o indirectamente, un beneficio económico u otro beneficio de orden material».

Dicha definición ha sido objeto de crítica doctrinal por su elevado nivel de imprecisión, por su laxitud y por desvirtuar la pretensión original de reservar el concepto de "crimen organizado" para su aplicación exclusiva a casos de delincuencia grupal, que tuvieran un elevado impacto social y peligrosidad[55].

Trasladando el concepto teórico al ámbito criminal vigente en América Latina, ante la versatilidad y pluralidad de las organizaciones en auge resulta fútil tratar de establecer una estructura tipo, que refleje la realidad imperante. Bajo la rúbrica "criminalidad organizada", adoptada por las Naciones Unidas (ONU), encajan cualquier grupo de tres o más delincuentes, grandes, pequeños o insignificantes, con determinación a prevalecer en el tiempo y que intenten acumular ganancias. A raíz de su configuración nimia, esto es, en función de los requisitos que han de confluir en una organización para que obtenga la consideración de delincuencia organizada, casi cualquier manifestación delictiva medianamente estructurada adquiere dicha consideración[56]. Padece un estiramiento conceptual tan forzado, que el resultado es un concepto insuficiente, apenas útil para denominar de forma genérica a todas aquellas estructuras con capacidad de desestabilizar el orden político y socioeconómico existente, así como también, a casi cualquier manifestación de delincuencia no convencional[57].

Al tratar de analizar las organizaciones criminales en su conjunto, aparece una amplísima variedad de tipos y formas que podrían configurarse como un continuo. En los extremos de éste se encuentran desde pequeñas asociaciones ligeramente organizadas a través de vínculos débiles e inestables, hasta

[54] Conforme al apartado 2 a) y b), por delitos graves se entienden aquellos que tienen una penalidad de cuatro o más años de prisión. Accesible en http:www.undcp.org/Palermo.

[55] DE LA CORTE, Luis y GIMÉNEZ-SALINAS, Andrea: *Crimen.org. Evolución y claves de la delincuencia organizada*, Barcelona: Ariel, 2010.

[56] FERNÁNDEZ, Armando: *Las pistas falsas del crimen organizado. Finanzas paralelas y orden internacional*, Madrid: Libros de la Catarata, 2008.

[57] SANSÓ-RUBERT, Daniel: "Reflexiones criminológicas en torno al concepto criminalidad organizada", op. Cit.

estructuras consolidadas y de notoria tradición, como las organizaciones criminales mexicanas o colombianas identificadas como "cárteles", por citar un ejemplo geográfico próximo. La escena conforma un variopinto conjunto de organizaciones cuya estructura, disciplina, normas internas, división de roles, actividades ilegales desarrolladas y, por ende, su peligrosidad, representan una pluralidad de combinaciones[58]. Esta diversidad es precisamente el principal impedimento para perfilar una definición universal, que consiga captar la esencia y las variables comunes de la totalidad de estas manifestaciones criminales.

A grandes rasgos, una breve radiografía de la escena criminal de América Latina trasluce una "riqueza" tipológica multinacional, multiorganizacional y multiactividad. El crimen organizado no conforma un grupo monolítico a nivel regional (tampoco a nivel internacional), sino que, más bien, presenta un panorama poliédrico, complejo y multidimensional. Las transformaciones que ha experimentado en las últimas décadas al hilo de la globalización, han facilitado su continua evolución hasta presentarse, en los tiempos actuales, como un actor armado no estatal con una faz innovada respecto de las formas tradicionales, adaptándose al entorno en el que pretende llevar a cabo sus actividades ilícitas para evitar la pérdida de competitividad y eficacia[59]. La combinación de las características descritas tan sólo permite, por tanto, inferir tendencias tipológicas de grupos criminales, primando el narcotráfico (cocaína mayoritariamente y, en menor medida, marihuana y drogas sintéticas (metanfetamina), y el tráfico de personas y de armas, como las principales manifestaciones delictivas). Por lo que, para hacer un examen exhaustivo, habría que acudir al caso concreto

Cabe subrayar especialmente, el desafío que representan los grupos delictivos organizados que apuestan por las estructuras en Red. La organización en Red[60], tiende a implantarse dadas las ventajas operativas que facilita, así como la protección adicional frente a las agencias de seguridad y cuerpos policiales. La concepción del crimen organizado como una estructura rígida

---

58 DE LA CORTE, Luis y GIMÉNEZ-SALINAS, Andrea: *Crimen.org*, op. Cit.

59 SANSÓ-RUBERT, Daniel: "Criminalidad organizada y tráfico ilícito de armas ligeras. Repercusiones en el ámbito de la seguridad internacional", en *Actores armados no estatales. Retos a la seguridad*, Cuaderno de Estrategia, nº 152, Instituto Español de Estudios Estratégicos-Centro Mixto Universidad de Granada-MADOC, Madrid: Ministerio de Defensa, 2012, pp. 177-205.

60 ARQUILLA, John y RONFELDT, David: *Redes y guerra en red. El futuro del terrorismo, el crimen organizado y el activismo político,* Madrid: Alianza, 2003.

y estrictamente jerarquizada ha dejado de estar en alza, sustituidas por estructuras criminales asimiladas a "sistemas" de funcionamiento.

Por otro lado, la globalización ha sido crucial para reconfigurar la delincuencia organizada dentro de un contexto claramente transnacional. En cuestión de décadas, un problema que por tradición había sido interno –local o nacional– de orden público, se ha transformado en una amenaza que puede poner en peligro la viabilidad de las sociedades, la independencia de los gobiernos, la integridad de las instituciones financieras, el funcionamiento de la democracia y los equilibrios en las relaciones internacionales, con profundas consecuencias para los distintos países integrantes de América Latina. Ha adquirido dimensiones globales (en lo geográfico), transnacionales (en lo étnico y cultural), multiformes (en su estructura y en los acuerdos que forja con sectores políticos y sociales) y pluriproductivas (en cuanto a la abundancia de bienes y servicios lícitos e ilícitos que transacciona)[61], arrogándose por méritos propios la consideración de amenaza.

La peligrosidad intrínseca de la asociación criminal reside en su capacidad de construcción de estructuras racionalmente orientadas a la planificación y comisión del delito, el encubrimiento de sus miembros para evitar la persecución institucional (profilaxis forense y seguridad corporativa)[62]. Más aún, salvaguardan su fortaleza organizacional aplicando no pocos esfuerzos para hacer desaparecer las huellas del delito, dificultando de forma extrema la investigación y la posterior prueba (cultura de la supresión de la prueba).

Por consiguiente, avanzar en el conocimiento de la etiología de la criminalidad organizada, obliga a identificar en primer término sus notas esenciales, a articular un concepto lo más aproximado a la realidad. Las instancias de persecución de la delincuencia organizada –cualesquiera que sean– necesitan disponer de una definición, toda vez que conviene saber con precisión qué se está buscando, cuáles son sus vulnerabilidades y fortalezas, cómo opera, en consecuencia, cómo hay que reaccionar y qué es lo que se quiere y puede atajar. Lo cuál, representa un reto nada desdeñable teniendo en consideración

---

[61] TOKATLIAN, Juan Gabriel: "La guerra antidrogas y el Comando Sur: Una combinación delicada", en *Foreign Affairs Latinoamérica*, vol. 10, nº 1, 2010, pp. 43-50.

[62] SANSÓ-RUBERT, Daniel: "Analysis of Criminal Intelligence from a Criminological Perspective: The Future of the Fight against Organized Crime", en *Journal of Law and Criminal Justice*, vol. 1. 3, nº 1, 2015, pp. 40-48.

que los Estados latinoamericanos están avocados a cooperar en la prevención, represión y persecución del crimen organizado. Quieran o no, la dimensión alcanzada por la criminalidad organizada transnacional impide, *per se,* a los diferentes gobiernos afrontarla en solitario con eficacia. El concepto restrictivo de seguridad nacional ha quedado casi obsoleto o al menos no responde a la nueva situación emergente. Ningún país es invulnerable ante las redes transnacionales de delincuencia organizada. Por tal razón, el fortalecimiento de la cooperación internacional desempeña un indubitado papel[63].

Cooperación, que requerirá dotar de un contenido compartido al término "criminalidad organizada" con validez hemisférica, pretensión ésta muy complicada de alcanzar en plenitud, ante la emergencia de manifestaciones de delincuencia grave no convencional, como la insurgencia criminal o el narcoterrorismo[64]. Fenómenos delincuenciales complejos, que suscitan el desencuentro político en las instancias regionales de lucha contra la criminalidad organizada[65] ante los escenarios emergentes caracterizados por la hibridación de las amenazas[66].

---

[63] SANSÓ-RUBERT, Daniel: "La participación militar en la provisión de seguridad ciudadana y su empleo frente a la expansión del fenómeno criminal organizado", en García Rico, E. y Torres Cazorla, I. (eds.), *Sociedad Internacional en el siglo XXI: Nuevas perspectivas de la seguridad*, Madrid: Plaza y Valdés, 2011, pp. 221-238.

[64] BENÍTEZ MANAUT, Raúl: "Estados fallidos e insurgencias criminales: Falacias conceptuales", en *Foreign Affairs Latinoamérica*, vol. 11, nº 2, 2011, pp. 32-41.

[65] En octubre de 2006, los Estados miembros de la Organización de los Estados Americanos (OEA) adoptaron el Plan de Acción Hemisférico contra la Delincuencia Organizada Transnacional, cuyo propósito principal es promover la aplicación de la Convención de las Naciones Unidas contra la Delincuencia Organizada Transnacional (Convención de Palermo) y sus tres protocolos. Tales instrumentos constituyen el marco jurídico internacional para la lucha contra la delincuencia organizada transnacional. Los objetivos generales del Plan de Acción Hemisférico consisten en instar a los Estados miembros a: 1. Prevenir y combatir la delincuencia organizada transnacional, con pleno respeto de los derechos humanos, tomando como marco de referencia la Convención de Palermo y sus tres protocolos. 2. Profundizar la cooperación en materia de prevención, investigación, procesamiento y actuaciones judiciales relacionadas con actos de delincuencia organizada transnacional. 3. Alentar la coordinación entre los respectivos órganos de la OEA con competencia en los temas vinculados con el combate de la delincuencia organizada transnacional, así como la cooperación entre éstos y la Oficina de las Naciones Unidas Contra la Droga y el Delito (ONUDD). 4. Fortalecer las capacidades y habilidades nacionales, subregionales y regionales para enfrentar la delincuencia organizada transnacional. Observatorio Hemisférico de Seguridad. Organización de los Estados Americanos (OEA).

[66] PULIDO, Julia y SANSÓ-RUBERT, Daniel: "A Phenomenological Analysis of Terrorism and Organized Crime from a Comparative Criminological Perspective", en *Journal of Law and Criminal Justice*, vol. 2, nº 2, 2014, pp. 113-131.

2. ¿DE LA CRIMINALIDAD ORGANIZADA A LA INSURGENCIA CRIMINAL?

La complejidad alcanzada por las manifestaciones de criminalidad organizada en América Latina, especialmente en México, Colombia, Perú, Brasil y los países integrantes del Triángulo Norte centroamericano (Guatemala, Honduras y El Salvador), ha fomentado la aparición de una corriente de pensamiento que, en busca de una mayor clarividencia explicativa sobre el fenómeno criminal organizado, ha desarrollado la categoría conceptual híbrida de "insurgencia criminal"[67]. Fusión, resultado de conferir al concepto de insurgencia[68] de un nuevo enfoque y significado, soslayando algunas de sus características definitorias originarias como la naturaleza política de las metas objeto de materialización y la incorporación de los factores identificativos de la criminalidad organizada: "una forma contemporánea de conflicto donde el crimen y la política convergen"[69].

KILLEBREW y BERNAL, representan las primeras voces en favor de esta nueva aproximación conceptual[70]. En su trabajo *Crime Wars: Gangs, Cartels and U.S. National Security*, sostienen que el crimen organizado ha hecho "metástasis en forma de una nueva insurgencia, que amenaza a los gobiernos del Hemisferio Occidental y, cada vez más, a Estados Unidos"[71].

---

[67] ARRATIA, Esteban: "¿Insurgencia criminal?: la cambiante naturaleza del crimen organizado transnacional en México y Centroamérica", en *Estudios de Seguridad y Defensa*, nº 5, 2015, pp. 39-82.

[68] La insurgencia, como fenómeno, ha sido tradicionalmente asociada al "uso prologando de la violencia para dejar sin efecto un sistema político o forzar algún cambio fundamental en su *statu quo*; es decir, posee una finalidad política que implica un cambio de gobierno". Por lo tanto, la insurgencia estaría englobada dentro de la esfera de la violencia política. METZ, Steven: *The future of insurgency*, Strategic Studies Institute (SSI), BiblioGov, 2012. p. 10, (primera publicación, 1993).

[69] SULLIVAN, John y BUNKER, Robert: "Rethinking insurgency: criminality, spirituality, and societal warfare in the Americas", en *Small Wars Insurgencies*, nº 22, 5, 2011, pp. 742–763.

[70] KILLEBREW, Richard y BERNAL, Jennifer: *Crime Wars: Gangs, Cartels and U.S. National Security*, Washington D.C.: Center for a New American Security, 2010. Para profundizar más: Killebrew, Richard: "Criminal Insurgency in the Americas and Beyond", en *Prism,* vol. 2, 3, 2011, pp. 33-52; GRILLO, Ioan: *El Narco. En el corazón de la insurgencia criminal mexicana*, México D.F.: Ediciones Urano, 2012.

[71] KILLEBREW, Richard y BERNAL, Jennifer: *Crime Wars*, op. Cit., p. 5.

En esta misma línea argumentativa, SULLIVAN, otro autor que comparte idéntica corriente doctrinal, defiende que la insurgencia criminal difiere de la concepción convencional de insurgencia política, en base a que la única motivación de los insurgentes criminales es ganar autonomía y control sobre el espacio geográfico donde operan, en detrimento del Estado, pero sin aspirar al control de todo el territorio nacional (preservación del *status quo* criminal). Sólo les interesa la parcela de territorio donde se ubica su nicho de negocio, el espacio limítrofe al mismo donde establecer un cordón de seguridad para proteger sus actividades e infraestructuras (área de influencia) y las correspondientes vías de transporte, en el supuesto de los tráficos ilícitos, para asegurar la recepción de insumos y distribución de productos y servicios. El objetivo de la creación y control de enclaves criminales (plazas), obedece al aseguramiento de la libertad de movimiento y capacidad de maniobra para desarrollar sin interferencias sus actividades lícitas e ilícitas, convirtiéndose en una amenaza directa a la integridad (territorial, política y social) del Estado[72], constriñendo su legitimidad y anulando, *de facto,* su control territorial y capacidad de respuesta, en la procura del mantenimiento de la seguridad.

No representan una alternativa política al Gobierno. La insurgencia criminal se caracteriza por su naturaleza apolítica y pragmática. Más bien, busca influir a través de la corrupción en diversos estamentos y niveles del Estado (poder judicial, gobiernos locales, regionales o incluso a nivel nacional, organismos de seguridad), la economía y la sociedad (medios de comunicación, desarrollo de relaciones clientelares), en la procura de protección y para construir un entorno que favorezca la impunidad de la estructura criminal y la prosperidad de las actividades desarrolladas, con independencia de su naturaleza ilícita o no.

La referida convergencia motivacional se explica, empleando los términos de MAKARENKO, como un "nexo crimen-rebelión", que adopta la forma de un continuo, con la criminalidad organizada en un extremo del espectro y la insurgencia en el otro, consideradas ambas como fenómenos diferentes. La clave reside, en asumir que las organizaciones criminales han ido evolucionando progresivamente en determinados escenarios latinoamericanos hacia la

---

[72] SULLIVAN, John: *From Drug Wars to Criminal Insurgency: Mexican Cartels, Criminal Enclaves and Criminal Insurgency in Mexico and Central America. Implications for Global Security*, Washington D.C.: HAL, 2012, p. 4.

asimilación con el fenómeno insurgente (o a la inversa), situándose hacia un término medio del citado espectro, perdiendo uno de los rasgos definitorios tradicionales como las connotaciones políticas, primando *a sensu contrario* el control territorial y la neutralización de las funciones gubernamentales en el mismo, a favor del enriquecimiento.

El desafío al Estado sólo se produce, llegado el caso y si fuese explícitamente necesario, para la preservación de la estructura de la organización y de sus intereses, en la medida en que éste presente una fuerte capacidad regulatoria e institucional en la preservación de la seguridad y el orden. La clave reside en evitar la confrontación directa con el Estado, favoreciendo la cooptación política en beneficio de los intereses de la estructura criminal. En consecuencia, la base definitoria de la insurgencia criminal es económica. El enriquecimiento ilícito ocupa el lugar que, en el concepto tradicional, le pertenece a la ideología, la religión o la etnia[73]. Por lo tanto, el concepto de insurgencia criminal se opone diametralmente a la noción convencional de insurgencia, en la que el objetivo último consiste en arrebatar el poder político al gobierno con el fin de sustituirlo en la dirección del país"[74]. SULLIVAN en su argumentación, va más allá planteando que los motivos comerciales ilícitos de las organizaciones criminales están, de hecho, convirtiéndose en una agenda política[75]. Añade, además, que derivado del ejercicio del control sobre el territorio, en relación con las instituciones gubernamentales y las personas, a efectos de garantizar los fines específicos de la organización criminal, éstas promueven una confrontación entre los valores propios de la democracia liberal y los respectivos del orden criminal; el desgaste de la soberanía del Estado y el fracaso institucional en la plena provisión de seguridad, bienes y servicios (control íntegro del territorio), característico de Estados disfuncionales, repercute directamente en la pugna por la legitimidad entre los valores democráticos y aquellos otros de naturaleza criminal[76].

---

[73] MURILLO, Carlos: *Insurgencia no política: La experiencia de Centroamérica y México. Una aproximación preliminar*, Washington D.C., 2014.

[74] OLSON, Eric: ¿Los delincuentes de México se han convertido en insurgentes?, en *Foreign Affairs Latinoamérica*, vol. 11, 2, 2011, p. 26.

[75] SULLIVAN, John: *From Drug Wars to Criminal Insurgency*, op. Cit., p. 3.

[76] BUNKER y BUNKER, definen "la modificación del ámbito social" como un elemento de guerra no estatal; específicamente: "Estas guerrillas –que se manifiestan como insurgencias criminales derivadas de grupos de bandas, cárteles y redes mercenarias– promueven nuevas formas

Ligado a lo anterior, FELBAB-BROWN sostiene que si bien la principal motivación de la insurgencia criminal es el dinero y que su objetivo podría no ser derrocar al Estado, sin duda tratan de influenciar favorablemente en la percepción que la ciudadanía tiene sobre la estructura criminal, favoreciendo relaciones clientelares de dominación y protección. En consecuencia, la existencia de estos actores no estatales desafía la legitimidad del Estado y tiene, a la postre, implicaciones políticas: los insurgentes criminales pueden convertirse en constructores competitivos de Estado. Por ello, según este planteamiento, es necesario entender las políticas contra la criminalidad organizada como una competencia de creación y ejercicio de las funciones de Estado entre los organismos públicos y las organizaciones delictivas con capacidad de suplantación del Estado, compitiendo con él en la prestación de servicios y la "construcción de Estado"[77].

BUNKER, destaca como otro rasgo de la insurgencia criminal, colocando el caso mexicano como ejemplo paradigmático, la paramilitarización. Las estructuras criminales en América Latina se han provisto de auténticos ejércitos privados en términos de especialización y equipamiento, superior al de las fuerzas policiales a las que han rebasado e incluso, capaces de operar en condiciones de igualdad, si no con superioridad, a las propias fuerzas armadas de algunos países[78].

---

de organización estatal derivadas de comportamientos y normas políticas y sociales basadas en la criminalidad". Los elementos clave de la modificación social y del medio, incluyen veneración de narcosantos, violencia simbólica (incluyendo decapitaciones y "cadáveres mensaje" (incorporar un mensaje a un cadáver), el uso de narcomúsica (*narcocorridos*) y el empleo del medio social para difundir mensajes y otorgar legitimidad a la estructura criminal. BUNKER, Pamela L.; CAMPBELL, Lisa J. y BUNKER, Robert J.: "Torture, beheadings, and narcocultos," en *Small Wars & Insurgencies*, 21:1, 2010, pp. 145-178.

[77] FELBAB-BROWN, Vanda: "Conceptualizing crime as competition in state-making and designing an effective". Conference on Illicit Trafficking Activities in the Western Hemisphere: Possible Strategies and Lessons Learned, 2010. Disponible en:http://www.brookings.edu/research/speeches/2010/05/21-illegal-economies-felbabbrown; FELBAB-BROWN, Vanda: "Crime–War Battlefields", en *Survival*, nº 3, vol. 55, 2013, pp. 152-153.

[78] BUNKER, Robert: "Fighting Irregular Fighters: Defeating Violent Non-State Actors", en *Parameters*, nº 4, vol. 43, 2014, s/p.

En 2004, el Gobierno Federal mexicano reconocía la capacidad del crimen organizado para reclutar a la élite de las Fuerzas Armadas[79], revelando el origen militar de la organización criminal "Los Zetas", desertores del Ejército que optaron por engrosar las filas de la delincuencia organizada[80]. Aunado a la afrenta que significó la aparición de esta organización para el prestigio de las Fuerzas Armadas, este grupo delictivo impuso otro nuevo desafío para el Estado mismo. Además de contar con una formación de alta especialización, tienen conocimientos en el manejo de armamento, tácticas de contrainsurgencia y de combate. Fenómeno, que se ha extrapolado a otros países como Guatemala. Integrantes del grupo de operaciones especiales del Ejército guatemalteco, "Los Kaibiles", han pasado a engrosar las filas de diversas organizaciones criminales transnacionales que operan en Latinoamérica, incluso en los propios Zetas.

Asumir esta visión de la transformación de la criminalidad organizada transnacional en manifestaciones de insurgencia criminal con iguales connotaciones transnacionales, conlleva a su vez una necesaria reinterpretación y reorientación de las estrategias pergeñadas en la lucha contra la criminalidad organizada. De igual forma, puede estipularse con respecto al planteamiento de la fusión de la criminalidad organizada con los movimientos guerrilleros y con manifestaciones de terrorismo, generando fenómenos delincuenciales complejos como el narcoterrorismo[81]. Y es aquí, donde los planteamientos favorables a la inmersión de las fuerzas armadas en esta lucha encuentran un argumento sólido, en virtud del nuevo perfil adquirido por la amenaza a enfrentar, caracterizada por la proliferación de escenarios híbridos, donde la respuesta netamente policial no parece terminar de encajar. La insurgencia criminal parece pues bascular hacia el terreno de la seguridad nacional[82],

[79] Desertores de los Grupos Aeromóvil y Anfibio de las Fuerzas Especiales (GAFE) y de la Brigada de Fusileros Paracaidistas del Ejército mexicano, que fueron contratados inicialmente como ejecutores por el Cártel del Golfo en la década de 1990. MOLOEZNIK, Pablo: "Las Fuerzas Armadas en México: entre la atipicidad y el mito", en *Nueva Sociedad*, nº 213, 2008, p. 167.

[80] A modo de ejemplo, entre 2000 y 2006, el número de desertores de las Fuerzas Armadas mexicanas ascendió a 123.218, incluyendo 1.388 oficiales y un coronel. Ibid., pp. 156-169.

[81] PULIDO, Julia y SANSÓ-RUBERT, Daniel: "El papel de la Inteligencia ante los fenómenos delincuenciales complejos en el contexto del Espacio Euroatlántico", en Cantalapiedra, D. y Pulido, J. (eds.), *Los Vínculos Trasatlánticos*, Madrid: Navalmil, 2016, pp. 101-116.

[82] BARTOLOMÉ, Mariano: "Más allá del crimen organizado: la reformulación del concepto de insurgencia y su impacto en el entorno estratégico sudamericano", en *Revista Brasileira de Estratégia e Relações Internacionais*, vol. 2, 2013, pp. 47-77.

ante la gravedad de la amenaza que plantea al Estado en términos, no sólo de seguridad, sino políticos, de dominio social[83], de legitimidad institucional, de defensa de la nación, de sus valores democráticos y constitucionales, preservación y respeto del ejercicio de derechos y libertades fundamentales, de pervivencia del Estado de derecho y del sistema democrático constitucional. La lógica de la seguridad pública hasta ahora vigente se ve rebasada por unas estructuras criminales con capacidad para ejercer el pleno dominio político y social, incluyendo el uso indiscriminado de la fuerza, en los territorios que controla. Representan la antítesis de la democracia y del Estado constitucional.

3. PROLIFERACIÓN DE ESCENARIOS HÍBRIDOS: ¿HACIA NUEVAS ESTRATEGIAS DE SEGURIDAD Y DEFENSA?

En la actualidad nos encontramos ante un mundo cambiante en el que comienzan a tambalearse paradigmas y presupuestos tradicionales sobre los que no cabían, hasta ahora, modificaciones sustanciales. La concepción *hobbesiana* de Estado y la configuración de las políticas estratégicas, tanto de unidades estatales, como de organizaciones internacionales en los ámbitos preventivos y reactivos de la seguridad, adeudan una revisión y reestructuración[84] para su acomodación a los desafíos futuros. Reto de por sí nada desdeñable, cuya dificultad se ve incrementada por el propio estadio evolutivo en el que nos encontramos: una fase intermedia de transición entre una etapa pasada prácticamente superada, propia de la política de confrontación de bloques de la Guerra Fría[85] y de la posterior etapa de conflictos de baja intensidad y guerras asimétricas, pero cuyas reminiscencias aún golpean con fuerza y otra, futura, que no termina de eclosionar y definirse (nuevos escenarios de incertidumbre). La escena vigente obliga, en términos de seguridad y defensa, a una permanente adecuación *ad hoc*, combinando estrategias del pasado, con ideas del presente, al tiempo que pergeñamos prospectivas de futuro, tratando de desplegar un *continuum* de seguridad, que no siempre resulta efectivo, ante

[83] SULLIVAN, John P. y ELKUS, Adam: "Barbarization and Narcocultura: Reading the Evolution of Mexico's Criminal Insurgency", en *Small Wars Journal*, 31, 2011.

[84] PULIDO, Julia y SANSÓ-RUBERT, Daniel: "El papel de la Inteligencia ante los fenómenos delincuenciales complejos en el contexto del Espacio Euroatlántico", op. Cit., p. 101.

[85] BALDWIN, David A.: "Security studies and the end of the Cold War", en *World Politics*, vol. 48, nº 1, 1996, pp. 117-141.

las dificultades de previsión de contingencias en un mundo sometido a una constante transformación vertiginosa.

Pretender combatir las modalidades delictivas organizadas modernas con esquemas de seguridad del siglo XX, resulta inoperante. Ante los nuevos retos, cabe reclamar nuevas respuestas. Se hace por ello indispensable una reflexión en torno a los desafíos abiertos para la Política criminal en particular, y para las Políticas de seguridad y defensa en general, ante la emergencia de fenómenos delincuenciales complejos fruto de la fusión de amenazas clásicas. Impera adaptarse a la nueva realidad criminógena, tal y como se adapta la delincuencia organizada a las realidades donde pretende desempeñar sus actividades, para no perder capacidad operativa. La adaptabilidad criminal demanda, al menos, la misma capacidad de adaptación de los instrumentos disponibles para garantizar la seguridad, evitando su obsolescencia. Sin embargo, las burocracias estatales permanecen constreñidas en esquemas funcionales anquilosados. Este lastre, sumado a las barreras competenciales territoriales y jurídicas propias del Estado, limita en demasía la respuesta institucional[86].

El debate gira en torno a qué enfoque debe primar o qué estrategias deben establecerse para abordar una realidad compleja y poliédrica, caracterizada por la convergencia de escenarios de convivencia de amenazas tradicionales con otras de naturaleza híbrida[87]. Los fenómenos delincuenciales complejos o amenazas híbridas, obligan a prever escenarios no contemplados de convivencia de sistemas y estructuras tradicionales con espacios sub-gobernados[88]por grupos de naturaleza criminal. A lo que hay que añadir la pérdida del monopolio del uso de la fuerza por parte del Estado, al tiempo que los denominados "actores armados no estatales"[89], recrudecen su uso. La intensidad de la violencia

---

[86] SANSÓ-RUBERT, Daniel: "Inteligencia criminal. Una elección estratégica en clave de seguridad frente a la iniciativa de la delincuencia organizada", en Rivera, F. (coord.), *Inteligencia estratégica y Prospectiva*, Quito: Flacso-Senain-AECID, 2011, pp. 215-238.

[87] PULIDO, Julia y SANSÓ-RUBERT, Daniel: "A Phenomenological Analysis of Terrorism and Organized Crime from a Comparative Criminological Perspective", op. Cit., pp. 115-116.

[88] KEISTER, Jennifer: "The Illusion of Chaos. Why Ungoverned Spaces Aren't Ungoverned, and Why That Matters", en *Policy Analysis*, Cato Institute, nº 766, 2014.

[89] Bajo el rubro de "actores armados no estatales" tienen cabida figuras tan dispares entre sí como las estructuras de criminalidad organizada (piratería, bandas criminales –BACRIM–, pandillas juveniles y Maras); organizaciones terroristas y movimientos de liberación nacional; insurgencias y grupos opositores rebeldes; guerrillas; paramilitares y grupos de autodefensa; señores de la guerra, jefes de clan y grupos armados locales (milicias); mercenarios e incluso, contratistas

desatada como instrumento (violencia instrumental) para el logro de objetivos privados, ha provocado la redefinición del concepto *weberiano* y *hobbesiano* de autoridad legítima y capacidad coercitiva de los Estados. La discusión planteada acerca de cómo hacer frente a semejante tesitura en América Latina, se ha reducido a cómo articular el empleo de la fuerza y, sobre todo, cómo obtener la legitimidad para ello[90].

Alcanzar la determinación estratégica de implicar a las fuerzas armadas como instrumento contingente de la criminalidad organizada en algunas regiones de Latinoamérica, no ha sido fruto del azar o de repentina inspiración. Su adopción representa la materialización de la confluencia de una serie de factores que deben ser tenidos en consideración, para poder comprender plenamente el por qué los gobiernos implicados se decantaron por esta opción y no por otras, en la configuración, al menos inicial, de su respuesta ante la amenaza criminal organizada.

De entre todos estos factores intervinientes (cabría analizar factores políticos, sociales, económicos, geoestratégicos, geopolíticos[91]e incluso culturales, sobre la situación de desarrollo de los países sudamericanos, pobreza,

---

privados de seguridad, además de sus reinterpretaciones híbridas como las neo insurgencias, insurgencia criminal, protoinsurgencias, narco terrorismo, narco guerrillas, ejércitos privados criminales o paramilitarización criminal como los Zetas –antes de adquirir plena autonomía como organización criminal–, entre los más destacados. Para una mayor profundización en el concepto y sus tipologías consultar: SANSÓ-RUBERT, Daniel: "Actores Armados no Estatales: Análisis fenomenológico", en *RELASEDOR Papers*, 2015, publicaciones de la Red Latinoamericana de Estudios de Seguridad y Delincuencia Organizada (RELASEDOR); GARCÍA GUINDO, Miguel: "Movimientos insurgentes: El papel, capacidades y respuestas de los Estados", en *Revista Política y Estrategia*, nº 123, 2014, pp. 35-52; BYMAN, Daniel: "Understanding Proto-Insurgencies", en *Journal of Strategic Studies*, 31, 2, 2008, pp. 165-200; VV.AA: *Actores armados no estatales. Retos a la seguridad*, Cuaderno de Estrategia nº 152, Instituto Español de Estudios Estratégicos-Centro Mixto Universidad de Granada-MADOC, Madrid: Ministerio de Defensa (España), 2011; KRAUSE, Keith y MILLIKEN, Jennifer: "Introduction: The Challenge of Non-State Armed Groups", en *Contemporary Security Policy*, vol. 30, Issue 2, 2009.

[90] KEISTER, Jennifer: "The Illusion of Chaos. Why Ungoverned Spaces Aren't Ungoverned, and Why That Matters", op. Cit.; MOLOEZNIK, Pablo: "Seguridad y uso de la fuerza en el Estado contemporáneo", en *Revista del Centro de Estudios Latinoamericanos*, Universidad de Varsovia, nº 6, 2004, pp. 29-36.

[91] VARESE, Federico: *Mafias on the Move: How Organized Crime Conquers New Territories*, New Jersey: Princeton University Press, 2013; SANSÓ-RUBERT, Daniel: "Nuevas tendencias de organización criminal y movilidad geográfica. Aproximación geopolítica en clave de inteligencia criminal", en *Revista UNISCI Discussion Papers*, nº 41, 2016, pp. 181-204.

exclusión, transformaciones democráticas…), son cuatro los que destacan sobremanera sobre el resto, como fuertes condicionantes de la militarización del enfoque de la lucha contra la delincuencia organizada.

En primer término, la institución policial debería ser un cuerpo profesional capaz de desarrollar iniciativas de prevención, control e investigación criminal de forma eficaz y eficiente. Sin embargo, la realidad en no pocos países latinoamericanos dista y mucho, de esta imagen. Más bien al contrario, son percibidas por la ciudadanía como un instrumento corrupto de represión al servicio de determinados regímenes políticos o grupos de presión (oligárquicos o incluso criminales). Desconfianza basada en la pérdida de credibilidad en las fuerzas policiales debido a sus elevados niveles de corrupción e ineficacia[92]. La literatura especializada sobre los cuerpos de policía de la región[93] es unánime al señalar las graves carencias del sector a todos los niveles. Principalmente, la baja efectividad de los cuadros policiales y la limitada profesionalidad de los mismos. Para acceder a muchos cuerpos policiales, los requisitos de ingreso no son explícitos, sumado a que la capacitación que reciben los policías en según qué país, es nimia. Su preparación y entrenamiento son escasos en el tiempo y paupérrimos en los contenidos. En algunas de las instituciones policiales sólo se exige un mínimo nivel educacional para ingresar en sus filas y una estatura mínima[94].

De forma sucinta, la reforma del sector policial debería pivotar en torno a dos ejes fundamentales: la capacidad operativa (eficiencia y eficacia de la policía), y la responsabilidad democrática (las respuestas de la policía al

---

92 DEARE, Craig: "La militarización en América Latina y el papel de los Estados Unidos", en *Foreign Affairs Latinoamérica*, vol. 8, nº 3, México: ITAM, 2008.

93 BAILEY, John; DAMMERT, Lucía y MARTÍNEZ PASSARGE, María L.: *Seguridad y reforma policial en las Américas: Experiencias y desafíos*, Madrid: Siglo XXI, 2005; DAMMERT, Lucía: *Perspectivas y dilemas de la seguridad ciudadana en América Latina*, colección Ciudadanía y Violencias, vol. 2, Quito: Facultad Latinoamericana de Ciencias Sociales (FLACSO Sede Ecuador) y Corporación Metropolitana de Seguridad Ciudadana (CORPOSEGURIDAD), 2007; FABIÁN SAÍN, Marcelo: *Reforma policial en América Latina. Una mirada crítica desde el progresismo*, Buenos Aires: Prometeo Libros, 2010; ARIAS, Patricia; ROSADA-GRANADOS, Héctor y FABIÁN SAÍN, Marcelo: *Reformas policiales en América Latina. Principios y lineamientos progresistas*, Bogotá: Friedrich Ebert Stiftung (FES), 2012.

94 LÓPEZ PORTILLO, Ernesto: *Educación y Entrenamiento Policial para la Democracia*, Center for U.S.-Mexican Studies. Project on Reforming the Administration of Justice in Mexico, 2003.

control político y a su respeto por los derechos civiles y humanos). Con ello se aumentaría los mecanismos de fiscalización y control institucionales, no sólo en términos de actuación en el marco de la ley, sino también respecto de la eficacia y eficiencia de las iniciativas desarrolladas. Sólo con el avance de estas medidas mínimas, sumadas a una dotación de medios materiales y recursos tecnológicos, las instituciones policiales estarán en condiciones reales de enfrentar, con garantías mínimas de éxito, el control y neutralización de la criminalidad organizada.

En suma, el proceso de adaptación policial requiere abordar la profesionalización y dignificación de la fuerza pública policial que, en última instancia, haga innecesario el recurso a las fuerzas armadas para proveer a la sociedad de seguridad en lo cotidiano. Cuestión bien distinta es, como se analizará, poder contar con su apoyo, si fuese pertinente, ante circunstancias extraordinarias de extrema gravedad. La realidad, dista mucho de alcanzar este desiderátum, al menos a corto plazo. Por el momento, ante la falta de confianza en la policía, la defensa ha acudido al rescate de la seguridad.

A la crisis institucional de la policía, se suma, en segundo término, el auge exacerbado del recurso a la violencia por parte de la delincuencia común y organizada. La accesibilidad a una amplia gama de armamento, desde revólveres y pistolas, hasta armas de alto poder de fuego[95], confluye con lo que los expertos han bautizado como "el ascenso de la paramilitarización criminal". Las organizaciones criminales han incluido en su acervo operacional tácticas guerrilleras, contrainsurgentes y terroristas, para lograr la consecución de sus objetivos y la protección, tanto de sus estructuras, actividades como intereses, tratando de imponer su hegemonía mediante el uso exacerbado de la violencia frente al Estado y frente al resto de estructuras criminales competidoras, en aquellos escenarios caracterizados por múltiples protagonistas, como es el caso de México, ejemplo por antonomasia junto con Colombia, del empleo desmedido de acciones violentas y del recurso a la explotación criminal de los dividendos del terror originado. Otro elemento definitorio de la progresiva paramilitarización criminal es la cooptación de miembros de las fuerzas armadas, preferentemente provenientes de unidades de élite y, en su defecto,

---

[95] SANSÓ-RUBERT, Daniel: "Criminalidad organizada y tráfico ilícito de armas ligeras", op. Cit., pp 185 y ss.

capacitar militarmente a los cuadros integrantes de la organización, recurriendo a miembros con elevada formación militar, proveyéndose para ello de campos de entrenamiento y de armamento bélico. En este sentido, las organizaciones criminales juegan con la ventaja que les proporciona el marco del conflicto asimétrico y su carencia de restricciones éticas y morales, mientras que los servicios estatales, *a priori*, tienen constreñidas su capacidad de maniobra siempre sujetas a los respectivos marcos legales.

El problema se agrava, cuando se es consciente de la carencia de datos empíricos fidedignos al respecto. Existe información contrastada, en el caso de México, habida cuenta de la evolución de los Zetas, que comenzaron constituyendo el brazo armado del Cártel del Golfo liderado por Osiel Cárdenas, tras el abandono de varios miembros integrantes del Grupo Aeromóvil de Fuerzas Especiales (GAFES) para, posteriormente, constituir una organización criminal autónoma, irrumpiendo con fuerza en el panorama mexicano de seguridad. A raíz de su expansión operativa a Guatemala, se generan informaciones sobre la cooptación de miembros de las fuerzas especiales guatemaltecas, los Kaibiles, para su incorporación a la estructura criminal. La cuestión, es que este *modus operandi* perfectamente puede estar reproduciéndose por toda América Latina sin que, hasta la fecha, se tenga evidencia al respecto. Entre otros motivos, por la falta de transparencia de las instituciones militares, reacias a publicitar el número de deserciones y abandonos, que pudiesen estar vinculados a una labor de reclutamiento de efectivos militares por parte de la criminalidad organizada, que trasluciría el fracaso de los sistemas de profesionalización militar y de seguridad, ante la capacidad de penetración criminal de las fuerzas armadas. Cuestión, que representa una vulnerabilidad a tener en consideración, que requerirá de trabajos de contrainteligencia para determinar el grado de intromisión de la criminalidad organizada en los estamentos militares.

El incremento de los niveles de inseguridad[96], aparejado a la violencia, ha contribuido a establecer un clima social de miedo e inseguridad generaliza-

---

[96] Según el Informe Regional de Desarrollo Humano de Naciones Unidas, la inseguridad es un reto compartido y un obstáculo para el desarrollo social y económico en todos los países de América Latina. Recomienda políticas orientadas hacia la mejora de la calidad de vida de la población, con prevención del delito y la violencia por medio de un crecimiento incluyente, instituciones de seguridad y justicia eficaces, además de medidas para estimular la convivencia social; al tiempo que evidencia los problemas de la delincuencia y la violencia en la región y ofrece importantes recomendaciones para mejorar las políticas públicas sobre seguridad ciudadana. "Seguridad

da[97] (indicadores desorbitados de percepción de la inseguridad reflejados en el Latinobarómetro[98]), que sumados a condiciones sistémicas de impunidad[99] (especialmente relacionadas con la criminalidad organizada), ha desembocado en un corolario de reivindicaciones sociales de políticas reactivas para acabar con la amenaza.

El político, cualquiera que sea su inclinación ideológica, se ve obligado a adoptar a menudo soluciones de emergencia. Tras haberlas adoptado, se

Ciudadana con Rostro Humano: Diagnóstico y propuestas para América Latina", *Informe Regional de Desarrollo Humano* (IDH) 2013-2014 del Programa de Desarrollo de la ONU (PNUD).

97 Los resultados de la encuesta de LAPOP de 2014 muestran que la percepción de inseguridad está en aumento en Latinoamérica, particularmente en Suramérica, donde una nueva dinámica de tráfico de drogas puede ser en gran parte la responsable. Según el informe del Proyecto de Opinión Pública de América Latina (LAPOP), que recoge los resultados de las encuestas realizadas sobre seguridad ciudadana en las Américas, la percepción promedio de inseguridad en la región aumentó de 37,6 en una escala de 100 puntos en 2012 a 43,2 en 2014. Del mismo modo, el porcentaje de encuestados que citó la seguridad como el problema más importante que enfrenta su país aumentó ligeramente durante el mismo período, 30,1 a 32,5 por ciento. El aumento fue especialmente notable en Suramérica, en particular en Brasil, Bolivia, Perú, Colombia, Paraguay y Venezuela, donde la percepción promedio de inseguridad aumentó en al menos 8 puntos. Venezuela experimentó el mayor cambio entre 2012 y 2014, con un pico de 15,6 puntos en la percepción de inseguridad. *Informe del Proyecto de Opinión Pública de América Latina* (LAPOP), 2014.

98 El Latinobarómetro es un estudio de opinión pública, que aplica anualmente alrededor de 20.000 entrevistas en 18 países de América Latina representando a más de 600 millones de habitantes. Corporación Latinobarómetro es una ONG sin fines de lucro con sede en Santiago de Chile, única responsable de la producción y publicación de los datos. Investiga el desarrollo de la democracia, la economía y la sociedad en su conjunto, usando indicadores de opinión pública que miden actitudes. LAGOS, Marta y DAMMERT, Lucía: *La seguridad ciudadana. El problema principal de América Latina*, Corporación Latinobarómetro, Chile, 2012.

99 El documento presenta un análisis de los rezagos y desafíos sociales en América Latina y el Caribe, su relación con la situación de la corrupción y cómo enfrentar estas relaciones desde la perspectiva de un enfoque de Derechos y de las Convenciones respectivas del Sistema de Naciones Unidas. En este marco, expone las relaciones entre crimen organizado, exclusión social e ingobernabilidad; y analiza, por otra parte, la desconfianza social con motivo de la crisis de legitimidad que sufren las democracias en la región debido a la falta de transparencia pública y la corrupción, en circunstancias en que los derechos sociales, económicos y culturales, consagrados jurídica y legislativamente, distan de ser exigibles y realizables. WIELANDT, Gonzalo y ARTIGAS, Carmen: Informe *La corrupción y la impunidad en el marco del desarrollo en América Latina y el Caribe: un enfoque centrado en derechos desde la perspectiva de las Naciones Unidas*, Naciones Unidas, Serie Políticas Sociales, nº 139, Santiago de Chile: Comisión Económica para América Latina y el Caribe (CEPAL). División de Desarrollo Social, 2007; CLERCQ, Juan Antonio y RODRÍGUEZ SÁNCHEZ LARA, Gerardo (coords.), *Índice Global de impunidad 2015*, Centro de Estudios sobre Impunidad y Justicia (CESIJ), Puebla, México, 2015.

convierte políticamente en rehén de tales decisiones concebidas y adoptadas fruto de la improvisación, la presión política y el apremio; las medidas de emergencia suelen producir nuevas y mayores emergencias debido a la inmediatez de su promulgación, que aleja toda reflexión mínimamente seria sobre la cuestión a resolver. En el caso de Sudamérica, la salvaguarda de la seguridad ha redescubierto los tradicionales postulados de la razón de Estado y del estado de necesidad, como justificatorias de la introducción de políticas coercitivas, maleando un Estado de derecho que se manifiesta a los efectos dúctil.

Los problemas estructurales exigen respuestas igualmente estructurales, no coyunturales. Pero la opinión pública demanda respuestas inmediatas y de ser posible, definitivas y tranquilizadoras, al menos en apariencia. Quien gobierna en democracia no debiera acabar atrapado en esta trampa de las políticas de escaparate, vacías de respuestas; en la tremenda contradicción de un presente, cuya urgencia impide la construcción de un futuro. El combate a la criminalidad organizada es un enfrentamiento *sine die*, que requiere de compromiso político y políticas de Estado.

En palabras de FERRAJOLI, se trata de sustituir el realismo del corto plazo, no con la abstracta utopía, sino con el realismo del largo plazo, o cuando menos, de poner el segundo junto al primero. Conjugar el realismo de corto y de largo plazo es la estrecha vía –estrechísima, pero la única disponible– que algunas veces permite, si acompaña la fortuna, escapar de la terrible contradicción en la que está apresado el legislador democrático[100] y por extensión, debiera de ser así también para el político.

En cuarto y último lugar, otro factor de capital importancia es el papel desempeñado por Estados Unidos en América Latina, especialmente su particular visión de lucha contra la criminalidad organizada y, en especial, el tráfico de droga. Cuestión que, dada su relevancia, será objeto de tratamiento pormenorizado en un epígrafe específico.

Abogar por proporcionar una protección inmediata al Estado y la ciudadanía[101], ha impulsado a los gobiernos a promover la implicación de las fuerzas armadas en la lucha contra el crimen organizado, tratando de suplir la inope-

---

[100] FERRAJOLI, Luigi: *Derechos y garantías. La ley del más débil*, Madrid: Trotta, 1999.

[101] CRUZ, José Miguel: "Mala conducta policial y democracia en América Latina", en *Perspectivas desde el Barómetro de las Américas*, nº 33, 2010, p. 2.

rancia policial y confiando en que la intervención militar permitiría minimizar el impacto de la criminalidad organizada y mantener un control mínimo para evitar su expansión incontrolada, que supusiese, en última instancia, un deterioro de la seguridad, tanto objetiva como subjetiva, minimizando con ello los principales costos que pudieran observarse en términos de degradación del Estado de derecho[102]. Estrategia, que no parece haber surtido efecto, al menos en los términos deseados. Por el contrario, la situación ha degenerado en multitud de prolegómenos, que inciden perniciosamente en el sistema democrático y el Estado de derecho, que serán objeto de análisis pormenorizado a lo largo de las siguientes líneas.

[102] ZAITCH, Damián: "Narcotráfico y reducción de daños: Reflexiones para un debate urgente", en López Chorne J. y Sibilla G. (comps), *Desafíos para el Planeamiento Estratégico de la Seguridad Ciudadana*, Buenos Aires: Ministerio de Seguridad de la Nación, 2012, pp. 165-177.

CAPÍTULO 2. RETOS DE POLÍTICA CRIMINAL. LA IMPLICACIÓN DE LAS FUERZAS ARMADAS COMO INSTRUMENTO CONTINGENTE DE LA CRIMINALIDAD ORGANIZADA: EL TRIUNFO DE LA RAZÓN DE ESTADO Y LA ESTRATEGIA DEL USO DE LA FUERZA PÚBLICA

La forma en que los Estados perciben las amenazas y las vulnerabilidades incide en la manera en que planifican, asignan recursos y desarrollan las políticas de seguridad y defensa. Esta percepción, también condiciona cuáles son los instrumentos más apropiados para enfrentar las amenazas, tanto externas como internas[103].

El derecho sólo es observado cuando existe un poder que tiene la fuerza suficiente para garantizarlo. Al Estado, *a priori*, se le reconoce el uso legítimo de la fuerza para su propia defensa, que englobaría la seguridad y la defensa de la sociedad como colectivo y por extensión, de cada uno de sus ciudadanos integrantes. Protección, frente a las amenazas que, como el crimen organizado, los victimizan. Pero, ese uso de la fuerza, materializado en el caso de América Latina en el recurso a sus fuerzas armadas y, en menor medida, a sus corporaciones policiales, no puede ser ilimitado; en cuyo caso, supondría un retorno al estado de naturaleza, en el que cada uno trata de asegurarse con los medios de que dispone, lo que entiende que es su derecho[104]. La prevalencia del imperio de la fuerza y no del derecho.

La solución pacífica de las controversias es un rasgo que caracteriza y ennoblece al Estado democrático de derecho. Y, a pesar de tenerlo siempre en consideración, no se puede eludir la cuestión del uso de la fuerza, cuando resulte necesaria su aplicación. Los Estados con mayores índices democráticos,

---

[103] ROJAS ARAVENA, Francisco: "Riesgo de la superposición entre las políticas de defensa y seguridad", en *Nueva Sociedad*, n° 213, 2008, pp. 36-49.

[104] MEINECKE, Friedrich: *La idea de la razón de Estado en la Edad Moderna*, Madrid: Centro de Estudios Constitucionales, 1983, p. 15.

las economías más desarrolladas del mundo, las sociedades donde se hacen valer con más rigor los derechos humanos, están obligados a recurrir a ella en ciertos casos. Ejercer la coacción legítima puede llegar a ser indispensable para mantener la integridad del Estado y la pervivencia de la democracia.

Si compartimos con MAX WEBER la convicción de que el Estado, en aras de mantener el orden, es el único instituto político legítimamente facultado para ejercer la coacción física –al menos en la teoría, dado que en la práctica asumimos las transformaciones acontecidas en el panorama de la seguridad y la pérdida efectiva del monopolio del uso de la fuerza por parte de los Estados, a manos del conjunto de actores armados no estatales de los que ya hemos tenido la oportunidad de reflexionar–, habrá que coincidir, también, en que cualquier uso de la violencia fuera del Estado y de conformidad con las circunstancias que la avalan, es ilegítima. Ilégitima, en el contexto de los Estados democráticos y constitucionales de derecho.

Por tal motivo, aunque constitucionalmente se reconozca en Latinoamérica el recurso a las fuerzas armadas en la lucha contra la criminalidad organizada, en virtud de la tradicional concepción del factor militar como componente fundamental del poder nacional[105], y a raíz de las recientes transformaciones operadas al efecto en los textos constitucionales de prácticamente la totalidad de los países integrantes del continente sudamericano, como se analizará expresamente con detalle, su disponibilidad no debe, ni puede, quedar al arbitrio de la política y sus circunstancias. El instrumento a través del cual el Estado ejerce la máxima fuerza de la que dispone, debe de estar sometido al imperio de la ley. El poder militar –encarnado en las fuerzas armadas– no es un mero recurso. Es parte integrante de la representación de la simbología de la soberanía nacional y la integridad territorial, así como la máxima expresión de la intensidad de uso de la fuerza (*ultima ratio* del Estado). Sin olvidar la visión pragmática de que el poder armado es una herramienta del gobierno, un instrumento de la política[106], unas fuerzas armadas propias de un Estado de derecho, deberían representar para la ciudadanía a la que sirven la garantía de la salvaguarda de sus derechos y libertades, de la convivencia pacífica y de la libertad.

---

[105] KNORR, Klaus E.: *El poder de las naciones*, Buenos Aires: Editorial de Belgrano, 1981, pp. 169 y ss.

[106] VON CLAUSEWITZ, Carl: *De la guerra*, Barcelona: Editorial Labor, 1976.

El Estado debe prever situaciones de peligro y escenarios de diversa naturaleza e intensidad. Incluso los supuestos extremos, que puedan afectar a la seguridad nacional o, si se quiere, a la subsistencia del propio Estado democrático. En previsión de los mismos, el poder del Estado está constitucionalmente autorizado, con un margen de discrecionalidad discutible según qué caso[107], para suspender los procedimientos habituales de decisión y las garantías ordinarias de los derechos en la totalidad del territorio o en parte de él. En otros términos, debe de preveerse, conforme a la doctrina de SCHMITT[108], el estado de excepción, que representa ante todo, una forma de suspensión o de derogación de los límites constitucionales al uso de la fuerza pública.

El Estado, cualquiera que sea su matriz ideológica, ha sido creado y se legitima precisamente porque usa la fuerza pública para garantizar una convivencia civilizada y organizada, sancionando a quienes violan la ley. Pero cuando el Estado no sabe proteger a los ciudadanos o se convierte en agente de desorden, poniendo en riesgo la vida de muchos ciudadanos, presuntamente inocentes o no responsables de graves delitos; cuando la inseguridad se vuelve constante y difusa, la inseguridad misma produce de hecho una crisis de legitimidad del soberano y lleva a la disgregación y disolución del Estado. Aparece en HOBBES[109] un vínculo de racionalidad al que ni siquiera el soberano absoluto puede sustraerse, y que está relacionado, muy singularmente, con las políticas de seguridad y con el uso de la fuerza pública: los ciudadanos se sienten seguros, no como consecuencia de la exhibición por parte del soberano de una deslumbrante capacidad militar para golpear, no por el uso indiscriminado y excesivo de la fuerza, sino por la demostración de prudencia y equidad, en el

[107] PIQUER, Juan Miguel: *Contra la mayoría. Libertad, democracia y razón de Estado*, Palma (Baleares): Ediciones La Lucerna, 2009.

[108] En su libro *Teología política,* concibe el "estado de excepción" como un dispositivo vinculado con el de soberanía, que implica la suspensión del entero ordenamiento vigente, si fuese necesario, por exigencias de autoconservación. No es anarquía, ya que el poder político subsiste y es la fuente de las órdenes a que hacen referencia las estructuras y funciones públicas, pero el derecho queda suspendido frente a la exigencia de la supervivencia. Queda así clara la esencia de la soberanía como "monopolio de la decisión última", y también la autonomía y mayor capacidad de la política respecto del derecho, ya que puede suspenderlo (en el estado de excepción) o subvertirlo y crear otro en su lugar (en el caso de una revolución). SCHMITT, Carl: *Teología política*, (1922), Madrid: Trotta, reedición de 2009.

[109] HOBBES, Thomas: *Leviatán o la materia, forma y poder de una república eclesiástica y civil*, México: Fondo de Cultura Económica, 1996.

tratamiento de las grandes decisiones que afectan a sus vidas, su libertad de movimiento y sus bienes, y que no haya impunidad para los transgresores de las normas[110]. Y es en este punto, donde la intervención militar en América Latina despierta reprobación. No por el hecho en sí de su participación confrontando la criminalidad organizada, sino en el cómo se ha dispuesto y los perjuicios derivados en términos de erosión del Estado de derecho, los costos constitucionales[111] y las conductas antidemocráticas[112].

Por tanto, recalcar enfáticamente la trascendencia de la obligación de obedecer, que recae sobre los poderes legítimos y sus agentes. Y la legitimidad del poder político, el poder coactivo por excelencia, depende ante todo –no

[110] SÁNCHEZ DAVID, Rubén y RODRÍGUEZ MORALES, Federmán A.: *Seguridad, democracia y seguridad democrática*, Bogotá: Editorial Universidad del Rosario, 2007.

[111] MADRAZO, Alejandro: *Los costos constitucionales de la guerra contra las drogas: una primera aproximación (desde México)*, México DF: Centro de Investigación y Docencia Económicas (CIDE), 2014.

[112] La Comisión Interamericana de Derechos Humanos tomó conocimiento que, durante el año 2015, a causa del empleo arbitrario y excesivo uso de la fuerza, cientos de personas a lo largo del hemisferio han perdido la vida, sufrido afectaciones a su integridad personal, o se han enfrentado con diversos obstáculos para ejercer otros derechos humanos y libertades. Esta situación, que constituye motivo de principal preocupación para la Comisión, ha sido también objeto de pronunciamiento por parte de órganos internacionales de derechos humanos, como el Comité de Derechos Humanos, el Comité contra la Tortura, el Relator Especial de Naciones Unidas sobre las ejecuciones extrajudiciales, sumarias o arbitrarias, el Relator Especial sobre la tortura y otros tratos o penas crueles, inhumanos o degradantes, así como de distintas organizaciones de la sociedad civil de cobertura internacional o doméstica. En particular, desde finales del año 2014 a la fecha de aprobación de este informe, la CIDH observa que la fuerza ha sido empleada con frecuencia de forma incompatible con los estándares internacionales. Los agentes de las policías civiles o sus grupos especiales, las fuerzas armadas y agentes privados han desplegado su fuerza en distintos contextos [...], para combatir la criminalidad [...], donde la falta de entrenamiento, coordinación, supervisión y control han causado daños irreparables a la vida e integridad personal. Asimismo, la CIDH advierte con preocupación en algunos Estados de la región la tendencia a delegar tareas de orden y seguridad a las fuerzas militares, e incluso en la declaración de estados de excepción para abordar escenarios de [...], aumentos en los índices de criminalidad. Por otra parte, la CIDH lamenta que la obligación de investigar, juzgar y sancionar a los responsables del uso ilegítimo de la fuerza continúa siendo una tarea pendiente de cumplimiento de los Estados. Pese a los esfuerzos adelantados por ciertos Estados en materia de orden y seguridad, en ocasiones estos han resultado insuficientes en garantizar el empleo excepcional y racionalizado de la fuerza, conforme lo dictan los estándares internacionales. *Informe Anual 2015 de la Comisión Interamericana de Derechos Humanos (CIDH) ante la Comisión de Asuntos Jurídicos y Políticos (CAJP) de la OEA*, Washington, D.C., 2016, pp. 529-530. Accesible en http://www.oas.org/es/cidh/docs/anual/2015/doc-es/informeanual2015-cap4a-fuerza-es.pdf

sólo, pero sí en primer lugar– del respeto escrupuloso y sin excepciones de las normas que regulan sustancial y procedimentalmente dicho poder coactivo. Y, en todo caso, el Estado de derecho debe fijarse como objetivo el orden a través de la minimización, no sólo del uso de la violencia entre privados, sino también su reducción al mínimo indispensable en el uso por parte de los poderes públicos[113].

LOCKE reitera que la salida del estado de guerra entre individuos, no debe llevar a una situación en que la violencia recíproca entre ciudadanos sea sustituida por la violencia, que amenaza con volverse todavía peor, de un poder político desmedido y arbitrario. Si el miedo recíproco que, en ausencia de Estado, caracteriza las relaciones entre los individuos es sustituido por el miedo ante el Estado, convertido en macroindividuo situado por encima de la ley, el problema político fundamental, el problema del orden, quedará resuelto sólo en apariencia. En realidad, se estarían creando las condiciones para un miedo colectivo todavía más fuerte, tanto más fuerte cuanto mayor sea el Estado. En este sentido, el Estado modifica el carácter del estado de naturaleza pero no acaba de superarlo definitivamente, porque su completa superación consiste en la paz y la seguridad que se proporciona a los individuos, no mediante el miedo, sino a través de la liberación del miedo, tanto el que pueden producir los individuos y los grupos, como el propio Estado[114].

1. EL DISCURSO TOTALIZANTE DE LA SEGURIDAD Y DEFENSA DEL ESTADO: RAZÓN DE ESTADO Y TENSIONES DEMOCRÁTICAS

La razón de Estado convive con el Estado de derecho[115]. *A priori*, es una convivencia compleja plagada de desavenencias y desencuentros. Los motivos de tales tensiones tienen su origen en que, como ha sido señalado por los profesores LAZZERI y REYNIÉ, "El Estado es como un mal perdedor, que a veces

[113] SÁNCHEZ DAVID, Rubén y RODRÍGUEZ MORALES, Federmán A.: *Seguridad, democracia y seguridad democrática*, op. Cit., pp. 24-27.

[114] LOCKE, John: *Ensayo sobre el gobierno civil*, Barcelona: Orbis, 1983.

[115] FERNÁNDEZ GARCÍA, Eusebio: *Entre la razón de Estado y el Estado de Derecho: la racionalidad política*, Madrid: Instituto de Derechos Humanos "Bartolomé de las Casas" de la Universidad Carlos III de Madrid-Dyknson, 1997.

modifica las reglas del juego"[116]. El Estado justificará esas modificaciones por razones de necesidad, porque se trataba del único medio excepcional en una situación de excepcionalidad para garantizar la paz, la convivencia y la seguridad. Tal como acontece con el recurso a las fuerzas armadas para enfrentar la amenaza de la criminalidad organizada y las atribuciones especiales conferidas a tal efecto. Y corresponderá a las leyes y a sus intérpretes y administradores, evaluar la situación en su conjunto.

El argumento recurrente empleado por las autoridades acentuando la extrema gravedad de la situación, la peligrosidad de la criminalidad organizada y el desafío que ésta representa, en términos de seguridad y defensa, persigue legitimar, a modo justificatorio, las extralimitaciones en las que se pueda incurrir y la adrogación *motu proprio*, de poderes excepcionales para su combate de manera eficaz. La razón de Estado razonablemente argumentada es el único resquicio por el que podría asumirse la defensa de un mal menor para evitar uno mayor. El triunfo, inicialmente temporal, de la racionalidad política; del discurso totalizante de la seguridad y la defensa, sobre la razón democrática y el Estado de derecho.

La racionalidad política pretende fundarse en la idea de que la política exige sus leyes[117] propias. Idea, que puede llevar a situaciones de evidente peligro y por ello, deben ser controladas en su desarrollo[118]. Generan, atendiendo a su peligrosidad, tensiones democráticas. La razón de Estado es un claro ejemplo de la pretensión de la política de dar primacía a sus leyes, aunque sea a costa de las de la ética y el derecho. El juicio político se presume independiente; el Estado se desmarca de las normas jurídicas exigibles a cualquier ciudadano, tratando de lograr la autonomía para el obrar político. Autonomía, que de

---

[116] LAZZERI, Christian y REYNIÉ, Dominique: *La raison d'etat: politique et racionalité*, París: Presses Universitaires de France, 1992, p. 10.

[117] Para POLIN, bajo el nombre de razón de Estado se debe entender "la dirección racional de los asuntos de Estado, una conducción racional en relación a los fines. Es un estricto cálculo racional, un cálculo teleológico que interviene necesariamente, cualquiera que sea el régimen político considerado y cualquiera que sea la relación buscada entre los valores políticos y los valores morales". POLIN, Raymond: *Ethique et politique*, París: Editions Sirey, 1968, p. 158.

[118] FERNÁNDEZ GARCÍA, Eusebio: *Entre la razón de Estado y el Estado de Derecho*, op. Cit., p. 2.

ordinario se ha de rechazar en nombre del Estado de derecho y de la ética política democrática[119].

El Estado constitucional constriñe, al menos teóricamente, el uso desmedido de la razón de Estado. En palabras de BERKI "La razón de Estado ha sufrido un reciente descrédito puesto que se considera contradictoria con el Derecho [...] y el Gobierno constitucional. Sin embargo, en casos de emergencia, la realidad imperante es otra. La mayoría de los Estados actúan de acuerdo con ella[120]". No son raras las invocaciones a la razón de Estado o a algún elemento conectado o cercano a ella, en el ámbito de los Estados democráticos[121], a pesar de que el recurso a su empleo arbitrario o de forma abusiva, represente un serio retroceso del Estado democrático de derecho. Aún cuando el objeto último del recurso a la razón de Estado sea la defensa de los derechos fundamentales de los ciudadanos[122]. Con independencia de la bondad de su finalidad, representa la fragilidad del orden constitucional y la quiebra del propio Estado de derecho.

El escenario de inseguridad exacerbada en el que están sumidas las democracias latinoamericanas y el consiguiente recurso a las fuerzas armadas y a otras medidas de excepción para paliar la situación, ha quebrado el equilibrio entre las exigencias para la conservación del Estado, como medio para mantener la seguridad, la paz social y el orden público, con el ejercicio de los derechos y libertades fundamentales de los ciudadanos, con los que conviven.

Por lo tanto, debe existir un control jurídico de la razón de Estado. De lo contrario, ésta representaría en su versión más descarnada, el triunfo del realismo político sobre el derecho. El poder político, por inercia, como poder, trata de obtener para sí una autonomía e independencia para su actividad y adopción de decisiones, impensables en un Estado de derecho, cuya esencia se

---

[119] Vid. BOBBIO, Norberto, voz "Política", en *Diccionario de Política*, bajo la dirección de Bobbio, N.; Matteucci, N. y Pasquino, G., 6ª edición. Madrid: Siglo XXI Editores, pp. 1224 y 1225; BOBBIO, Norberto: *Estado, gobierno, sociedad. Contribución a una teoría general de la política*, Barcelona: Plaza y Janés, 1987, p. 94.

[120] BERKI, N. R.: voz "Razón de Estado", en BOGDANOR, Vernon (ed.), *Enciclopedia de las Instituciones políticas*, Madrid: Alianza Diccionarios, 1991.

[121] Un ejemplo de referencia sobre los usos, malos usos y manipulaciones del concepto de razón de Estado con fines partidistas vid. SCIASCIA, Leonardo: *El caso Aldo Moro*, Barcelona: Destino, 1996.

[122] CLAVERO, Bartolomé: *Razón de Estado, razón de individuo, razón de historia*, Madrid: Centro de Estudios Políticos y Constitucionales, 1991, p. 12.

caracteriza por la sujeción de los poderes públicos a la respectiva Constitución y al resto del ordenamiento jurídico, refrendado con fuerza constitucional. El imperio de la ley propio del Estado constitucional de derecho. De ahí la trascendencia de las reformas constitucionales llevadas a cabo en varios países latinoamericanos, habilitando constitucionalmente la intervención de las fuerzas militares (por mandato constitucional), bien en la lucha contra la criminalidad organizada en general, bien específicamente frente a las manifestaciones de narcotráfico, que de facto y por extensión se transformará en la confrontación frente a toda manifestación de criminalidad organizada. Esto último, debido a la tendencia de las estructuras criminales a la diversificación de sus actividades (multiactividad) y a la omnipresencia del narcotráfico en toda América Latina.

El problema planteado es complejo. Ciertamente es difícil reconocerle al Estado el monopolio del uso legítimo de la fuerza, sin concederle al mismo tiempo cierta libertad en su uso. Toda vez que el Estado es consciente de que, amparado en lo excepcional de la situación, puede desenvolver su actividad de acuerdo con una lógica propia, independiente de la vigencia de las barreras jurídicas que resultan imprescindibles para mantener el propio Estado; la tendencia innata a la supervivencia por la vía de la autodefensa, impele al Estado a recurrir a toda aquella herramienta o medio del que valerse. Circunstancia que genera una continua tensión entre las grandezas y miserias del propio Estado, al mismo tiempo que entre las justificaciones y sinrazones de la razón de Estado[123].

Así, encontramos descripciones de la razón de Estado como "la máxima del obrar político, la ley motora del Estado. La razón de Estado dice al político lo que tiene que hacer, a fin de mantener el Estado sano y robusto"[124]. La conservación del Estado y su seguridad, definen, como metas suyas que son, la razón de Estado. No es difícil aceptar, e incluso justificar que la vida del Estado depende de su mantenimiento. Sin embargo, las divergencias teóricas aparecen[125]. En su defensa, la razón de Estado exige, para su justificación, un conocimiento previo del contexto y situación, adecuadas e irrepetibles, del que han de extraerse esas máximas de obrar político. Se sobreentiende entonces

[123] FERNÁNDEZ GARCÍA, Eusebio: *Entre la razón de Estado y el Estado de Derecho*, op. Cit., pp. 6 y ss.

[124] Ibid., p. 7.

[125] MEINECKE, Friedrich: *La idea de la razón de Estado en la Edad Moderna*, op. Cit., p. 4.

que hay mucho de necesidad y poco de arbitrario en la razón de Estado. Existe por tanto, una racionalidad política que arropa la adopción de las medidas de excepción[126]. El *quid* de la cuestión es determinar, si los gobiernos de América Latina han efectuado un correcto análisis de situación sobre la peligrosidad e impacto de la criminalidad organizada y de las opciones de políticas públicas al alcance o, si por el contrario, la identificación de la delincuencia organizada o la insurgencia criminal, como amenaza directa a la viabilidad del Estado constitucional y la democracia, exceden la realidad imperante en la región, resultando no sólo innecesario, sino excesivo, la implicación del aparato militar para el establecimiento del orden y la seguridad pública.

La cuestión no es baladí, si se tiene en consideración que se establece una estrecha conexión entre el bien del Estado y el de la sociedad. Los conflictos surgen al plantear si el poder que requiere el Estado para su conservación ha de actuar incondicionalmente o debe tener en consideración el Derecho positivo (y, quizá, la moral democrática). MEINECKE estipula que, "junto al valor del bien del Estado existen otros valores elevados, que piden también para sí una vigencia incondicionada [...]. El mismo bien del Estado se asegura, no sólo por el poder, sino también por valores éticos y jurídicos, y en último término, el poder puede verse amenazado por el quebrantamiento de los valores morales y jurídicos"[127]. El obrar de la razón de Estado oscila así, en un constante balanceo entre la luz y las tinieblas[128].

El discurso acrecienta su complejidad, si tenemos en consideración que el poder que actúa ciegamente, se aniquila a sí mismo; al contrario, si quiere mantenerse y desarrollarse tiene que seguir ciertas reglas y normas: prudencia y fuerza, deben combinarse con el ejercicio del poder. Poder, sobre el que pesa una "maldición irremediable"; la de quien lo detenta, que se encuentra constantemente tentado de abusar de él y de extenderlo más allá de las fronteras trazadas por el Derecho. De esta manera, el Estado que debe ser el garante del Derecho, se convierte en su potencial enemigo[129].

---

[126] FERNÁNDEZ-SANTAMARÍA, José A.: *Razón de Estado y política en el pensamiento español barroco (1595-1640)*, Madrid: Centro de Estudios Constitucionales, 1986, pp. 161 y ss.

[127] MEINECKE, Friedrich: *La idea de la razón de Estado en la Edad Moderna*, op. Cit., p. 5.

[128] Ibid., p. 8.

[129] Ibid., pp. 12 y ss.

Desde otra perspectiva, para PISTONE, la seguridad del Estado, enmarcada en la tesis de la doctrina de la razón de Estado, es una exigencia de tal importancia, que los regidores de los Estados se ven constreñidos, para garantizarla, a violar las normas jurídicas, morales, políticas, económicas, que consideren a su vez imperativas cuando tales exigencias no están en peligro[130]. Desde esta perspectiva, la razón de Estado se manifiesta como equivalencia a la exigencia de seguridad del Estado. Debe tenerse en cuenta que el mantenimiento del monopolio de la fuerza por el Estado y su conservación frente a cualquier intento destructor de ese monopolio es la condición inexcusable de la seguridad interna del Estado. De ahí se deriva que la teoría de la razón de Estado intente justificar la utilización también de medios inmorales y no jurídicos, cuando se pone en peligro esa seguridad.

A este respecto, PISTONE expone dos tipos de problemas nacidos de la posibilidad de intervención de la razón de Estado en la realidad política contemporánea. El primero señala la necesidad de distinguir entre situaciones reales de grave peligro de la seguridad estatal y, por tanto, nos encontraríamos ante comportamientos impuestos objetivamente por la razón de Estado, y comportamientos que utilizan como pretexto la razón de Estado. Aquí no se trata nada más que de su instrumentalización política, puesto que debe observarse, según PISTONE "que en muchos casos las clases políticas en el gobierno, para derrotar a la oposición, violan la legalidad (recurriendo incluso al golpe de Estado), justificando tal comportamiento como impuesto por la exigencia de seguridad interna, pero en realidad instrumentando para fines partidistas la razón de Estado"[131].

El Derecho constitucional y la Teoría de Estado contemporáneos han ideado, tanto para evitar la utilización política desviada de la razón de Estado, como para compatibilizar ésta con la legalidad democrática, una solución amparada por la Teoría constitucional. Consiste en el sometimiento de esas situaciones graves en las que el Estado es incapaz por medios normales de mantener la seguridad interna, el orden público y la paz social, a una reglamentación jurídica clara, concreta y precisa. Reparar, en que de lo que se trata es de poner medios excepcionales en manos del Estado, pero sin salirse nunca de la legalidad, ni

[130] PISTONE, Sergio: voz "Razón de Estado", en Bobbio, N.; Matteucci, N. y Pasquino, G. (eds.), *Diccionario de Política*, Madrid: Siglo XXI Editores, 1991, pp. 1337 y ss.

[131] PISTONE, Sergio: voz "Razón de Estado", op. Cit., p. 1340.

de las normas de ética política vigentes en una sociedad democrática y siempre pensadas, exclusivamente, para esa determinada situación de suma gravedad. Ese sería el caso de los estados de alarma, excepción y sitio, así como de la suspensión de los derechos y libertades, contemplados de ordinario en los textos constitucionales[132].

Lo expuesto en líneas anteriores ha llevado a algunos autores a no considerar la razón de Estado como lo opuesto al Estado democrático de derecho y a promover la utilización de la expresión "razón de Estado democrática", referida a aquellas situaciones en las que la razón de Estado es el único e indispensable medio para salvar la democracia[133]. Interpretación que ampararía el recurso a las fuerzas armadas en la lucha contra la criminalidad organizada como instrumento extremo para supuestos excepcionales, sin que pueda tildarse esta opción de antidemocrática. Otra cuestión sería plantearse la inconstitucionalidad, si el texto constitucional no fuese habilitante al no contemplar en su articulado la viabilidad de la opción. O si se hace un uso torticero de esta herramienta, extralimitándose injustificadamente en su implementación práctica. Y es aquí, donde el análisis de los diversos escenarios simultáneamente activos en América Latina, traslucen excesos injustificables que exigen, cuanto menos, su profundo análisis para identificar en qué momento y debido a qué circunstancias, lo que en inicio estaba amparado por la razón de Estado democrática perdió su sentido y, por extensión, su legitimidad. La motivación no debe de ser otra, que el resarcimiento de los posibles daños y su reconducción a la legalidad.

2. LA POLÍTICA CRIMINAL FRENTE AL CRIMEN ORGANIZADO EN EL ESTADO SOCIAL Y DEMOCRÁTICO DE DERECHO. IMPLICACIONES EN EL CONTROL DEMOCRÁTICO DE LAS FUERZAS ARMADAS

La Política criminal frente al crimen organizado es el sector de la política que recoge el conjunto de iniciativas, estrategias y planteamientos elaborados por el Estado con la finalidad de hacer frente al fenómeno criminal (su control

[132] FERNÁNDEZ GARCÍA, Eusebio: *Entre la razón de Estado y el Estado de Derecho*, op. Cit., p. 12.

[133] Ibid., pp. 13 y ss.

y la prevención[134]), en aras de preservar la paz social[135]. El control democrático de las fuerzas armadas debe reforzarse como parte de esa política criminal, en el seno del Estado social y democrático de derecho, para procurar mantener el equilibrio entre las necesidades del Estado en la lucha contra la criminalidad y el respeto a los principios constitucionales.

Para que la Política criminal sea eficaz debe conocer las causas del delito (remotas y próximas) y la fenomenología criminal organizada en su conjunto (conocimiento amplio del hecho criminal, que engloba factores coadyuvantes a su eclosión, desarrollo y expansión, actividades, mercados y tipologías de organización criminal), a efectos de determinar si la legislación e instrumentos disponibles son adecuados para aportar soluciones y cuando sea preciso, proponer las reformas legislativas necesarias para que las capacidades del Estado se adapten a la realidad criminal vigente. Sin olvidar que para la consecución exitosa de su objeto, la prevención y el control de la delincuencia organizada y sus diversas manifestaciones delictivas, deberían incluir todos los instrumentos e instituciones, legislación y medidas a su disposición –entre ellas el recurso a las fuerzas armadas–, pero siempre supeditadas a la normativa constitucional.

Consecuentemente, la Política criminal de un Estado social y democrático de derecho, caracterizada por la relevancia en su articulación de los principios inspiradores de su Constitución[136], se centra en el ciudadano, en el respeto a la dignidad humana, a los derechos y garantías individuales y el sometimiento de todos a la ley. La Política criminal debe proteger los derechos y las libertades fundamentales de los individuos y limitar la intervención del Estado para asegurar la convivencia pacífica de la sociedad[137], garantizando la libertad y seguridad de los ciudadanos[138]. Sus principios inspiradores son los de legali-

---

[134] BORJA JIMÉNEZ, Emiliano: "Sobre el concepto de política criminal. Una aproximación a su significado desde la obra de Claus Roxin", en *Anuario de Derecho Penal y Ciencias Penales*, tomo LVI, 2003, p. 122.

[135] BORJA JIMÉNEZ, Emiliano: *Curso de Política criminal*, Valencia: Tirant lo Blanch, 2011, p. 19; SÁNCHEZ-OSTIZ, Pablo: *Fundamentos de la Política criminal. Un retorno a los principios*, Madrid: Marcial Pons, 2012, p. 23.

[136] SERRANO TÁRRAGA, M. Dolores: *El rol de la criminología para la seguridad en la sociedad contemporánea*, Madrid: Dykinson, 2014, pp. 57 y ss.

[137] SERRANO TÁRRAGA, M. Dolores: *El rol de la criminología para la seguridad en la sociedad contemporánea*, op. Cit., p. 58.

[138] HERRERO HERRERO, César: "La prevención, principal vía realizadora de la política criminal", en Bueno Arús, F.; Kury, H.; Rodríguez Ramos, L. y Zaffaroni, E. R. (dirs.), Guzmán

dad, culpabilidad, igualdad ante la ley, de intervención mínima y el empleo de la fuerza pública legítima como *ultima ratio*. No en vano, debería primar su orientación a la prevención, acudiendo a políticas sociales, económicas o de otra naturaleza, que eliminen o reduzcan las causas últimas de la criminalidad, más que el mero ejercicio de represión.

En la sociedad del riesgo en las que nos desenvolvemos, ciertamente se ha instalado una sensación generalizada de inseguridad que genera constantes demandas de seguridad al Estado, que en Latinoamérica ha llevado a la configuración de un "Estado vigilante" o "de la prevención"[139], que en su intento de neutralizar los factores y los contextos que provocan riesgos[140], ha desplazado al individuo como elemento central del Derecho constitucional, considerándo la defensa de la sociedad como una prioridad por encima de las personas. Consecuentemente, la Política criminal guiada por estos intereses de defensa colectiva ha sacrificado principios fundamentales, considerados inamovibles e innegociables en un Estado de derecho al tratar de satisfacer, recurriendo a las fuerzas armadas, las demandas sociales de mayores cotas de seguridad y orden público[141]. Tendencia, que ha puesto en peligro la democracia, mermando su calidad y su fuerza, abriendo incluso el abismo de su quiebra[142], si no se opera un cambio de rumbo.

Es imprescindible por tanto, no olvidar que, si bien las prioridades en el diseño de las políticas públicas deben transitar necesariamente por la senda de

---

Dálbora, J. L. y Serrano Maíllo, A. (eds.), *Derecho penal y criminología como fundamento de la política criminal. Estudios en homenaje al profesor Alfonso Serrano Gómez*, Madrid: Dykinson, 2006, p. 1239.

[139] SILVA SÁNCHEZ, Jesús Mª: *La expansión del Derecho penal*, Madrid: Civitas, 2001, p. 152.

[140] DEL ROSAL BLASCO, Bernardo: "¿Hacia el Derecho penal de la postmodernidad?", en *Revista Electrónica de Ciencia Penal y Criminología*, RECPC 11-08, 2009, p. 20. Accesible en http://criminet.ugr.es/recpc/11/recpc11-08.pdf

[141] SERRANO TÁRRAGA, M. Dolores: *El rol de la criminología para la seguridad en la sociedad contemporánea*, op. Cit., p. 61.

[142] Guillermo O'Donnell se refirió a la "muerte lenta" de la democracia en la que hay "una progresiva disminución de los espacios existentes para el ejercicio del poder y de la eficacia de las garantías clásicas del constitucionalismo liberal." O'DONNELL, Guillermo: "Transitions, Continuities and Paradoxes", en Mainwaring, S.; O'Donnell, G. y Valenzuela, J. S. (eds.), *Issues in Democratic Consolidation: The New South American Democracies in Comparative Perspective,* Notre Dame: University of Notre Dame Press, 1992.

la eficacia operativa (eficacia en el control de la criminalidad), deben hacerlo igualmente, por la de la responsabilidad democrática[143] (control político y respeto por los derechos civiles y militares)[144].

En relación a la implicación de las fuerzas armadas en las Políticas criminales, las democracias de América Latina han demostrado estar escasamente preparadas para enfrentarse al desafío de desarrollar instituciones civiles fuertes, que controlen democráticamente a las fuerzas armadas y que, al mismo tiempo, las conviertan en instrumentos eficaces para la protección y la seguridad de los ciudadanos. Esto se debe en gran medida a que las fuerzas armadas heredadas de los regímenes autoritarios, al igual que las policías y los servicios de inteligencia, han sido especialmente hábiles a la hora de sobrevivir y adaptarse, sobre todo en aquellas nuevas democracias que nacieron de transiciones negociadas. Han logrado conservar privilegios y altos niveles de autonomía[145] que perduran hasta la fecha, así como prácticas contrarias a las normas democráticas, que se han visto acentuadas en el escenario de guerra contra el crimen organizado.

Para poder redireccionar esta situación, una de las principales labores que deben afrontar las democracias sudamericanas es el desarrollo e imposición (en los supuestos en los que no se produzca una aceptación voluntaria), de mecanismos efectivos de control democrático, transparencia y rendición de cuentas[146].

---

143 VALENZUELA, J. Samuel: "Democratic Consolidation in Post-Transitional Settings: Notion, Process, and Facilitating Conditions", en Mainwaring, S.; O'Donnell, G. y Valenzuela, J. (eds.), *Issues in Democratic Consolidation*, Notre Dame: Univesity of Notre Dame Press, 1992.

144 DAMMERT, Lucía y BAILEY, John: "Reforma policial y participación militar en el combate de la delincuencia. Análisis y desafíos para América Latina", en *Revista Fuerzas Armadas y Sociedad*, 19 (1), 2005, pp. 133-152; RICO, J. M. y CHINCHILLA, L.: *Seguridad Ciudadana en América Latina*, México D.F.: Siglo XXI, 2002; FUENTES, C.; BASOMBRIO, C.; DELLASOPPA, E. y FRÜHLING, H.: *Seguridad Ciudadana en América Latina*, Santiago de Chile: Centro de Estudios en Seguridad Ciudadana-Universidad de Chile, 2011. Accesible en http://www.cesc.uchile.cl/ publicaciones/sd_07_america_latina.pdf.

145 La autonomía militar se manifiesta en diversidad de campos. Los presupuestos es una de las áreas en las que con mayor frecuencia se elude el control, sobre todo en relación a las prioridades y a las partidas presupuestarias y, en muchos casos, a su procedencia. DIAMINT, Rut: *Democracia y Seguridad en América Latina*, Buenos Aires: Grupo Editor Latinoamericano, 2001; BRENES, Arnoldo y CASAS, Kevin: *Soldados como empresarios: Los negocios de los militares en Centroamérica,* San José de Costa Rica: Fundación Arias Para la Paz, 1998.

146 SCHMITTER, Philippe C.: "Transitology: the Science or the Art of Democratization?" en Tulchin, J. S. y Romero, B. (eds.), *The Consolidation of Democracy in Latin America,* Boulder: Lynne

El control democrático engloba un conjunto de medidas conducentes a propiciar la íntima integración de las fuerzas armadas en una sociedad libre, democrática y en un Estado de derecho; y, por el otro, tratar de establecer valores y normas democráticas en las fuerzas armadas mismas: "La democracia no se detiene ante las puertas de los cuarteles"[147].

Partiendo de la base de que no existe un modelo de control democrático que pueda ser aplicado indistintamente a cualquier sociedad o a cualquier sistema político, pues hay que atender a las particularidades del contexto de cada país: historia, tradiciones, contexto socioeconómico y sociocultural, contingencias políticas…, no entra en el planteamiento de este análisis llevar a cabo un desarrollo pormenorizado de cada país de la región, pero sí, un breve esbozo, que permita hacerse una idea genérica en perspectiva.

Así entonces, en un país democrático los servicios de seguridad, hablando específicamente del sector Defensa, deben responder ante cada uno de los poderes del Estado[148]. Ante el Ejecutivo, quien ejerce un control directo, planea el presupuesto y delinea los principios generales y las prioridades. Ante el Poder Legislativo encargado de la fiscalización a través de la aprobación de leyes, que definen y reglamentan los servicios de seguridad y sus facultades, además de asignar el presupuesto correspondiente y, finalmente, ante el Poder Judicial, responsable de juzgar los delitos que cometen los militares en procesos civiles y penales, cuando se aúnen las circunstancias para ello.

Reseñar que, el control democrático sobre las fuerzas armadas es una condición previa para asegurar que la supremacía política de las autoridades democráticamente electas sea observada y también, para que se respete la ley y que los derechos humanos estén salvaguardados. Premisa que contribuye a que las fuerzas armadas sirvan a los intereses de la población, y gocen del aprecio y legitimidad

---

Rienner, 1995; CAUTHRA, Gavin y LUCKHAM, Robin (eds.), *Governing Insecurity: Democratic Control of Military and Security Establishments in Transitional Democracies,* Londres: Zed Books, 2003. COTINO HUESO, Lorenzo: *El modelo constitucional de las Fuerzas Armadas*, Madrid: Instituto Nacional de Administración Pública-Centro de Estudios Políticos y Constitucionales, 2002; BALLESTEROS MARTÍN, Miguel Ángel: *Fuerzas Armadas y seguridad pública. Consideraciones en torno al terrorismo y la inmigración*, González Cussac, J.L. (dir.), Fernández Hernández, A. (coord.), Castellón: Servicio de Comunicación y Publicaciones de la Universidad Jaume I, 2007.

147 GROSS, Jürgen: *Demokratische Streitkräfte*, Baden-Baden: Nomos Verlag, 2005, p.1.

148 BORN, Hans et al.: *Control parlamentario del sector seguridad. Principios, mecanismos y prácticas*, Madrid: Instituto Universitario General Gutiérrez Mellado (IUGGM), 2006, p. 40.

popular; para que las políticas y capacidades de los militares coincidan con los objetivos políticos del país y sus recursos y para que no se utilicen por el contrario, con fines políticos que puedan socavar o amenazar al régimen democrático[149].

PRZEWORSKI afirma que, "el marco institucional en el que se ejerce el control civil sobre las fuerzas armadas, constituye el punto neurálgico para la consolidación democrática"[150]. El control de lo militar es un elemento indispensable de un gobierno democrático. El grado y el tipo de control variarán considerablemente en función del sistema de gobierno, de las tradiciones históricas y de los valores culturales. El marco constitucional es de especial importancia, ya que fijará los órganos que participan en los asuntos militares, así como estipula el tipo de proceso de control a ejercer sobre las fuerzas armadas. La participación e identificación de los órganos de control dependerá además, del momento en el que se ejerza dicho control: antes, después o en ambos momentos.

El control democrático de las fuerzas armadas hace referencia principalmente a la existencia de un órgano elegido democráticamente que controla y supervisa las decisiones adoptadas por lo órganos y autoridades con competencias militares[151]. El papel del parlamento como órgano elegido democráticamente, es por lo tanto, de suma importancia en el concepto de control democrático. Cuando se considera el nivel parlamentario de control, las funciones y el poder de un parlamento en concreto, dependerá de la legislación nacional y del sistema de separación de poderes que opere dentro del Estado.

En el nivel legislativo, la aprobación y el control del presupuesto, incluyendo el gasto militar, siempre es competencia parlamentaria y constituye igualmente,

---

[149] SÁNCHEZ, Herminio y HERNÁNDEZ, Hugo: "El control democrático de las fuerzas armadas: una introducción", en *Universos Jurídicos, Revista de Derecho Público y Diálogo Multidisciplinar*, nº 4, 2015, s/p.

[150] PRZEWORSKI, Adam; STOKES, Susan y MANIN, Bernard: *Democracy, Accountability and Representation*, Cambridge: Cambridge University Press, 1999.

[151] La forma más efectiva de obtener un control civil sobre las fuerzas armadas es propiciar las condiciones para que éstas se puedan dedicar a los problemas técnicos y profesionales que les atañen, así como definir y delimitar nítididamente sus funciones. WINAND, Érica et al.: *O impacto sobre das relações civis e militares sobre as missões das Fuerzas Armadas brasileiras no século XXI*, Congress of the Latin American Studies Association, Montréal, 2007; ROCHA, Marcio: *A relação civil-militar no Brasil: uma análise do período 1985-2006*, XV Encontro Regional de História da ANPUH-RIO, 2012; OLMEDA, J. A. (dir.): *Democracias frágiles. Las relaciones civiles-militares en el mundo iberoamericano*, Valencia: Tirant lo Blanch, 2005.

un importante mecanismo de control parlamentario. Por otro lado, el control directo es incluso más destacable cuando el parlamento participa en la toma de decisiones relacionadas con el ámbito de lo militar. Algunas exigencias legales hacen referencias explícitas a la autorización del parlamento con respecto a, por ejemplo, la decisión de declarar situaciones excepcionales y los poderes de ratificar tratados sobre asuntos militares o enviar tropas al extranjero. Curiosamente, los parlamentos mejor informados parecen ser aquellos con poder de aprobación previa. El control directo del parlamento también puede ser de carácter posterior, si este tipo de control se utiliza para verificar la transparencia y la legalidad del procedimiento. Aunque en muchos parlamentos latinoamericanos existe una flagrante falta de información presupuestaria con respecto al presupuesto real y el conjunto de ingresos percibidos por las fuerzas armadas, el control del presupuesto y del gasto, que es común a todos los parlamentos, no debe denegárseles, en aras de un correcto ejercicio de supervisión democrática y transparencia. No obstante, en muchos países, la cuestión de los recursos de defensa constituye uno de los temas recurrentes a tratar en las audiencias y motivo de preguntas de la Comisión de defensa, precisamente por su opacidad.

Los mecanismos de control indirecto del parlamento constituyen un cierto grado de interferencia en las decisiones militares o en las condiciones adicionales de las mismas. Este puede ser el caso, respecto del control sobre las decisiones en cuanto a la adquisición de equipos, las inspecciones, las visitas de las tropas y el control de los armamentos, por ejemplo. Este es un tipo de control más difuso. Además, a la hora de desempeñar su papel institucional facilitando propuestas y espacios de reflexión, la participación del parlamento en la política general de defensa, debe también interpretarse como un mecanismo de control.

No se puede negar que las comisiones parlamentarias de defensa, debido a su necesaria especialización, constituyen un organismo eficiente y de extrema importancia, en el desempeño de las funciones de control efectivo, competencia del parlamento. El problema, como ya ha salido a colación con anterioridad, es encontrar civiles con la cualificación de expertos en seguridad y defensa en América Latina, para integrar estas comisiones.

Por otro lado, el papel del Poder Judicial en el control de las fuerzas militares obedece a una dimensión dual. En primer lugar, los Tribunales Constitucionales, como guardianes del Estado de derecho, de los procedimientos democráticos y de la protección de los derechos humanos, pueden y deben controlar la constitucionalidad de los asuntos militares, cuando algunos actos o decisiones podrían haber menoscabado estos principios.

El control de las fuerzas armadas, también puede ejercerse a través de figuras como el Defensor del Pueblo y el Tribunal de Cuentas. En el caso del primero, el grado de control varía considerablemente a lo largo de los Estados. El papel de la institución no debería pasarse por alto. Algunos Estados confieren pocas competencias a esta figura en relación a las quejas vinculadas con las fuerzas armadas. En el extremo opuesto de este panorama, otros Estados tienden a instituir una figura de defensoría específica y especializada en materia militar, que se encarga de resolver las solicitudes de los ciudadanos militares o civiles, que podrían haberse visto afectados por las decisiones o acciones emprendidas o adoptadas por las fuerzas armadas. Igualmente, es responsable de garantizar que las fuerzas militares respeten los principios constitucionales, de asistir al control parlamentario y de actuar como órgano asesor del Jefe de las fuerzas armadas y el Ministro de defensa.

Finalmente, el papel indispensable que desempeñan los órganos y tribunales de cuentas, responsables de ejercer el control de la legalidad y la adecuación del gasto público a la norma. Constituye, sin duda, un importante elemento de control, además de una respuesta adecuada al aumento de la preocupación de los ciudadanos sobre la responsabilidad de las democracias y la demanda de mayores cuotas de calidad democrática y transparencia, en la gestión de lo público. Las fuerzas armadas normalmente rinden cuentas a un órgano nacional responsable, aunque no en todos los países está así estipulado. En cuanto a los mecanismos de control interno sobre las fuerzas armadas, éstos no deberían desestimarse, denostados por la creencia de la preeminencia interna del corporativismo, ya que conforman un elemento crucial para el control democrático de las fuerzas armadas.

La clave para obtener elevados niveles de eficiencia en el control democrático de los militares en su inclusión en la Política criminal y la lucha contra la criminalidad organizada: fomentar el autocontrol institucional y el reconocimiento de límites[152]. Unas fuerzas armadas institucionalizadas

[152] PATERSON, Pat y BLAIN, Cristina: "Derechos Humanos y la lucha contra las organizaciones criminales transnacionales: una Estrategia imprescindible", en *Security and Defense*

fuertemente comprometidas con la democracia, el Estado de derecho y los derechos humanos.

3. LA ESTRATEGIA DEL USO DE LA FUERZA PÚBLICA EN UN ESTADO DEMOCRÁTICO DE DERECHO

La determinación de lo que debe entenderse por un adecuado uso de la fuerza se encuentra estrechamente relacionada con, al menos, la confluencia de tres componentes. En primer lugar, el criterio de oportunidad, que identifica el momento idóneo en que ésta debe utilizarse. En segundo término, el criterio de proporcionalidad, que permite establecer la cantidad de fuerza (intensidad), que corresponde emplear. Finalmente, como tercer criterio, la responsabilización que debe existir por su uso. Además, el adecuado uso de la fuerza requiere también de un marco de sostenibilidad institucional, que implica la existencia de una policía y unas fuerzas armadas modernas y profesionalizadas, caracterizadas por un importante nivel de preparación profesional y por criterios de legitimidad, transparencia, control y eficiencia de su actuación, cuya realización contribuirá a garantizar, que el ejercicio de la fuerza se mantendrá dentro de la esfera del derecho y de la justicia[153].

El recurso a la fuerza, fiel a su condición de *ultima ratio*, no constituye, ni debe constituir la regla ordinaria[154] de actuación para el cumplimiento estatal de los objetivos legítimos de salvaguarda institucional y protección de la ciudadanía. Sin embargo, la información disponible de algunos países como México, Guatemala, Honduras, El Salvador y en menor medida, Colombia y Brasil, dista bastante del planteamiento teórico. Por el contrario, sugiere su

---

Studies Review, Interdisciplinary Journal of William J. Perry Center for Hemispheric Defense Studies, National Defense University, vol. 16, 2014, pp. 57-89.

[153] GABALDÓN, Luis Gerardo: "Tendencias y respuestas hacia la violencia delictiva en Latinoamérica", en Briceño-León, Roberto (comp.), *Violencia, sociedad y justicia en América Latina*, Buenos Aires: Consejo Latinoamericano de Ciencias Sociales, CLACSO-Agencia Sueca de Desarrollo Internacional (ASDI), 2002, pp. 245-258.

[154] VARENIK, Robert O.: *Accountability. Sistema policial de rendición de cuentas*, México D.F.: Instituto para la Seguridad y la Democracia AC – Centro de Investigación y Docencia Económicas, 2005; MARTÍNEZ MERCADO, Fernando: *Uso de la fuerza*, Centro de Estudios de Seguridad Ciudadana (CESC), Santiago: Universidad de Chile-Instituto de Asuntos Públicos, 2015.

empleo cotidiano excesivo en la procura del control del orden público y la seguridad e incluso, en contra de personas privadas de libertad, como forma de investigación criminal[155]. Casos, en los que su aplicación podría derivar en responsabilidad del Estado por violaciones de derechos humanos cometidas por sus agentes, como resultado de tratos crueles, inhumanos o degradantes y en el segundo, directamente por tortura. Y digo podría, porque en función del reparto jurisdiccional de los asuntos, hay países donde este tipo de situaciones se dirimen de ordinario a través de la jurisdicción militar, en detrimento de la jurisdicción ordinaria. Jurisdicción militar además, aquejada de un fuerte corporativismo que da como resultado, elevados niveles de impunidad ante estos acontecimientos. Lo cual representa claramente uno de los excesos "imprevistos", aparentemente, cuando se decidió la inmersión de los militares en la prestación de seguridad. Imprevisto, que entraría dentro de la catalogación de coste constitucional, analizado en los capítulos subsiguientes.

Realmente, no es más que la manifestación de un riesgo que no se vislumbró con antelación o que, simplemente, no supuso inicialmente ningún reparo a los Ejecutivos, hasta que la presión social ha vuelto a hacerles mella, exigiendo responsabilidades y soluciones ante los desmanes militares, que se han producido en la lucha contra el crimen organizado.

Parece que pasó desapercibido el carácter del uso de la fuerza pública como ratio extrema del Estado, que en el supuesto de las fuerzas armadas se caracteriza además por su letalidad, propia del idioma de la guerra. De ahí, la relevancia antes mencionada de la vigencia de un marco de sostenibilidad institucional. Al contrario, su inexistencia ha implicado en el contexto latinoamericano, que su empleo se mantenga en el ámbito de "un código privado y extralegal de comportamiento funcional (que) se instaura y coexiste con el orden legal formal"[156]. Se han hecho evidentes los peligros que acarrea la falta de regulación apropiada (institucionalidad normativa), entrenamiento y responsabilización respecto del uso de la fuerza.

---

[155] VENTURA, Victoria: "Narcotráfico y violación de Derechos Humanos, ¿Y el Estado?", en *Antrópica*, Revista de Ciencias Sociales y Humanidades, año 1, vol. 1, nº 1, 2015, pp. 169-175.

[156] GABALDÓN, Luis Gerardo: "Desarrollo de la criminalidad violenta en América Latina: un panorama",en Bodemer, Klaus et al. (eds.), *Violencia y regulación de conflictos en América Latina*, Caracas: Nueva Sociedad, 2001, p. 145.

Por otra parte, el uso legal de la fuerza no se satisface únicamente con la circunstancia de que la actuación gubernamental tenga base en un marco jurídico, sino que requiere que la aplicación de la normativa específica se realice conforme a los requerimientos de un Estado de derecho. Al respecto, se han realizado estudios que revelan con preocupación, cierta predisposición de las fuerzas armadas a emplear la fuerza atendiendo a factores extralegales[157].

Recalcar, a tenor de los hechos descritos, que sólo tiene cabida en el marco jurídico constitucional el denominado "uso necesario de la fuerza", entendido como aquel que se produce cuando "pareciera no existir otra alternativa razonablemente efectiva y la cantidad de fuerza utilizada fuese razonable para lograr el efecto legal propuesto"[158]. En consecuencia, si el efecto propuesto es acabar con una organización o parte de ella fuertemente armada y con antecedentes de fuerte resistencia a la acción legal, la aplicación de la fuerza será cuanto menos, previsiblemente "intensa" (acción-reacción). Por ello, es de máxima relevancia que las fuerzas armadas cuenten con un protocolo de intervención bien definido, cuando actúan en el marco de la seguridad pública en la persecución y erradicación de la criminalidad organizada, para tratar de racionalizar el uso de la fuerza en la medida de lo posible. Un marco normativo de tipo legal y reglamentario, que opere como conjunto de reglas de enfrentamiento, orientadas a sentar las bases jurídicas que permiten a los militares, en circunstancias de excepcionalidad, hacer uso de la fuerza, así como las limitaciones que para tal facultad supone el respeto de los derechos fundamentales constitucionalmente recogidos. Dicha política institucional representa una garantía mínima de sujeción al Estado de derecho, flexibilizado de por sí, por el recurso al estamento militar para dirimir funciones y competencias policiales.

Complementariamente, la política sobre uso de la fuerza no debe agotarse en la determinación del marco jurídico en que su empleo se considerará justificado, sino que la obligación del Estado y de la institución militar en esta materia se extiende a la necesidad imperiosa de traducir el marco legal en orientaciones operativas (básicamente a través de manuales de procedi-

[157] GABALDÓN, Luis Gerardo y BIRKBECK, Christopher: "La definición de los usos justificados de la fuerza en el desempeño policial: propuestas para un proyecto de investigación comparada", en Gabaldón y Birkbeck (eds.), *Policía y fuerza física en perspectiva intercultural*, Caracas: Ministerio de Ciencia y Tecnología/Nueva Sociedad, 2003.

[158] VARENIK, Robert O.: *Accountability*, op. Cit., p. 196.

mientos prácticos), entrenamiento y equipamiento, que supongan un nivel de preparación idóneo para hacer uso de la fuerza. De esta forma la regulación normativa del uso de la fuerza como sus necesarios complementos, constituirán los pilares fundamentales de una política pública, que esté dirigida a prevenir el uso excesivo o mal uso de la fuerza, que de lugar a situaciones de violación institucional de los derechos humanos. La ausencia en la práctica de estas regulaciones, está generando multitud de quejas y denuncias frente a la actuación de las fuerzas armadas por violaciones de derechos y garantías constitucionales.

Asimismo, el desarrollo de la institución militar en la esfera de la seguridad interior, requiere la existencia de reglas claras y transparentes para la evaluación y control de la conducta del personal militar, no sólo en previsión de aquellos casos en que el uso de la fuerza aparezca injustificado o excesivo, sino para el seguimiento y control permanente de todas las situaciones que ameriten empleo de fuerza, sobre todo aquellas vinculadas a la utilización de armas de fuego. Se trata, en definitiva, de que exista un sistema de responsabilización militar (*military accountability*), que alcance las materias propias del uso de la fuerza, no solo a efectos de sanción, sino también de orientación y estímulo, respecto de su buen uso o de su no utilización, cuando las circunstancias lo aconsejen. Con ello, se busca restringir el uso desproporcionado de la fuerza pública, aún incluso en situaciones donde el recurso a la misma esté justificado, pero no ilimitadamente y sin ningún tipo de control específico.

4. EL PAPEL DE ESTADOS UNIDOS EN LA REGIÓN Y LA “GUERRA CONTRA EL NARCOTRÁFICO”

El tráfico ilícito de drogas es la actividad protagónica del crimen organizado en América Latina. Absorbe la mayor implicación de las fuerzas armadas y curiosamente, donde dicha participación resulta menos contestada por los detractores de la involucración de los militares en la lucha contra la delincuencia organizada.

Con el ánimo de contrarrestar las tendencias criminógenas expansivas del narcotráfico, éste comenzó a considerarse paulatinamente como un asunto de seguridad nacional por parte de los Estados Unidos, quedando incluido bajo el paraguas de la Doctrina de contención. Decisión, que implicó "militarizar" el combate a las drogas y su consideración como una "guerra", dentro del espectro de las denominadas "guerras de baja intensidad"[159]. Esta nueva concepción inicia su andadura con la participación de las fuerzas armadas, a modo de "experimento", en los países andinos[160]. Sucesivas Administraciones norteamericanas desde la Presidencia de Nixon, que el 17 de junio de 1971 declaró públicamente la guerra contra las drogas[161] y, posteriormente, de Reagan[162], en la década de los ochenta, que reafirmó este precepto habilitante para la intervención estadounidense, Norteamérica ha mantenido este posicionamiento auspiciando, promoviendo y sufragando en términos bélicos, el esfuerzo de la lucha contra el tráfico de drogas[163], bajo la rúbrica de la "guerra contra el narcotráfico"[164].

---

[159] FROST, Charles: "Drug Trafficking, Organized Crime and Terrorism: The International Cash Connection", en Uri Ra'anan et al. (eds.), *Hydra of Carnage. International Linkages of Terrorism. The Witnesses Speak*, Massachusetts. Lexington Books, 1986, pp. 189-198.

[160] BAGLEY, Bruce: *Myths of Militarization: The Role of the Military in the War on Drugs in the Americas*, Miami: North-South Center, 1991; BAGLEY, Bruce: "Colombia y la Guerra contra las drogas", en *Foreign Affairs en Español*, vol. 8, nº 1, (artículo original de 1988), 2008, pp. 169-188.

[161] BAGLEY, Bruce: "La Nueva Guerra de los 100 Años", en *Chasqui, Revista Latinoamericana de Comunicación*, nº 29/30. Quito, Ecuador. Título original: "The New Hundred Years War: U.S. National Security and the War on Drugs", 1989.

[162] "El tráfico internacional de drogas amenaza la seguridad nacional de los Estados Unidos". Estas palabras, con la firma de Ronald Reagan al calce, son la base de un documento oficial que concluía solicitando al Departamento de Defensa y a la Fiscalía General del Estado "el desarrollo y la puesta en marcha de todas las modificaciones necesarias en estatutos, regulaciones, procedimientos y directrices aplicables al objeto de permitir que las Fuerzas Armadas de los Estados Unidos apoyen más activamente el esfuerzo antidrogas". REAGAN, Ronald: "Narcotics and national security", *National Security Decision, Directive Nº 221*, 8 de abril, 1986.

[163] BAGLEY, Bruce: "Narcotráfico y crimen organizado en las Américas: principales tendencias en el siglo XXI", en Maihold, G. y Stefan J. (eds.), *El narcotráfico y su combate. Sus efectos sobre las relaciones internacionales*, México D.F.: Konrad Adenaur Stiftung-Cátedra Guillermo y Alejandro de Humboldt, 2014.

[164] El primer despliegue de fuerzas militares estadounidenses tuvo lugar en el contexto de la *Operación BAT* en las Islas Bahamas (1982). Su objetivo era eliminar las bases aéreas de los traficantes de drogas en el país caribeño. BAGLEY, Bruce: "Myths of militarization: enlisting armed forces in the war on drugs", en Smith, Peter H. (comp.), *Drug Policy in the Americas*, Denver: Westview, 1992. Poco después se produciría el punto álgido y más discutido de la intervención militar norteamericana en el contexto de la guerra contra las drogas. En diciembre de 1989, se materializaba la invasión de Panamá para cumplir con una petición de un juzgado de Miami que solicitaba la presentación del acusado, Manuel Antonio Noriega, presidente del país

Además de los despliegues militares para combatir las drogas se desarrollaron a la par ambiciosos esfuerzos diplomáticos (operaciones de no combate), para acompañar la estrategia antinarcóticos[165]. Este esfuerzo diplomático se desplegó en esos años, debido a que muchos gobiernos latinoamericanos no consideraban el narcotráfico como un problema nacional sino, tan sólo, una inquietud de Estados Unidos. Se trató de convencer a los gobiernos de que hicieran suya la "guerra a las drogas", involucrando a las fuerzas militares en su combate. Estados Unidos desarrolló los primeros planes a través de la *Iniciativa Andina contra las Drogas*, basada en la destrucción de cultivos de coca[166]. Para ello, requería de la participación militar de los diferentes países, por lo que proporcionó la asistencia necesaria para lograr su incorporación[167]. Posteriormente se implementaron las iniciativas de intercepción en el Caribe, el Plan Colombia y por último, la Iniciativa Mérida, de la cúal se escindiría la Iniciativa Regional de Seguridad para América Central[168] (CARSI)[169].

Su papel, por tanto, ha sido determinante en la vinculación de las fuerzas armadas de muchos países afectados por el flagelo del narcotráfico en tareas

---

centroamericano por un delito de tráfico de drogas. KEMPE, Frederick: *Divorcing the dictator*, Nueva York: G.P. Putnam's Son, 1990.

165 BAGLEY, Bruce y TOKATLIÁN, Juan Gabriel: "Drogas y dogma: La diplomacia de la droga en Estados Unidos y América Latina en la década de los ochenta", en *Pensamiento Iberoamericano,* nº 19, Madrid, 1991, pp. 235.

166 BAGLEY, Bruce: "Colombia y la Guerra contra las drogas", op. Cit., pp. 169-188.

167 MABRY, Donald J.: "Aplicación de la doctrina de conflictos de poca intensidad al negocio de la cocaína", en *Revista Militares y Democracia en Bolivia, Estudios Latinoamericanos*, año 9, nº 11. IICLA, 1992, p. 53.

168 La Iniciativa Regional de Seguridad para América Central (CARSI) es un programa a través del cual Estados Unidos colabora con América Central para mejorar la seguridad ciudadana. Estados Unidos alinea su ayuda con la estrategia de seguridad regional del Sistema de Integración Centroamericana (SICA). El programa consiste en un paquete de ayudas cimentadas en la procura de un conjunto diverso de propuestas que pueden subsumirse en la implementación de tres objetivos fundamentales para el desarrollo institucional y la protección de sociedades incisivamente castigadas por el delito: la seguridad ciudadana, la protección y promoción de los derechos humanos y la defensa y fortalecimiento del Estado de derecho. Departamento de Estado, Oficina de Asuntos del Hemisferio Occidental.

169 Entre 2008 y 2010, Centroamérica recibió 260 millones de dólares y para los siguientes dos años, se otorgaron 100 millones de dólares, para los siete países. A diferencia de México, el programa CARSI se dedica básicamente a combatir el crimen común, las pandillas y fortalecer a las policías, mientras que en México, fundamentalmente es para combatir al crimen organizado. ARNSON, Cynthia y OLSON, Eric (eds.), *Organized Crime in Central America: The Northern Triangle*, Washington: Woodrow Wilson Center, 2012, p.12.

de orden interno,[170] a través de la influencia ejercida mediante la transferencia de fondos[171] y la facilitación de entrenamiento, preferentemente al personal militar y, en menor medida, al policial.[172]Los paquetes de ayuda están supeditados a una visión fuertemente influenciada por el enfoque militarista de la lucha contra la droga, por lo que la mayoría de los recursos que son destinados hacia Latinoamérica, se invierten en el mejoramiento de capacidades estratégicas de las fuerzas armadas y sólo una pequeña parte se emplea para ayuda social o preventiva.

En sus inicios, esta iniciativa no fue bien recibida por el propio estamento militar estadounidense. Aducían como principales fundamentos de su rechazo, su negativa a detraer cualquier tipo de recurso del esfuerzo bélico destinado a las actividades propias de la defensa nacional para combatir una amenaza difusa, que no podía definirse en términos militares. Argumentaban igualmente, que acometer este tipo de tareas iba en serio detrimento de la doctrina militar e implícitamente, su retórica traslucía un halo de cierta inquietud a aceptar el riesgo moral de "perder" lo que los políticos bautizaron como una guerra, aunque los militares no la considerasen como tal.

Posteriormente, esta negativa inicial se tornó en aceptación indiscutida, cuando desde algunos estamentos castrenses se vislumbró en la lucha contra el tráfico de drogas una interesante oportunidad para el desarrollo de carreras profesionales, a la par que hacerse con el control de ingentes recursos econó-

---

170 "La política antidrogas de la Administración estadounidense fomenta la militarización de la guerra contra las drogas". Washington Office on Latin America, *Clear and Present Dangers: the U.S. Military and the War on Drugs in the Andes,* Washington D.C.: WOLA, 1991.

171 Sirva a modo de ejemplo la Iniciativa Mérida. Un paquete de ayuda destinado a la compra de equipamiento para el control de la criminalidad y que incluye principalmente a México, pero también a Guatemala, El Salvador, Honduras, Nicaragua, Costa Rica, Panamá y Belice. Esta Iniciativa sigue los lineamientos del desarrollado Plan Colombia para consolidar la capacidad e infraestructuras de las instituciones dedicadas a combatir al crimen organizado, con una manifiesta promoción del papel de las fuerzas armadas en el contexto de la lucha contra diversas manifestaciones de la delincuencia organizada. Dicha Iniciativa contempla la transferencia de 1,4 billones de dólares en ayuda para mejorar la seguridad ciudadana en tres años. Parte importante se dirige a los militares. SELEE, Andrew: *Overview of the Merida Initiative*, Washington: Woodrow Wilson Center, 2008.

172 ÁLVAREZ, David e ISENHOUER, Michelle: "Transferencia y ayuda norteamericana hacia América Latina: las prioridades que refleja el presupuesto," en *FLACSO Newsletter*, nº 2, Santiago de Chile, 2005.

micos. Este esquema se exportó igualmente a las instituciones militares de los países colaboradores. Así, la incursión plena en el nuevo cometido satisfacía la cobertura propicia para la consecución de objetivos institucionales como equipamiento militar para conflictos no convencionales (guerra asimétrica), impedir un incremento de las funciones, capacidad y relevancia de la policía (operaciones especiales, grupos policiales selva...), y, si cabe, ampliar su influencia en la toma de decisiones gubernamentales fortaleciendo su presencia en el escenario político.

Tiempo después, a modo de justificación que legitime la creciente implicación militar, se ha defendido que el uso legítimo de la fuerza militar no tiene por qué restringirse a los conflictos convencionales entre ejércitos contendientes. Su aplicación, argumentan, debe tener lugar siempre y cuando el Estado se encuentre amenazado por una circunstancia de envergadura, como acontece con el tráfico de drogas. Por otra parte se aduce, que los requerimientos de la guerra convencional son muy similares a los que exigen las operaciones antidrogas. Por lo tanto, la capacidad de las fuerzas armadas para enfrentarse a situaciones reales de guerra, puede incrementarse mediante la participación en acciones prácticas de la lucha contra las drogas ilícitas.

En consecuencia, se dispone de los medios pertinentes para localizar y bombardear los laboratorios de procesamiento de droga, las plantaciones y las pistas de aterrizaje clandestinas, que se encuentran en espacios geográficos de difícil acceso y detección[173]. En definitiva, interceptar los cargamentos de droga por tierra, mar y aire. Para lo cual, se emplean aviones de combate, fragatas y submarinos, así como cualquier otro medio bélico disponible, desde los satélites hasta las capacidades en inteligencia.

---

[173] A modo de ejemplo, la Operación Ágata es una iniciativa del Gobierno Federal brasileño para controlar las fronteras brasileñas, combatir los delitos ambientales y transfronterizos, principalmente en la Amazonia. Cerca de 4.000 km de frontera con Perú y Bolivia fueron patrullados por 7.500 militares, aviones de combate, buques de patrulla, vehículos blindados y helicópteros de combate. Además, implicó la movilización de 9.000 militares para localizar pistas clandestinas y actividades de minería ilegal. Aviones SuperTucano bombardearon pistas que habrían podido ser utilizadas para el tráfico de drogas. Hasta la fecha, han participado en la operación 25 mil soldados. CALDERÓN, Emilse: "La lucha de Brasil contra el narcotráfico en la frontera con Colombia. Un acercamiento a los condicionamientos de las amenazas no tradicionales sobre la política exterior", en *JANUS. NET, e-journal of International Relations*, vol. 5, nº 1, 2014, pp. 1-14.

Además, al abrigo del narcotráfico, existen otras muchas funciones de naturaleza policial asumidas por las fuerzas militares, como otorgar seguridad perimetral en los centros penitenciarios; el resguardo de fronteras porosas geográficamente complejas (ríos, selvas, desiertos, montañas...), para evitar el contrabando de todo tipo de bienes y personas (trata y tráfico ilegal de personas); la protección de infraestructuras críticas como las instalaciones petroleras (para evitar las sustracciones de crudo y sus derivados, especialmente la gasolina blanca que, como acontece en el caso ecuatoriano es objeto de tráfico en la vecina Colombia para hacer pasta de coca); la protección de espacios naturales para la salvaguarda de las especies animales y vegetales, así como de los recursos naturales, del tráfico ilícito; la vigilancia del mar territorial; la detección aérea de actividades e infraestructuras criminales, [174] entre las más comunes.

La influencia norteamericana se presenta con mayor fuerza en Centroamérica y México[175], donde la cercanía geográfica a sus fronteras y la presencia de poderosas organizaciones criminales vinculadas al narcotráfico y la inmigración clandestina están fuertemente arraigadas[176]. En menor medida, pero con importantes repercusiones, el incremento de la presencia del crimen organizado, el accionar cotidiano de las pandillas juveniles, la preocupante vinculación entre la migración ilegal y el tráfico de armas son algunos de los fenómenos centrales de preocupación en la agenda norteamericana[177].

A tenor de lo expuesto, no pocos analistas responsabilizan directamente a Estados Unidos de la militarización de las políticas de seguridad en la región[178]. No en vano, ha exportado continuamente sus estrategias frente a la criminalidad organizada para todos aquellos aliados receptivos en América

---

[174] PEÑARANDA, Martha: "El Libro Blanco de la Defensa en Bolivia", en *AA Inteligencia*, 2005. Accesible en www.aainteligencia.cl/2005/Jun2005_ 5_MarthaPeñaranda.html.

[175] BECERRA, Óscar: "Fighthing Back: Mexico Declares War on Drug Cartels", en *Janes Intelligence Review*, 2008.

[176] KALIL, Mathias y FAZIO, Edneia: "Nuevas amenazas y su impacto sobre las Fuerzas Armadas brasileñas", en *Revista Fuerzas Armadas y Sociedad*, FLACSO, año 18 (3-4), Santiago de Chile, 2004, pp. 53-79.

[177] FRAGA, Rosendo: "La estrategia de EE.UU. en América Latina", en *Nueva Mayoría*, Buenos Aires, 2007. Accesible en http//:www.nuevamayoría.com

[178] YOUNGERS, Coletta y ROSIN, Eilen: *Drogas y democracia en América Latina. El impacto de la política de Estados Unidos*, Buenos Aires: Biblos, 2005.

Latina. Consecuentemente, cualquier aproximación al constructo seguridad en la región está relacionado con la direccionalidad estratégica impuesta por EE.UU.[179] desde la Posguerra Fría, cuando puso en práctica las estrategias «*benign abandon*», «*engagement and enlargement*» y «*preventive defense*»[180], hasta llegar a los planes Colombia[181] y Mérida[182]. Y la reciente estrategia de "*High Value Targets*" (similar a la guerra al terrorismo), con la que ha pretendido el desmantelamiento de dichos grupos a través de la destrucción de sus liderazgos. El empleo de las fuerzas militares y de los diversos sistemas de inteligencia se focalizó en buscar e identificar a las personas sobre las que recae el liderazgo de las organizaciones. Operaciones exitosas, en términos de "neutralización de la amenaza" –eufemismo empleado para describir la

[179] BUZAN, Barry: *People, States and Fear: an Agenda for International Security Studies in the Post-Cold War Era*, Londres: Harvester Wheatsheaf, 1991.

[180] SARKESIAN, Sam: "Defensive Responses", en Uri Ra'anan et al. (eds.), *Hydra of Carnage. International Linkages of Terrorism. The Witnesses Speak*, Massachusetts: Lexington Books, 1986, pp. 201-220.

[181] El Plan Colombia nació en inglés: *Plan for Peace, Prosperity, and the Strengthening of the State* (Plan para la paz, la prosperidad y el fortalecimiento del Estado), es el título original del proyecto de Ley S1758 presentado por los senadores Mike De Wine, Grassley y Coverdell, el 20 de octubre de 1999, ante la sesión 106 del Comité de Relaciones Exteriores del Congreso de EE.UU. Su primer acrónimo también fue en inglés: Alianza Act. En español, sencillamente, se lo conoce como Plan Colombia, aunque las políticas que entraña y las consecuencias de su aplicación trascienden extraordinariamente las fronteras territoriales, políticas, sociales y culturales de Colombia. El Plan consiste en un paquete de más de 2 billones de dólares para el Estado colombiano y la guerra, con el principal objetivo de recuperar el control del Estado sobre el país, mientras se crea un terreno seguro para inversionistas. Provendría, de los Estados Unidos, 1,3 billones de dólares, y una cantidad equiparable provendría a su vez de la Comunidad Europea. Objetivos generales del Plan Colombia: Lucha contra el problema mundial de las drogas y el crimen organizado; reactivación económica y social; fortalecimiento institucional; desmovilización, desarme y reintegración. El Plan Colombia cuenta principalmente con el apoyo del programa del gobierno estadounidense llamado Andean Counterdrug Initiative (ACI) o Iniciativa Andina contra las drogas y recibe asistencia del Foreign Military Financing (FMF) o Financiación para Fuerzas Militares extranjeras del Department of Defense's Central Counternarcotics Account del Departamento de Defensa de los Estados Unidos. VARGAS VELÁSQUEZ, Alejo (ed.), *El papel de las Fuerzas Armadas en la política antidrogas colombiana 1985-2006*, Bogotá: Universidad Nacional de Colombia, 2006.

[182] Esto se ha visto reforzado con la Iniciativa Mérida, aprobada por el gobierno de Bush el 22 de octubre de 2007, en el que anunció oficialmente la propuesta de un paquete de ayuda por valor de 1.400 millones de dólares, dirigidos a combatir el tráfico de drogas en México. El programa engloba el adiestramiento militar, formación de policías y fiscales en el uso de bases de datos criminales, entre otras acciones. FREEMAN, Laurie: "*Déjàvu*: La política antidrogas en la relación México-Estados Unidos", en *Foreign Affairs Latinoamérica,* vol. 8, nº 1, 2008, pp. 15-23.

eliminación física de los principales líderes de las estructuras criminales–, pero desastrosa en términos estratégicos. La eliminación de los líderes criminales ha generado situaciones de enfrentamiento entre facciones de una misma organización, desmembrada en varias, todas ellas en pugna por el territorio, los mercados y la consolidación del liderazgo, disparando los niveles de violencia hasta extremos nunca antes registrados, como ha acontecido en México, con la denominada "guerra de los cárteles", con el afloramiento de las BACRIM en Colombia o la dispersión por toda Latinoamérica (efecto globo), de organizaciones que, en busca de salvaguardar sus infraestructuras y proteger a sus miembros, se han desplazado a países donde la presión gubernamental no es tan acuciante como en sus países de origen, provocándose un contagio criminógeno a escala regional.

Pero, si bien es cierto que Estados Unidos tiene interés en la región y ha impulsado en gran medida la involucración de las fuerzas armadas en la lucha contra el crimen organizado, no es menos cierto, igualmente, que lejos de limitar esta tendencia los propios gobiernos latinoamericanos (con excepciones significativas), han optado por desarrollarla, asignando aún más misiones de seguridad interior a los militares, además del combate del narcotráfico. De hecho, parece bastante significativo que, incluso, los gobiernos más críticos con Estados Unidos y con la influencia que ejerce en Sudamérica, como el grupo de países de la Alianza Bolivariana para América (ALBA)[183], pese a su marcado "antiimperialismo", no hayan dudado en asumir plenamente esta tendencia, empleado a fondo y abiertamente a sus propias fuerzas armadas en todas estas tareas de seguridad interior, tanto para combatir el narcotráfico y el resto de manifestaciones de criminalidad organizada por extensión, como en la provisión de seguridad ciudadana, tal como han hecho el resto de sus veci-

[183] La Alianza Bolivariana para los Pueblos de Nuestra América - Tratado de Comercio de los Pueblos o ALBA-TCP (en ocasiones denominada extraoficialmente por su nombre inicial Alianza Bolivariana para América o ALBA) es una organización internacional de ámbito regional, enfocada para los países de América Latina y el Caribe, que pone énfasis en la lucha contra la pobreza y la exclusión social con base en doctrinas de izquierda. Es un proyecto de colaboración y complementación política, social y económica, promovida inicialmente por Cuba y Venezuela, como contrapartida del ALCA (Área de Libre Comercio de las Américas), impulsada por Estados Unidos. Miembros: Venezuela; Antigua y Barbuda; Bolivia; Cuba; Dominica; Ecuador; Granada; Nicaragua; San Cristóbal y Nieves; Santa Lucía; San Vicente y las Granadinas; Surinam; Haití (observador); Irán (observador); Siria (observador); ALDA, Sonia: "La participación militar en el combate de la violencia criminal", op. Cit.

nos[184]. Al margen de las diferencias políticas e ideológicas existentes entre los gobiernos latinoamericanos ésta es la política dominante. De hecho, a excepción del Cono Sur, todos los gobiernos han recurrido a las fuerzas militares en mayor o menor medida, muy particularmente, para combatir el narcotráfico[185].

Actualmente, la propuesta del Comando Sur de Estados Unidos de desarrollar actividades inter agencias recogidas en la *Command Strategy 2016*, promueve la interrelación de las fuerzas armadas norteamericanas con cuerpos de policía y fuerzas militares latinoamericanas, incentivando la participación y liderazgo de éstas últimas para enfrentar asuntos de seguridad interior; continúa auspiciando la "guerra contra las drogas". Guerra, que se lleva librando desde hace ya más de tres décadas y que es cuestionada abiertamente (algunos postulados plantean su rechazo aduciendo que se trata de una "guerra fallida"[186]), ante el fracaso de no haber podido contener los flujos de tráficos ilícitos y, menos aún, terminar con los mercados y la demanda de consumo[187].

Como afirma el Informe de la Comisión Latinoamericana sobre Drogas y Democracia[188], desde hace treinta años, la región ha priorizado fundamentalmente las políticas prohibicionistas y represivas bajo la llamada "guerra contra las drogas". Estas se basan en la represión de la producción, en la interdicción del tráfico y de la distribución, así como en la criminalización del consumo. Sin embargo, los resultados de dichas políticas son bastante limitados, si consideramos el esfuerzo y la inversión humana y material realizada. De hecho para los autores del informe citado, entre quienes se encuentran varios ex

---

184 CORRALES, Javier: "Hugo Boss", en *Foreign Policy*, Washington: 2006, pp. 32-40; LANZARO, Jorge: "La "tercera ola" de las izquierdas latinoamericanas: entre el populismo y la social-democracia", en *Congreso de la Latin American Studies Association*, nº 26, 2008.

185 *Informe del problema de las drogas en las Américas*, Documento preparado por la Secretaría General, para la XLIX Asamblea General Extraordinaria de la Organización de los Estados Americanos (OEA) "Por una Política Hemisférica de Drogas de cara al siglo XXI", Ciudad de Guatemala, septiembre, 2014.

186 AGUILAR, Rubén y CASTAÑEDA, Jorge: *El narco: la guerra fallida*, México: Punto de Lectura, 2009.

187 ILLADES, Carlos y SANTIAGO, Teresa: *Estado de guerra. De la guerra sucia a la narcoguerra*, Ciudad de México: Editorial ERA, 2015.

188 *War on Drugs*, Report of the Global Comission on Drug Policy, June 2011. Accessible en http://www.globalcommissionondrugs.org/wpcontent/themes/gcdp_v1/pdf/Global_Commission_Report_English.pdf.

presidentes latinoamericanos, la "guerra contra las drogas" ha fracasado[189], contribuyendo al reconocimiento de las limitaciones de estas políticas represivas y la necesidad de buscar alternativas, que no necesariamente tienen que pasar por algunas de ellas tan polémicas como la despenalización total o parcial[190]. Hay más opciones. En América Latina las respuestas estatales al desafío del crimen organizado no han dado los resultados esperados. No hay evidencias para sostener que las ofensivas institucionales hayan afectado de manera notable las economías criminales, que la difusión del crimen se haya contenido o que la región haya tenido un cambio sustancial en los indicadores de delito y violencia. Por el contrario, la información disponible sugiere que las economías criminales siguen en auge, ejerciendo una nefasta influencia en los países de la región[191].

Más allá de este fracaso en la consecución de los objetivos previstos y deseados (que no por ello representa un esfuerzo totalmente infructuoso), la Oficina de las Naciones Unidas contra la Droga y el Delito (UNODC), también ha identificado graves "consecuencias negativas no intencionales" de la guerra contra las drogas: victimización indiscriminada y masiva, aumento de desplazamientos de las personas de las áreas de conflicto armado[192], huida del sector empresarial, fuga de capitales, procesos de desindustrialización...por citar algunos ejemplos relevantes.

La Administración estadounidense, ante esta situación de metástasis criminal emergente en el contexto latinoamericano, parece haber reorientado la estrategia de guerra contra el narcotráfico en dos elementos que, muy posiblemente, supongan una profunda reinterpretación de la actual estrategia: ampliar el combate al crimen organizado en general (incluyendo el cibercrimen) y no sólo circunscrito al narcotráfico, y que el esfuerzo militar recaiga en la

---

[189] CARDOSO, Henrique; GAVIRIA, César y ZEDILLO, Ernesto: "Drogas: está abierto el debate", 2012. Accesibleen: http://www.globalcommissionondrugs.org/wpcontent/themes/gcdp_v1/pdf/drogas_esta_abierto_el_debate. pdf.

[190] VV.AA: *El debate sobre políticas de drogas en América Latina, Monográfico URVIO Revista Latinoamericana de Seguridad Ciudadana*, FLACSO Sede Ecuador, nº 13, 2013.

[191] GARZÓN VERGARA, Juan Carlos: *Cómo responder al crimen organizado y terminar la guerra contra las drogas. Qué funciona, qué no funciona y cómo arreglarlo*, Working Paper, Washington: Woodrow Wilson Center Update on The Americas, 2014.

[192] JAMES, David y RODRÍGUEZ SERNA, Nicolás (eds.): *Los nuevos desplazados. Crimen y desplazamiento en América Latina*, Columbia: Institute of Latin American Studies, 2015.

maximización del empleo de Fuerzas de Operaciones Especiales (militares y policiales), en sustitución de unidades regulares de las fuerzas armadas. Transformaciones acordes con los nuevos escenarios híbridos de convergencia protagonizados por fenómenos criminales complejos[193]. El objetivo a largo plazo de la política de seguridad estadounidense en la región aboga por favorecer el surgimiento de aliados fuertes, económicamente prósperos y democráticos, que puedan contener las manifestaciones de crimen organizado dentro de sus fronteras, logrando la imposición y prevalencia del Estado de derecho.

A pesar del incremento de las voces autorizadas detractoras y de las políticas revisionistas, las sinergias de la guerra contra el narcotráfico continúan bien engrasadas, retroalimentadas por diversidad de estímulos de entre los cuales, los intereses y posicionamientos norteamericanos en la región siguen siendo cruciales.

Se ha desarrollado en países como México, Guatemala, Honduras, El Salvador, Colombia o Brasil, por citar los ejemplos más clarividentes, un modelo de "democracia de guerra", lesivo para los ideales democráticos, pero que permite sobrellevar el modelo dentro del contexto de guerra contra el narcotráfico[194]. Cuando lo que se necesita no es un modelo que permita sobrellevar la democracia, sino un modelo integral que permita su consolidación. No hay que perder de vista que la seguridad, además de ser un fin en sí misma es un camino para generar convivencia y asegurar derechos y libertades"[195].

---

[193] Para una mayor profundización en el fenómeno de la convergencia de amenazas criminales complejas y las repercusiones en la generación de escenarios híbridos de seguridad, consultar: MIKLAUCIC, Michel y BREWER, Jacqueline (eds.): *Convergence. Illicit Networks and National Security in the Age of Globalization*, Washington D.C.: Center for Complex Operations, Institute for National Strategic Studies, National Defense University Press, 2013; MATFESS, Hilary y MIKLAUCIC, Michael (eds.): *Beyond Convergence. World Without Order*, Washington D.C.: Center for Complex Operations, Institute for National Strategic Studies, National Defense University Press, 2016.

[194] MORALES, César: "El fracaso de una estrategia: una crítica a la guerra contra el narcotráfico en México, sus justificaciones y sus efectos", en *Nueva Sociedad*, nº 231, 2011; AGUILAR, Rubén y CASTAÑEDA, Jorge: *El narco*, op. Cit.

[195] NARANAJO, Óscar: "Entrevista al General (Retirado) de la Policía Nacional de Colombia Óscar Naranjo, Asesor de seguridad de Peña Nieto", en *El País,* Madrid, 29 de septiembre de 2012.

5. ¿HACIA UNA CONSOLIDACIÓN EFECTIVA DE LA MILITARIZACIÓN DE LA SEGURIDAD PÚBLICA?

Tradicionalmente, la misión por excelencia de las fuerzas armadas de cualquier país ha sido y es la defensa de la soberanía, la independencia, la integridad del territorio nacional y, en su caso, del orden constitucional. De conformidad con el tratadista GARCÍA COVARRUBIAS[196] "[...], las Fuerzas Armadas (como instrumentos de la defensa) tienen una naturaleza específica (fueron creadas para cumplir una misión). Se les ha dotado de capacidades (para ser eficaces y eficientes en el cumplimiento de la misión) y tienen un marco constitucional que las ordena. Lo lógico es emplearlas dentro de esos cánones. A su vez, el propio Estado tendrá que desarrollar las capacidades específicas para resolver los diferentes tipos de problemas o amenazas [...]"[197].

Está claro que no cabe albergar duda alguna con respecto a la naturaleza primigenia de cualquier instrumento militar, que determina para qué nacieron o cuál es la tarea que la sociedad le confirió *ab initio*, de conformidad con su marco jurídico. Pero la realidad avanza en otra dirección, al detraer al instrumento militar de su función original para implicarlo en la lucha contra el crimen organizado. Cada día se evidencia con mayor nitidez, cómo la frontera entre la seguridad interior y la defensa se diluye *de facto*, a favor de la instauración de escenarios híbridos[198] y América Latina, no permanece ajena a este proceso.

La frontera nítida entre las respuestas policiales y militares ha quedado parcialmente desdibujada por las nuevas percepciones en materia de seguridad. Asistimos al ocaso de la dicotomía interior-exterior en materia de seguridad. En determinados escenarios, caracterizados por la hibridación de la fenomenología delictiva, lo bélico y lo policial tienden a confundirse.[199]

---

[196] GARCÍA COVARRUBIAS, Jaime: "Transformación de la Defensa: El Caso de EE.UU. y su aplicación en Latinoamérica", en *Military Review, The Professional Journal of the U.S. Army*, Edición Hispanoamericana, Kansas: U.S. Army Combined Arms Center, Fort Leavenworth, 2005, pp. 23-30.

[197] Ibid., p. 24.

[198] *The Hybrid Threat Crime. Terrorism and Insurgency in Mexico*, Informe del Center for Strategic Leadership is the U.S. Army War College's-George Washington University Homeland Security Policy Institute, Washington D.C. and Carlisle Pennsylvania, 2011.

[199] BRANDARIZ, José Ángel: *Política Criminal de la exclusión*, Granada: Estudios de Derecho Penal y Criminología, Comares, 2007, pp. 205-212.

De una parte, las clásicas operaciones de policía, proyectadas sobre la garantía de la seguridad interior de los Estados, tienden a adoptar rasgos bélicos[200]. De otra, se observa la progresiva adaptación de las operaciones militares a la morfología de las actividades policiales.[201] Resultado: la transformación de las fuerzas armadas (y por ende de las instituciones policiales), en una herramienta versátil y útil en el ámbito de la gestión de la seguridad y no sólo de la defensa, visto desde un prisma positivo. En sentido opuesto, el reflejo de la injerencia de las fuerzas militares en ámbitos competenciales que le son, *a priori*, ajenos, en la procura de un protagonismo político y social cuestionable (riesgo de militarización). Transformación, que ha generado un intenso debate sobre la pertinencia del empleo de las fuerzas armadas en misiones destinadas a proveer seguridad interior y de confrontación del fenómeno criminal organizado, especialmente en su faceta transnacional. Escenario éste que, bajo la interpretación del Derecho constitucional y la Teoría de la Constitución, permite reflexionar acerca de los beneficios e inconvenientes suscitados al respecto.

No en vano, esta asignación de tareas, que poco o nada tienen que ver con la defensa militar, en buena medida son una clara manifestación de la debilidad de los aparatos estatales, de la fragilidad democrática y de la disfuncionalidad del Estado de derecho que empuja a los Ejecutivos en su debilidad, a la maximización a ultranza y casi a cualquier coste, del potencial de recursos humanos y materiales de que disponen las organizaciones militares para la defensa del Estado. También es cierto que hay que tener en consideración que, ante un contexto de debilidad y limitación de medios, los Estados deben utilizar todos los recursos disponibles (amparado en la razón de Estado como ya se adujo). Cada país tiene unos problemas específicos que atender y sus fuerzas armadas son susceptibles de asumir distintas misiones al respecto.

En consecuencia, ha hecho aparición el concepto de seguridad multidimensional[202], que suscita no pocas controversias, al objeto de aclimatar las

---

200 MOLOEZNICK, Pablo: "Militarización de la seguridad pública, autonomía de las fuerzas armadas e imperativo de la reforma militar en México", en *El Cotidiano*, vol. 22, n° 146, 2007, pp. 99-107.

201 "UN Peacekeepers Fight Gangs in Haiti, One street at a Time", *New York Times*, 10 de Febrero de 2007, p. 1.

202 RIVERA, Fredy: "Estudio introductorio: seguridad multidimensional en América Latina", en Rivera, F. (ed.), *Seguridad multidimensional en América Latina*, Quito: Facultad Latinoamericana de Ciencias Sociales (FLACSO) / Ministerio de Cultura (Ecuador), 2008, pp. 11-33.

capacidades de las fuerzas armadas para la asunción de nuevas tareas y responsabilidades. Con independencia de su conveniencia o de los éxitos y los fracasos albergados en semejante empresa, lo que ciertamente se ha logrado es gestar un estiramiento conceptual de tal magnitud,[203] que el concepto de seguridad (multidimensional) engulle casi cualquier tema, externo o interno, pudiendo otorgarle tratamiento militar. Si se revisan las actividades atribuidas *ex novo* a las fuerzas armadas de algunos países de la región es factible encontrar que éstas, desarrollan una diversidad de acciones que sobrepasan la función básica de la defensa. Según sus artífices, las denominadas "labores complementarias" han pretendido suplir el aparente vacío institucional[204] de los ejércitos ante la afortunada ausencia de conflictos fronterizos y de escenarios de confrontación bélica, como una manera, en todo caso cuestionable, de justificar su existencia y dotación presupuestaria[205].

La única cuestión que habría que plantearse, quizás, es si las fuerzas armadas son la institución del Estado adecuada para ocuparse de asuntos como la educación, la salud, la construcción de infraestructuras, el medio ambiente y, en lo que nos ocupa, la lucha contra la delincuencia organizada. La otra gran pregunta que hay que cuestionarse es en qué medida la asunción de estas misiones secundarias, repercutirá negativamente en la capacidad para prestar en tiempo y forma su misión principal.

La opinión de la Comisión Interamericana de Derechos Humanos de la Organización de Estados Americanos (OEA), justifica plenamente la separación de seguridad interior y exterior, y condena la intervención de las fuerzas armadas en cuestiones de seguridad interior, pues entiende que afecta al propio funcionamiento del sistema democrático: "Es fundamental la separación clara y precisa entre seguridad interior como función de la policía y la defensa nacio-

---

[203] SARTORI, Giovanni y MORLINO, Leonardo: *La comparación en las Ciencias Sociales*, Madrid: Alianza Editorial, 1999.

[204] La ausencia de un rol "satisfactorio" genera elevadas dósis de frustración profesional, empujando a los militares a transformarse en un grupo de presión frente al Ejecutivo. Hay diferentes trabajos que tratan la cuestión de la crisis de identidad de las fuerzas armadas. Uno de los pioneros es el de BARROS, Alexandre: "El nuevo papel de las Fuerzas Armadas Brasileñas: la reforma de la doctrina, de la mentalidad y de la enseñanza", en *Política y Estrategia*. Vol. 9, 1991, pp. 13-20.

[205] CHILLIER, Gaston y FREEMAN, Laurie: *El nuevo concepto de seguridad hemisférica de la Organización de Estados de América (OEA): una amenaza en potencia*, Washington, D.C.:WOLA (Informe Especial), 2005, p. 10.

nal como función de las fuerzas armadas, ya que se trata de dos instituciones substancialmente diferentes en cuanto a los fines para los cuales fueron creadas y en cuanto a su entrenamiento y preparación"[206].

A pesar de ello, la implicación de las fuerzas armadas en el control y erradicación de las manifestaciones del fenómeno delictivo no se produce de forma unívoca en el ámbito latinoamericano. El grado de asunción por parte de los militares de funciones policiales, varía mucho de un país a otro, de acuerdo con los diferentes marcos legales habilitantes y la percepción de la gravedad de la situación de la seguridad dentro de sus fronteras y en su entorno regional inmediato.[207]

Hablar de las fuerzas armadas de toda América Latina de manera generalizada plantea una serie de dificultades metodológicas, que pueden dar lugar a presupuestos que no enmarcan, en modo alguno, al conjunto de los países estudiados. Cada Estado tiene sus dinámicas propias, las cuales han tenido variaciones autónomas a los largo de la Historia. Abarcar cada uno de los países de forma pormenorizada es una tarea que desborda los propósitos de este trabajo. Sin embargo, tomar algunos casos a modo de referente, puede arrojar información de interés acerca de las particularidades y la necesidad de reflexionar sobre este tema.

Por lo tanto, no cabe hablar de modelos o estrategias imperantes o, lo que es lo mismo, existen tantos modelos y estrategias como realidades nacionales. En todo caso, es posible realizar una agrupación laxa en función de corrientes tipológicas, como se analizará más adelante, desde la óptica del Derecho constitucional. Nos encontramos pues ante un escenario abierto, donde la convergencia de modalidades de inmersión militar es muy diversa. El empleo de las fuerzas armadas, por consiguiente, no responde a un proceso uniforme y homogéneo. Es más, se trata, más bien, de respuestas individuales *ad hoc*, que no obedecen a estrategias políticas alguna, sino a una reacción frente a las crecientes demandas de mayores cuotas de seguridad. En este contexto, en el

---

[206] *Informe sobre seguridad ciudadana y los derechos humanos*, Comisión Interamericana de Derechos Humanos, Organización de Estados Americanos (OEA), punto 101. Accesible en http://www.oas.org/es/cidh/docs/pdfs/SEGURIDAD%20CIUDADANA%202009%20ESP.pdf.

[207] GARCÍA CARNEIRO, José: "Seguridad interior y exterior. Misiones de las FF.AA en América Latina", en Sepúlveda, I. (ed.), *Seguridad Humana y nuevas políticas de Defensa en Iberoamérica*, Madrid: Instituto Universitario General Gutiérrez Mellado (UNED), 2007, p. 355.

que los gobiernos nacionales están abocados a reducir de manera efectiva los niveles de inseguridad, aflora la apremiante necesidad de emplear todos los medios disponibles para atajar la problemática. Como resultado, en la práctica, algunos gobiernos han apostado por el uso de militares para proveer al conjunto social de seguridad interna, generando un intenso debate sobre la pertinencia de este tipo de medidas, no sólo en los ámbitos político y académico, sino en el propio seno de las fuerzas armadas.[208] No en vano, para los militares se configura un nuevo marco de incertidumbres ante el cual es de esperar que adopten algún tipo de estrategias de acomodación.

Si se parte de la premisa mayoritariamente consensuada de que, en principio, en la mayoría de los países de América Latina existen los fundamentos de partida para establecer una clara diferenciación entre la defensa nacional y la seguridad pública e interior, cabe entonces preguntarse, ¿cuáles han sido los factores que han llevado a una generalización de la actuación de las fuerzas armadas en la seguridad pública y, en concreto, asumir el rol de protectores y garantes del Estado de derecho frente a la criminalidad organizada?, ¿Qué mueve a las autoridades a confundir los ámbitos de acción de las fuerzas militares y de las policías, cuando, *grosso modo*, las Constituciones y las leyes determinan que las primeras tienen la obligación de garantizar la seguridad nacional y las segundas, de forma más específica, la de los ciudadanos? Sólo cabe una respuesta, que ya ha salido antes a colación: la conjugación de la oportunidad y el interés. De un lado, la rápida resolución (o al menos la apariencia) de los crecientes problemas de violencia y delincuencia que afectan al conjunto de las sociedades, sumado a la baja credibilidad que entre los ciudadanos y las autoridades tienen los distintos cuerpos policiales. De otro lado, habría que sumarle la aparente necesidad de amortizar unas fuerzas armadas que, según algunos postulados[209], habrían perdido su razón de ser en el nuevo contexto de seguridad internacional tras finalizar la Guerra Fría.

En palabras de MOLOEZNIK, "esto se explica, principalmente y por un lado, debido al fracaso tanto de las políticas criminales como del sistema de justicia penal, incluyendo las policías, de aquellos Estados donde el poder

---

[208] DAMMERT, Lucía y ÁLVAREZ VELOSO, David: "Fuerzas Armadas en seguridad pública. ¿Solución o problema?", en *Nueva Sociedad*, nº 218, 2008.

[209] FREDERIC, Sabina: *Los usos de la fuerza pública. Debates sobre militares y policías en las ciencias sociales de la democracia*, Buenos Aires: Biblioteca Nacional, 2008.

político ha tomado la decisión de comprometer directamente a las fuerzas armadas en el ámbito de la seguridad [...]; por el otro, el dominio del denominado *populismo punitivo*, del discurso de mano dura y tolerancia cero"[210].

Insistir en la idea clave de que cada país tiene unos problemas específicos de criminalidad organizada que atender. En consecuencia, se ha desencadenado un proceso de transformaciones de calado en el seno de las fuerzas armadas para adaptarse a los nuevos requerimientos, en la que defensores y detractores esgrimen razones y argumentos para defender el rol que se desea otorgar a las fuerzas militares (o adrogarse éstas mismas, según qué caso), en el nuevo paradigma de seguridad y defensa imperante. Más concretamente, en el supuesto que nos ocupa, el protagonismo asumible en la lucha contra el fenómeno de la criminalidad organizada. A lo largo de estas líneas se pretende hacer una reflexión al aire de los pros y contras que se derivan, especialmente si esta participación se hace en calidad de refuerzo de las instituciones policiales o asumiendo el liderazgo de la acción en detrimento de las mismas.

La gran pregunta que hay que plantearse es en qué medida la asunción de estas misiones secundarias respecto de su labor de defensa principal, repercuten positiva o negativamente en la institución castrense y por extensión, al Estado. El empleo de militares en programas contra la violencia, la delincuencia organizada y la inseguridad ciudadana está reconfigurando la tradicional percepción que se tenía de los estamentos militares. Por ello, aquí es donde cabe plantearse si la participación de las fuerzas armadas en la provisión de seguridad frente al delito no sólo es un medio adecuado y, en función de las circunstancias concretas, oportuno, sino si realmente su implicación constituye un serio retroceso no sólo para las políticas criminales, las instituciones policiales y los propios ejércitos, sino para la relaciones cívico-militares y, en último término, para el propio ejercicio democrático. Esta asignación de tareas, que poco o nada tienen que ver con la defensa militar, en buena medida es una clara manifestación de la debilidad de los aparatos estatales, sobre la que, una vez vuelta a mencionar (Estado débil o disfuncional), no vamos a incidir más, al menos hasta las conclusiones.

En los últimos años, lo que en principio estaba contemplado como encomiendas excepcionales, ha experimentado un aumento de su frecuen-

[210] MOLOEZNICK, Pablo: "Fuerzas armadas, guerra contra el narcotráfico y lecciones del caso mexicano", op. Cit., pp, 76-92.

cia e intensidad, flexibilizando de forma peligrosa los requisitos para la participación militar en la esfera estricta de la seguridad (mandato claro, temporalidad, extensión de las potestades, limitación en el espacio...),[211] lo que podría desembocar, al menos en teoría, en una transformación de facto en la organización, preparación, mando, doctrina y medios de las fuerzas armadas, asimilándose a la policía hasta, en los supuestos más extremos, alcanzar su indiferenciación.

El criterio de que la unidad militar preparada para intervenir en un conflicto de alta intensidad puede asumir cualquier cometido, no es válido en el ámbito de lo policial y de la seguridad. La realidad más extendida es que no se han introducido apenas cambios en los programas generales de instrucción y únicamente, en el mejor de los supuestos –antes de las misiones y por un tiempo limitado– se han establecido periodos de concentración para familiarizarse con las características concretas del mandato a realizar.

De forma sucinta, las operaciones de seguridad y enfrentamiento a organizaciones delictivas engloban todas aquellas actividades (preventivas y reactivas) imaginables, que las fuerzas armadas desarrollan, bien en solitario (craso error), bien en apoyo de las fuerzas y cuerpos de seguridad (deseablemente a petición de la autoridad civil y bajo mando policial), en aquellas circunstancias en la que éstos se encuentren sobrepasados. La frecuencia con que se solicita este apoyo, habida cuenta de las circunstancias criminógenas descritas, hace que el inicial carácter restrictivo de excepcionalidad haya perdido vigencia.

Otra cuestión trascendental, que igualmente cabe plantearse es hasta qué punto, los ajustados presupuestos de defensa pueden soportar el incremento de cometidos a desempeñar por las fuerzas militares, sin que ello suponga un detrimento de sus capacidades[212]. Especialmente, en períodos de crisis económica y recortes presupuestarios. La lógica induce a pensar que el coste no es baladí. Y todo ello bajo la sombra del potencial riesgo de corrupción e

[211] Esta actuación debe reunir los siguientes presupuestos: ser excepcional; subsidiaria; subordinada a la autoridad policial; temporal y responsable. CAJINA, Roberto: "Nuevas misiones de la Fuerzas Armadas en seguridad interior en Centroamérica", en Sepúlveda, I. (ed.): *Seguridad Humana y nuevas políticas de Defensa en Iberoamérica*, Madrid: Instituto Universitario General Gutiérrez Mellado (UNED), 2007.

[212] GARCÍA COVARRUBIAS, Jaime: "Transformación de la Defensa", op. Cit.

implicación de los militares en actividades ilícitas en calidad de actores[213]. De hecho, la extendida argumentación de especial resistencia de los militares ante la corrupción en base a su deontología y valores profesionales, no se sostiene empíricamente. No existen pruebas fehacientes de que las fuerzas militares sean menos vulnerables a los tentáculos de la corrupción[214].

Las consecuencias de su involucramiento directo en la lucha contra la delincuencia organizada repercuten negativamente de manera directa en su profesionalidad, derivado del desempeño de tareas para las cuales no han recibido formación previa[215]. Y posiblemente, tampoco el interés por adquirirla. La formación de profesionales con dedicación al orden interno o a la defensa nacional obedece, *a priori*, a vocaciones diferenciadas. Como resultado, se han sentado las bases para que dentro de los planes y objetivos de las fuerzas armadas se introduzca, en mayor o menor medida, el combate a la delincuencia y el desarrollo e implementación de acciones destinadas a la provisión de seguridad pública y ciudadana como objetivos

---

[213] En cuanto a la pretendida mayor resistencia de las fuerzas armadas a la *vis atractiva* de la corrupción es difícil imaginar la existencia de una ética militar supuestamente superior, capaz de resistir la enorme capacidad persuasiva que ostentan algunas organizaciones delictivas. Sirva de clamoroso ejemplo el supuesto del "ex-zar antidrogas" de México, el general de división José de Jesús Gutiérrez Rebollo, responsable del Instituto Nacional Contra las Drogas, creado específicamente para que los militares liderasen la lucha antidrogas, encarcelado por sus vínculos con organizaciones dedicadas al tráfico de drogas ilegales. Y, más recientemente, el ejemplo de "Los Zetas", desertores de los Grupos Aeromóvil y Anfibio de Fuerzas Especiales del Ejército y de la Brigada de Fusileros Paracaidistas (ambas unidades de élite), entrenados en operaciones antidrogas y antiterroristas, muchos de ellos en EE.UU. ASTORGA, Luis: *Seguridad, traficantes y militares (El poder y la sombra)*, México: Tiempo de Memoria, Tusquets, 2007.

[214] BAILEY, John y GODSON, Roy: *Crimen organizado y gobernabilidad democrática*, México: Grijalbo, 2000.

[215] En descargo de los militares, cabe reconocer cómo las instituciones militares se han preocupado en los últimos años por capacitar a sus elementos en reglas y protocolos para compaginar el adiestramiento militar con los modos de operación propios de las labores policiales (*rules of engagement*). DÍEZ, Jordi y NICHOLLS, Ian: *The Mexican Armed Forces in Transition*, Strategic Studies Institute United States Army War College, 2006, pp. 26-27. No obstante, esta formación de tipo policial es básica, alejada de las necesidades reales que requiere la criminalidad organizada en técnicas de inspección ocular, criminalística, criminología, investigación y análisis criminal que, desde luego, distan mucho de impartirse en las academias y acuartelamientos militares, al menos por el momento.

estratégicos,[216] lo que a la postre supone, una transformación de profundo calado en la doctrina militar[217].

En concreto, esta última modalidad de estrategias no parece terminar de arrojar los éxitos esperados y que avalaron su implementación inicial, generando, por el contrario, efectos negativos en términos de seguridad: incremento de la violencia, incremento de fallecidos en enfrentamientos armados contra la fuerza pública, vulneración de derechos humanos, deserción de miembros de las fuerzas armadas con perfiles especializados para engrosar las filas de las organizaciones criminales, pérdida de confianza de la sociedad respecto de las instituciones y graves episodios de corrupción en el seno del estamento militar, vinculados a su participación activa en entramados criminales.

A fin de cuentas, el mero hecho de otorgar a las fuerzas armadas el rol protagónico en el combate a la criminalidad organizada representa el abandono de la senda constitucional de la represión del delito, a través de la jurisdicción penal[218]. En suma, una claudicación parcial del Estado de derecho constitucional.

---

[216] HÉRNANDEZ, Iduvina: "La reforma de la defensa de Guatemala", en *Atlas Comparativo de la Defensa en América Latina*, RESDAL, Buenos Aires, 2008.

[217] En Brasil se ha recurrido al ejército para operaciones de ocupación y pacificación de las favelas. Así, la ocupación del complejo de favelas en Lins desplegó14 blindados de la Marina. Los complejos de La Rocinha y Vidigal fueron ocupados con la ayuda de la Armada, que movilizó 3.000 hombres y 18 blindados. Las favelas del complejo Marañón y la comunidad Barrera Vasco fueron ocupadas con la ayuda de 200 fusileros y 17 blindados de la Marina, de tal forma que los militares han creado una doctrina para desplegar tropas en actividades de seguridad pública, denominadas como Operaciones para Garantizar la Ley y el Orden (OpGLO). Destaca igualmente el papel desempeñado al efecto por la Policía Militar, a través del Batallón de Operaciones Policiales Especiales (en portugués: *Batalhão de Operações Policiais Especiais*), generalmente conocido por su acrónimo BOPE. Es la tropa de élite de la policía militar de Río de Janeiro. Actúa en operaciones de alto riesgo, incluidas las redadas en los barrios de favelas y las situaciones de enfrentamiento con los narcotraficantes, que utilizan armas de uso exclusivo de las fuerzas armadas. Por ese motivo, el grupo está igualmente equipado con armas de uso restringido a las Fuerzas Armadas brasileñas. SOARES, Eduardo; PIMENTEL, Rodrigo; BATISTA, Andre: *Tropa de élite*, Barcelona: Los Libros del Lince, 2010.

[218] La Organización de Naciones Unidas (ONU) advierte sistemáticamente en sus Informes sobre las ejecuciones extrajudiciales, sumarias o arbitrarias, sobre la relación insana existente entre la justicia y las funciones militares, recalcando que la separación entre las funciones militares y la justicia es una exigencia de toda sociedad democrática; el riesgo de injerencia indebida de los militares en el sistema de justicia se asocia generalmente a la persecución de los delitos relacionados con el narcotráfico. Para evitar la contaminación militar de la justicia, asiduamente y de forma insistente, se recomienda a los gobiernos que eviten delegar en las fuerzas armadas

5.1. El contexto latinoamericano y la sombra de la militarización

La participación en la seguridad interior no representa una encomienda novedosa para los militares de la región. Durante las décadas de los años sesenta y los setenta, auspiciado por el contexto de la Doctrina de Seguridad Nacional imperante durante los años de Guerra Fría, se asentó el principio del "enemigo interior" y los regímenes militares vigentes coparon de militares la seguridad interior. A partir de la década de los años ochenta, a tenor de las transiciones democráticas, se promovió, con mayor o menor éxito según el país, acomodar el papel de los militares al área circunscrita de la Defensa, como parte del proceso necesario de desmilitarización de las administraciones públicas.

A la par, se desarrollarían institucionalmente los cuerpos de policía para suplir las necesidades inherentes a la seguridad interior. Sin embargo, buena parte del problema presente, deviene del fracaso de la institución policial. Su falta de preparación, de medios y la elevada corrupción de sus cuadros[219], han sido motivos suficientes para su incapacitación en el desempeño efectivo de sus cometidos. Ante el desprestigio institucional de la policía en toda América Latina (con sus excepciones), las fuerzas armadas, a petición de la ciudadanía y de los gobiernos electos, han recobrado el protagonismo en la esfera del mantenimiento del orden interno y la seguridad, si bien en un contexto político muy diferente y por unas motivaciones distintas a las del período de los regímenes autoritarios. Aún así, la sombra de la militarización o remilitarización, según el autor que se consulte[220], planea en la esfera política.

---

la lucha contra el delito. Consultar, a modo de ejemplo, el *último Informe del Relator Especial sobre las ejecuciones extrajudiciales, sumarias o arbitrarias acerca del seguimiento de su misión a México*, de 6 de mayo de 2016, Oficina del Alto Comisionado de la ONU para los Derechos Humanos.

[219] MÍGUEZ, Daniel; MISSE, Michel e ISLA, Alejandro (comps.): *Estado y crimen organizado en América Latina*, Buenos Aires: Libros de la Araucaria, 2014.

[220] PÉREZ LIÑÁN, Aníbal: "Crisis presidenciales: gobernabilidad y estabilidad democrática en América Latina, 1950-1996", en *Revista Instituciones y Desarrollo,* nº 8 y nº 9, Barcelona: Institut Internacional de Governabilitat de Catalunya, 2004, pp. 281-298; BENÍTEZ, Raúl: "Las relaciones civiles-militares en una democracia: releyendo a los clásicos", en *Revista Fuerzas Armadas y Sociedad, XIX,* 1, México: Centro de Investigaciones sobre América del Norte, Universidad Nacional Autónoma de México, 2005; PION-BERLIN, David: "Militares y democracia en el nuevo siglo. Cuatro descubrimientos inesperados y una conclusión sorprendente", en *Nueva Sociedad*, nº 213, 2008, pp. 50-63.

Tras una historia marcada por golpes y dictaduras militares, América Latina ha logrado una subordinación bastante efectiva de los militares al poder civil, aunque no absoluta, especialmente en lo concerniente a la propia gestión interna de las fuerzas militares. Inmersos en el siglo XXI, los costos profesionales y políticos que generaría el derrocamiento de un gobierno constitucional son más altos que nunca. La comunidad latinoamericana defiende la democracia con decisión y su maquinaria institucional y legal, está pertrechada para reaccionar de manera contundente y oportuna, ante el riesgo de una ruptura de la legalidad democrática. Los organismos regionales, como la Organización de Estados Americanos (OEA) y subregionales, como Mercosur, e incluso el gobierno de Estados Unidos, han elevado igualmente por su parte el costo del derrocamiento de gobiernos democráticos[221]. Esto ha sido posible en buena medida, por el creciente rechazo regional a los gobiernos autoritarios; realidad que no implica el que las fuerzas armadas se hayan retirado definitivamente a los cuarteles[222].

Actualmente es posible plantear dos generalizaciones sobre la situación de los militares latinoamericanos. Por un lado, tienden menos a intentar derrocar gobiernos y más a conservar cierta influencia en los regímenes democráticos. Y, por otro lado, tienen menos capacidad e interés en enfrentarse a los civiles en relación con la política nacional y más preocupación por proteger su bienestar institucional. Los militares de hoy están aprendiendo a vivir bajo las reglas de los sistemas democráticos, aplicando una perspectiva estratégica que les aleja de la era de los golpes militares[223], pero que les permite explotar nuevos enfoques más sutiles de intervención militar. [224].

Más aún, la creciente debilidad institucional y los fracasos de gestión de los gobiernos democráticos han operado a efectos prácticos, como una invita-

---

[221] PION-BERLIN, David: "A New Civil-Military Pragmatism in Latin America", en *Security and Defense Studies Review*, vol. 4, nº 1, 2004.

[222] PION-BERLIN, David: "Militares y democracia en el nuevo siglo, op. Cit., pp. 51 y ss.

[223] En los pocos casos en que se llevaron a cabo golpes de Estado, las Juntas duraron menos de 48 horas, tras sucumbir a las enormes presiones internas y externas, conformando lo que PION-BERLIN llama "golpes efímeros», producto de una acción regional rápida y contundente, combinada con una fuerte reacción por parte de la sociedad civil. Los oficiales y sus aliados civiles están sin duda al tanto de los costos de la interrupción de la democracia, ya que han sido advertidos en reiteradas oportunidades. Ibid., p. 55.

[224] PION-BERLIN, David: "Militares y democracia en el nuevo siglo, op. Cit., pp. 54-56.

ción manifiesta a la intervención militar. Las democracias latinoamericanas se encuentran bajo una presión creciente. Como consecuencia de esto, recurren a los militares, que se ven implicados en todo tipo de funciones internas. Y, aunque está claro que no pueden resolver la mayor parte de estos problemas, sí pueden –y de hecho lo hacen– brindar servicios allí donde los organismos civiles no llegan.

Por supuesto, a largo plazo resulta mucho mejor para las democracias construir organismos civiles capaces. A corto plazo, en cambio, la escasez de recursos presiona para mantener abierta la opción militar. Esto genera más tensión sobre el sistema democrático. Mientras que las instituciones regionales empujan a los militares de regreso a los cuarteles, los problemas internos los reinstalan en la arena político-social.

Los expertos en relaciones cívico-militares[225] han advertido muchas veces acerca de los riesgos de la intervención de las fuerzas armadas en cuestiones internas. Sostienen, que ese tipo de participación fortalece políticamente a los militares y socava las democracias constitucionales. La idea subyacente es que, a medida que los gobiernos se vuelven más dependientes de las fuerzas militares para llevar a cabo misiones internas, éstas pedirán más a cambio, presionarán para obtener más recursos o más poder. También, de acuerdo con esta perspectiva, intentarán convertir las tareas temporales en permanentes. Esto se va incorporando a sus doctrinas y se transforma en parte de su razón de ser. Pronto, los militares extenderán sus prerrogativas, insistiendo en lograr una mayor autonomía en su propia esfera de influencia y una mayor participación en la adopción de decisiones en las áreas de su competencia (seguridad y defensa).

5.2. Repercusiones de la injerencia militar en la seguridad pública

Una de las principales preocupaciones derivadas de la inmersión de los militares en la prestación de funciones y servicios propios de la seguridad pública

[225] DESCH, Michael C.: *Civilian Control of the Military: the Changing Security Environment*, Johns Hopkins University Press, Baltimore: Maryland, 1999; STEPEN, Alfred: "The New Professionalism of Internal Warfare and Military Role Expansion", en Abraham F. Lowenthal y J. Samuel Fitch (eds.), *Armies and Politics in Latin America,* Nueva York: Holmes & Meier, 1986, pp. 134-150.

en general y vinculados a la confrontación con la criminalidad organizada en particular, es la posibilidad de que dicha injerencia derive en manifestaciones de militarización, que no sólo interfieran en el normal desarrollo de la prestación de seguridad sino que, además de su posible implantación definitiva, este tipo de prácticas terminen desbordando la esfera estricta de la seguridad, ampliado su radio de influencia hacia otras áreas de la Administración Pública.

La militarización[226] del aparato de seguridad en el combate a la criminalidad organizada debe entenderse como un proceso que abarca una amplia variedad de circunstancias entrelazadas, que van desde el incremento de militares (en activo o en retiro) en deberes y espacios que son de la competencia de civiles, particularmente en posiciones de mando y operativas, como lo es el encontrar al frente de los cuerpos de policía a militares, hasta la adopción de usos y costumbres de tipo castrense para la gestión interna y el desempeño externo de la policía[227], pasando por cuestiones tan dispares como el incremento en la participación de los militares en las decisiones estratégicas en las políticas de seguridad pública y nacional, sin el acompañamiento debido de contrapartes civiles; el crecimiento de recursos financieros y materiales a las distintas instancias donde se congregan estos elementos castrenses[228]; la incorporación de fuerzas militares en tareas de seguridad pública en complemento o en paralelo con las fuerzas policiales[229], y todo aquello que pueda circunscribirse a lo que se podría resumir como la suma de los procesos institucionales, por medio de los cuales los militares han ido ejerciendo progresivamente mayor influencia y control sobre la agenda de seguridad"[230].

A modo de ejemplo, pero de una contundencia extrema, cabe traer a colación el posicionamiento de la Comisión Interamericana de Derechos

[226] MACHILLANDA, José: "La remilitarización de la seguridad en América Latina", en *Nueva Sociedad*, nº 198, 2005, pp. 130-144.

[227] BAILEY, John y MATTHEW, M. Taylor: "Evade, corrupt or confront? Organized crime and the State in Brazil and Mexico", en *Journal of Politics in Latin America,* 1, 2, 2009, pp. 3-29.

[228] BOBEA, Lilian: "¿Juntos pero no revueltos?: De la militarización policial a la policiliación militar. Tendencias e implicaciones", en *Políticas de Defensa: desafíos externos y restricciones internas*, Buenos Aires: Woodrow Wilson International Center for Scholars, 2002.

[229] DEARE, Craig: "La militarización en América Latina y el papel de los Estados Unidos", en *Foreign Affairs Latinoamérica*, vol. 8, nº 3, 2008, p. 23.

[230] PÉREZ RICART, Carlos A. y MORALES, Sabina: "Militarización: Una propuesta conceptual basada en el caso mexicano (1995-2012)", en *MvB Documentos de trabajo*, Berlín: México vía Berlín, V, nº 2, 2014, p. 9.

Humanos (CIDH), que en su *Informe sobre seguridad ciudadana y derechos humanos*, ratifica la necesidad de separación de funciones, indicando que la participación de fuerzas militares en tareas de seguridad ciudadana entraña el peligro, históricamente demostrado, de violación de los derechos humanos, dada la naturaleza, enfoque y entrenamiento militar, no concebido para tal fin. Recalcar, que la Comisión ve con gravedad, que dicha participación incluya tareas de investigación criminal e inteligencia, las cuales deberían ser realizadas por cuerpos civiles bajo el control parlamentario y judicial[231]. Y es que la militarización de la seguridad pública implica algo más que la creciente participación de los militares en operaciones de naturaleza policial o cuasi policial. Esta implicación representa un obstáculo al normal desarrollo de la región. Responder militarmente a la criminalidad organizada, ha favorecido la expansión del rol protagónico de las fuerzas militares a otras esferas de la seguridad pública, como la protección del orden público y la garantía de la seguridad ciudadana. Las fuerzas armadas tienden a adquirir un protagonismo desbordante, que no beneficia el normal desempeño democrático y la preservación del Estado constitucional de derecho.

Es el peligro que reviste la *vis expansiva* de lo militar, impregnando todo el entramado institucional democrático, extralimitándose en el ejercicio de sus funciones y en la intensidad de sus intervenciones (desproporcionalidad en el uso de la fuerza), acumulando un protagonismo que no les corresponde como institución teóricamente profesionalizada, apolítica, obediente y no deliberante. Lo que se traduce en un comportamiento autónomo de los militares, que se produce cuando éstos intentan alcanzar sus propios objetivos y cuentan, además, con la capacidad institucional para llevarlos a cabo, independientemente de las normas democráticas.

En América Latina, el control civil y democrático de las fuerzas militares es poco frecuente. Adolece de laxitud. Las transiciones latinoamericanas a la democracia incluyeron un esfuerzo por desmilitarizar la política y lograr que los militares se concentraran en su actividad profesional. En el peor de los supuestos, como afirma PRZEWORSKI, en algunas democracias (cuyo prototipo sería Honduras para América Latina), el gobierno civil no es más

[231] *Informe sobre seguridad ciudadana y derechos humanos*, Comisión Interamericana de Derechos Humanos (CIDH), 2009, pp. 42-44.

que una fina capa destinada a cubrir el poder militar ejercido en realidad por generales retirados[232]. Es verdad que los militares han vuelto a los cuarteles, en el sentido de que ya no conducen el destino del país. Esto, sin embargo, no significa que se hayan retirado del poder. La prueba más clara es que el ejército tiene cada vez más injerencia en las decisiones vinculadas a los asuntos de seguridad pública.

NORDLINGER lo define como "pretorianismo moderado": los civiles pueden gobernar, pero el gobierno se encuentra bajo la supervisión de las fuerzas armadas en los asuntos de interés militar, como las operaciones de seguridad pública destinadas a garantizar el orden y el cumplimiento de las leyes. La tradición cultural brasileña, por ejemplo, refuerza esta tendencia[233]. Según FREITAS, en Brasil existe una "cultura militar", que les asigna a los soldados la tarea de salvar a la nación de los problemas internos[234].

Cada vez más son las fuerzas armadas y no el presidente o el Congreso, quienes determinan cuáles son las amenazas contra el sistema político. Esto incrementa la posibilidad del uso arbitrario de la violencia y permite que se invoque con mayor frecuencia el recurso a las "situaciones excepcionales", que deben solucionarse mediante la fuerza. La coacción imparcial es, en sí misma, un bien público[235], sujeta al mismo problema de acción colectiva que se propone resolver. Las fuerzas militares, a medida que aumentan sus facultades coactivas, sienten aún más la tentación de utilizar esa fuerza en su nombre y a expensas del resto de la sociedad. Y todo esto, naturalmente, impide la consolidación de una democracia, que vaya más allá de los enfoques restringidos a la mera realización de elecciones.

---

[232] PRZEWORSKI, Adam; ÁLVAREZ, Michael E.; CHEIBUB, José Antonio y LIMONGI, Fernando: *Democracy and Development: Political Institutions and Well-being in the World, 1950-1990*, New York: Cambridge University Press, 2000.

[233] NORDLINGER, Eric: *Soldiers in Politics: Military Coups and Governments*, U.K.: Prentice-Hall, 1977.

[234] FREITAS, Ricardo: "O Ministério Público Militar na Defesa da Ordem jurídica e do Regime Democrático", en Paixão de Moura Júnior, F.; Carvalho Rocha, J. C.; Chantal Dobrowoski, S. y de Souza, T. (eds.), *Ministério Público e a Ordem Social Justa*, Del Rey: Belo Horizonte, 2003, pp. 227-244.

[235] PUTNAM, Robert D.: *Comunidade e Democracia: a Experiência da Itália Moderna*, FGV, Río de Janeiro, 2005.

En el ámbito institucional, la acumulación de cometidos por parte de los militares favorece la posibilidad de pivotar como institución hacia niveles de autonomía funcional y corporativa, impropios del estamento militar democrático; cuestión que repercute de manera directa en las relaciones civiles-militares y en la consolidación del liderazgo civil. La asignación de misiones a las fuerzas armadas en seguridad interior puede contribuir a obstaculizar la conducción civil de la seguridad y por extensión, de la defensa, de las democracias latinoamericanas[236].

Para lograr un control efectivo sobre los militares, deben ser los civiles quienes decidan cuándo, dónde y cómo utilizar a las fuerzas armadas[237]. Trazar la línea que separa medios y fines. De lo contrario, podrían surgir problemas si los militares extendieran los límites de un conflicto o cambiaran su orientación, pensando que solo hacen un ajuste operativo, cuando en realidad están interfiriendo en objetivos políticos. Si las autoridades políticas legítimas toman la iniciativa involucrándose en la gestión decidida de la seguridad y la defensa, entonces lograrán ejercer el control. PION-BERLÍN, defiende esta vía como medio para lograr una reducción importante de la "autonomía militar" y un avance trascendental en lo relacionado con la subordinación de las fuerzas militares al poder político legítimamente constituido.

Este complejo panorama descrito brevemente obliga, en aquellos espacios en los que se reproduce, a abrir un debate sobre el papel del instrumento militar en democracia. Involucrar cada vez más a las fuerzas armadas en materias de seguridad pública e interior, así como la militarización de la policía, impide en última instancia, no sólo que éstas puedan cumplir las misiones para las que han sido creadas en origen, sino igualmente, dar a la reforma militar el cauce pertinente para la conveniente adecuación de las fuerzas militares a los retos a enfrentar en el presente siglo XXI, a los efectos de evitar su obsolescencia.

---

[236] SEPULVEDA, Isidro y ALDA Sonia. *La administración de la Defensa como política pública en América Latina*, Madrid: Instituto Universitario General Gutierrez Mellado, 2008, vols. I y II; ALDA, Sonia: "Políticas y fuerzas de seguridad alternativas ante los retos de la seguridad regional", en Bonilla A. y Álvarez I. (eds.): *Desafíos estratégicos del regionalismo contemporáneo*, CELAC e Iberoamérica; FLACSO, Secretaría General, 2013, pp. 243-282.

[237] PION-BERLÍN, David y CRAIG, Arceneaux: "Decision-Makers or Decision-Takers? Military Missions and Civilian Control in Democratic South America", en *Armed Forces & Society,* vol. 26, nº 3, 2000, pp. 413-436.

A pesar de lo manifestado, los defensores de los procesos de militarización estiman que el problema no radica en la militarización de la seguridad pública en sí, sino en que ésta se articule de forma inadecuada. No tendría por qué constituir un proceso necesariamente negativo. Una militarización bien ejecutada podría ser muy útil para resolver problemas de inseguridad. Sin embargo, esta apuesta por la solución militar resulta, cuanto menos, contradictoria, si se tiene en consideración que la tendencia global en las últimas décadas avanza hacia la desmilitarización de los cuerpos policiales en todos los continentes, así como la sujeción de los estamentos militares al mandato civil. Otro elemento clave a tener en consideración es la desvinculación absoluta de las policías de los militares. Ésta erradicaría la subordinación doctrinal y de mando de las policías respecto de las fuerzas armadas, traducida en estructuras policiales militarizadas (jerarquías, rangos, formación...), situar al frente de las policías a oficiales del ejército o subordinar las instituciones a los Ministerios de Defensa en vez de a los de Interior. Romper con el concepto de auxiliaridad de la policía respecto de las fuerzas armadas. La policía se libera de ese tutelaje doctrinario de las fuerzas militares, para construir su propia doctrina, en función de su misión fundamental, dirigida a garantizar la seguridad de los ciudadanos.

Cuando se decide que los medios militares son los más adecuados para combatir amenazas que son de naturaleza no militar, los esquemas doctrinarios y legales de actuación tradicionales quiebran. Esto ha sucedido en América Latina al recurrir a las fuerzas militares como soporte y vanguardia de la lucha contra el crimen organizado, pero sin conferirles un nuevo marco de actuación, sin adaptar su doctrina y normativa a las circunstancias y requerimientos. Esta falta de previsión estratégica, ha afectado profundamente al conjunto de la estructura de seguridad constitucional de los Estados, poniendo en jaque a todas las instituciones involucradas (sistema de justicia, servicios de inteligencia, sistemas penitenciarios, policías y a las propias fuerzas armadas). Cuestión directamente relacionada con el concepto de seguridad que se quiera asumir. Si abogamos por una seguridad en clave democrática, habrá que reconducir esta situación y dotar al Estado del andamiaje doctrinario y legal de seguridad adecuado.

Desde luego no se trata de una iniciativa *a priori* ilegal el recurso a las fuerzas armadas, dado que existe el marco normativo constitucional apropiado para que colaboren en la provisión de seguridad pública; pero su colaboración siempre debe quedar convenientemente enmarcada en situaciones de emergencia, excepción y sitio, constitucional y legalmente previstas. Lógicamente, si los protocolos y procedimientos no están bien establecidos o no son respetados, entonces esta práctica puede estar reñida con los principios constitucionales que sustentan la democracia, el Estado de derecho y la transparencia debida de todo ejercicio de administración pública.

El desafío radica entonces, en cómo conjugar la estrategia policial y militar con los principios democráticos de un Estado de derecho. El debate político y teórico respecto a la legitimidad de estas estrategias está relacionado, no sólo con la distinción de amenazas y medios sino también, con la transición a la democracia, que en América Latina implicó posicionar el liderazgo civil y político sobre el militar[238].

La existencia de democracias débiles o con manifestaciones de elevada disfuncionalidad como acontece en América Latina, donde el mundo militar ha conservado ciertas prerrogativas (presupuesto, tamaño de las fuerzas armadas, promoción de sus oficiales, remuneración...), es terreno abonado para que la élite castrense se reposicione en el panorama político y social. Por ello, cabe plantearse si la participación de las fuerzas armadas en la lucha contra la criminalidad organizada no sólo es un medio adecuado y, en función de las circunstancias concretas, oportuno, sino si realmente su implicación constituye un serio retroceso no sólo para las políticas criminales, las instituciones policiales y los propios ejércitos, sino para las relaciones cívico-militares y, en último término, para el propio ejercicio democrático.

El control civil es la única vía posible para restringir esta autonomía y el medio de lograr dicha democratización. Sin embargo, a pesar de constituir una de las piedras angulares para el fortalecimiento del Estado y la prevalencia de democracias de calidad en América Latina, junto a previsibles resistencias militares ante la amenaza de ver reducido este espacio autónomo, hay que tener muy presente la falta de voluntad y de iniciativas políticas por parte de los gobiernos civiles[239]. En realidad, el principal factor que explica dicha

[238] AGÜERO, Felipe: *Soldiers, Civilians and Democracy*, Baltimore: Johns Hopkins University Press, 1995.

[239] Destaca, cuanto menos, la ausencia de un cuerpo de civiles con el reconocimiento de la condición de expertos en seguridad y defensa, capacitados para articular e implementar políticas sobre dichas materias, así como transmitir opiniones y visiones con criterio informado sobre todo

autonomía es la falta de control por parte de los poderes del Estado sobre la defensa y las fuerzas armadas. Estas actitudes explican que haya países donde aún no se haya logrado plenamente la instauración de Ministerios de defensa con la suficiente capacidad y competencias para dirigir la política de defensa y/o donde no exista el necesario control parlamentario, y/o que la justicia militar continúe siendo independiente de la jurisdicción ordinaria; cuestiones todas imprescindibles para asegurar el liderazgo civil.

También existen detractores, que no están de acuerdo con la argumentación planteada hasta el momento. Autores que plantean, *sensu contrario*, que las misiones en seguridad interior no se han traducido en poder político para las fuerzas militares y que en ningún caso, este colectivo ha presionado para obtener más recursos o mayores cuotas de poder, a cambio de los servicios prestados[240]. Niegan que los militares en América Latina tengan algún tipo de aspiraciones políticas y entienden que, cualquier ámbito de autonomía que disfruten es más una cuestión fruto de la dejadez de la responsabilidad civil, que suya. Y dan por sentado, que el actual desempeño de las fuerzas armadas en seguridad pública, con independencia de la misión, no representa en modo alguno un obstáculo para la consolidación democrática.

---

aquello que guarde relación con las fuerzas armadas y que, por tanto, puedan ejercer el liderazgo civil en la esfera castrense con conocimiento de causa. La consolidación de la democracia se logra cuando se presentan tres condiciones propias del fortalecimiento de la supremacía civil: la remoción de los militares de importantes posiciones fuera de la esfera de la defensa nacional; la designación, el control y el reconocimiento de políticos civiles sobre asuntos de defensa nacional y militares y, finalmente, la supremacía civil se consigue cuando los militares no interfieren en los ámbitos civiles de los gobiernos democráticamente electos para conducir políticas generales, e incluso son los gobiernos democráticos los que definen los objetivos, las políticas y la organización general de la defensa nacional. Por consiguiente, son los civiles quienes formulan y conducen las políticas de defensa y efectúan el seguimiento y control de la implementación de la política militar. AGÜERO, Felipe: "Legacies of Transitions: Institutionalization, the Military, and Democracy in South America", en *Mershon International Studies Review*, International Studies Association, vol. 42, 1998, pp. 383-404.

240 PION-BERLIN, David: "Militares y democracia en el nuevo siglo", op. Cit.; STEPAN, Alfred: "The New Professionalism of Internal Warfare and Military Role Expansion", en Lowenthal, A. y Fitch, S. (eds.): *Armies and Politics in Latin America, Holmes and Meier*, Nueva York: 1986, pp. 134-150; DESH, Michael: *Civilian Control of the Military: The Changing Security Environment*, Baltimore: Johns Hopkins University Press, 1999.

Al final, argumentos a favor o en contra, lo que importa es quién toma las decisiones[241]. No cabe duda de que esa es la clave. La disquisición planteada radica en la existencia o no de un control político e institucional civil sólido y es en este punto, donde debe concentrarse el análisis. Como insistentemente se ha puesto de manifiesto en estas páginas, el problema de la región, en menor o mayor medida, es que no se ha logrado dicho control político, sobreviviendo enclaves autoritarios identificados en el seno de las fuerzas militares. Siendo así, si sumamos a las misiones de defensa exterior las relacionadas con la seguridad interior encomendadas a los militares, las posibilidades reales de autonomía aumentan, incrementando el riesgo de militarización de espacios que han de ser indiscutiblemente civiles. Cuestión, que incide negativamente facultando un progresivo debilitamiento institucional.

Por otra parte, el hecho de que esta autonomía no sea estricta y directamente política, sino corporativa, no debe de restar importancia a esta cuestión, ya que este tipo de autonomía también mediatiza las relaciones civiles-militares y obstaculiza la posibilidad de administrar la defensa como cualquier otra política pública, sin dejar de tener en consideración sus peculiaridades intrínsecas.

Quizá haya llegado el momento de replantearse una nueva relación cívico-militar para América Latina, que se ajuste a su realidad. Para ello, se requiere de un análisis de la institución militar desde el presente, sin olvidar todo lo concerniente a su proceso interno de conformación y maduración, pero incidiendo en su cultura y sistema de valores actuales, puestos en relación con la sociedad en la que operan. No en vano, la evolución del papel del ejército en Latinoamérica es en gran parte fruto de la evolución de las sociedades de las que forman parte. Cabría entonces incidir aquí en la línea divisoria entre el militarismo positivo, desprovisto de toda connotación peyorativa, del pretorianismo. El primero, entendido como la promoción social de los valores militares e interrelación abierta entre sociedad y estamento militar, mientras que el segundo estaría asociado a una intervención de las fuerzas armadas en la actividad política, propio de Estados con un bajo nivel de desarrollo de sus instituciones civiles.

---

[241] PION-BERLIN, David y GRAIG, Arceneaus: "Decisión-Makers or Decisión-Takers?", op. Cit., pp. 413-436; WELCH, Claude: *No farewell to Arms? Military Disengagement from Politics in Africa and Latin America,* Boulder: Westview Press, 1987.

Y es aquí donde podría establecerse el comienzo de una nueva etapa, caracterizada por la reconceptualización de la relación cívico-militar y el replanteamiento de la intervención de los militares en el orden interno, inspiradas ambas en tres ideas fuerza: primacía de un militarismo positivo y destierro de cualquier atisbo de pretorianismo; consolidación del desarrollo institucional de las fuerzas militares y sujeción al orden y control democráticos.

Desgranando brevemente cada uno de estos pilares, el militarismo entendido en el contexto de una democracia, se sostiene, recurriendo a las aportaciones de FITCH, en base a un criterio meridianamente claro: los militares deben estar política y jurídicamente subordinados al régimen democrático y al Estado de derecho. Ningún militar debe de gozar de privilegios legales o prerrogativas especiales[242]. En suma, los militares no deben desempeñar cometido alguno fuera de la ley. Y en caso contrario, responder por ello.

En segundo lugar, un desarrollo institucional sólido de las fuerzas armadas las salvaguarda de ser objeto de instrumentalización y uso político por parte de grupos de presión en la procura de intereses partidistas o corporativos, o de las propias autoridades; al tiempo que las abstrae de implicarse en la comisón de agravios a la ciudadanía. Argumentación que hunde sus raíces en las diversas teorías sobre las relaciones cívico-militares (o político-militares, según la corriente doctrinal), que inciden sobremanera en extraer a los militares de la política en base a su capacidad coactiva.

HUNTINGTON[243], partiendo de un esquema funcionalista, aboga por el control objetivo de las fuerzas militares. Cuestión, que requiere de un alto nivel de profesionalización militar, sumado a elevadas dosis de institucionalidad castrense, "la militarización de los militares". Alcanzar este nivel de desarrollo profesional implica el auto reconocimiento de sus límites y la toma de conciencia de los parámetros constitucionales y legales, en los que deben desenvolver su actuación. Pretender desarrollar la actividad militar al margen de la sociedad civil, constituye un hurto a la ciudadanía de ámbitos trascendentales de decisión, que inciden sobre la sociedad directa e indirectamente,

---

242 FITCH, J. Samuel: *The Armed Forces and Democracy in Latin America,* Baltimore: The Johns Hopkins University Press, 1998, pp. 38-41.

243 HUNTINGTON, Samuel P.: *The Soldier and the State: The Theory and Politics of Civil-military Relations*, Harvard University Press, 1957.

como son las políticas de seguridad y defensa. Supondría en todo caso, una importante rebaja de la calidad democrática del Estado.

Finalmente, la búsqueda del equilibrio y el mutuo conocimiento. En palabras de JANOWITZ, la "interpenetración de las instituciones militares y de la sociedad civil"[244], que no es otra cosa que esforzarse por fomentar buenas relaciones y establecer vínculos de reconocimiento mutuo, entre las fuerzas armadas y la sociedad. Determinación, que obliga a los militares a ser visibles, a interesar, a comunicar, a convencer: explicar esfuerzos, razones y logros a la ciudadanía, de su quehacer. Explicar lo que las fuerzas armadas están haciendo en cuanto a la criminalidad organizada y provisión de seguridad se refiere. Sus por qués y sus beneficios. En cualquier caso, no existe una explicación monocausal o unilineal, que pueda describir de forma plenamente satisfactoria la dinámica de las relaciones civiles-militares[245] en América Latina que abarque toda la casuística existente.

En lo que se refiere al control democrático y la sujeción al Estado de derecho, ambas cuestiones se irán dilucidando con cierta profundidad en los epígrafes que se desarrollan a continuación, para una mejor comprensión del desafío que supone el recurso constitucional a las fuerzas armadas. Apelando a CLAUSEWITZ, para el correcto desempeño de sus funciones, la trinidad formada por los líderes políticos, las fuerzas armadas y la sociedad, debe encontrarse perfectamente entrelazada[246]. Encaje, extraordinariamente sensible. La sociedad debe sentir que las fuerzas militares ejecutan su voluntad manifestada a través de sus líderes políticos[247]. Sin olvidar el hecho de que, las fuerzas armadas constitucionales no hacen lo que quieren, sino lo que se les manda. Lo que se quiera o no hacer con ellas, obviamente hace a los ciudadanos responsables de sus actuaciones y no sólo a los gobiernos. Se requiere por tanto, una mayor implicación del mundo civil, de las sociedades latinoamericanas en

---

[244] JANOWITZ, Morris: *El soldado profesional*, Madrid: Ministerio de Defensa (España), 1990.

[245] AZNAR, Federico: "El papel político de las fuerzas armadas: intervención en el orden interno y control democrático", en Aznar, F. y Ramos, M. (eds.), *Vulnerabilidad y democracia en Iberoamérica. Riesgos tradicionales y nuevas amenazas para la paz y la seguridad*, Valencia: Tirant Monografías, nº 996, 2015, p. 302.

[246] CLAUSEWITZ, Carl Von: *De la Guerra*, op. Cit.

[247] AZNAR, Federico: "El papel político de las fuerzas armadas, op. Cit., pp. 291-316.

los problemas de la seguridad y la defensa. La democracia no es sólo disfrutar de la libertad y los derechos aparejados, sino también implica responsabilidad.

En palabras de FEDERICO AZNAR, las fuerzas militares reflejan aproximadamente a sus sociedades –"todos procedemos de la misma cantera" como afirmaba AZAÑA– no menos que a la época en la que desarrollan sus funciones. Sus miembros pertenencen a la sociedad y son una imagen especular de ellas, cuyos códigos de valores comparten. Y así debe ser. Las fuerzas armadas deben ser reflejo de sus sociedades en todos sus segmentos e ideologías, sin exclusiones, pues de esa manera gana en representación y legitimidad. Las fuerzas armadas no deben ser autorreferentes, sino que su razón de ser tiene que ser los objetivos a los que sirven[248].

América Latina requiere por consiguiente, de una ardua labor de pedagogía democrática que implique tanto a militares, políticos como a ciudadanos, al objeto de poder lograr reconducir el clima de inseguridad y aliviar la presión a la que están sometidas las democracias y sus instituciones de seguridad. Reconfigurar las relaciones cívico-militares bajo la premisa de la responsabilidad compartida. Asumiendo que, el funcionamiento defectuoso de cualquiera de los tres pilares del triunvirato (ámbitos militar, social y político), acarrea nefastas consecuencias al conjunto.

Ya se verá, en todo caso, si las reflexiones académicas aportadas desde las diversas corrientes doctrinales surten efecto, y sus planteamientos alcanzan predicamento en forma de políticas públicas de consenso, que impulsen a las democracias de América Latina a salir del agujero de inseguridad, impunidad, arbitrariedad y violencia, en el que están imbuidas, para situarse al abrigo del Estado democrático de derecho.

5.3. La superposición de roles en seguridad y defensa

Las actuales políticas criminales más avanzadas y las que teóricamente aspiran a implementar los Ejecutivos, se alejan de la mera disuasión y la represión mediante el uso de la fuerza, para preocuparse por la prevención, la reducción del daño y la gestión del riesgo. Además de perseguir, procesar y

248 Ibid., pp. 314 y 315.

castigar a los infractores, su objetivo es reducir los eventos delictivos mediante la minimización de las oportunidades para delinquir, la intensificación de los controles situacionales y el distanciamiento de las personas de las posibles situaciones criminógenas. Se concentran en prevenir la convergencia de actores que precipiten eventos delictivos[249]. Objetivos todos, que no parecen encajar cómodamente con la elección del instrumento castrense y la asunción del prisma militar para el desarrollo y ejecución de dichas políticas criminales. Dicho lo cual, decantarse por el instrumento armado no parece la opción adecuada, en función de los objetivos deseados, al menos en la esfera interna. Además, "lo militar", *per se*, no implica mayores cuotas de seguridad. Y, por el contrario, puede generar, si se materializa sin las correspondientes reservas constitucionales y legales, un intervencionismo militar que exceda del pretendido "blindaje" protector de la democracia, a situaciones de intervención desproporcionada de los militares. En esta línea argumentativa, la lógica del "enemigo" propia del conflicto armado, incluso de la guerra, no se ajusta a la lógica jurídico-constitucional (y policial) del delincuente, que no deja de ser un ciudadano amparado por el derecho y acreedor de derechos y libertades garantizados constitucionalmente.

La aspiración a una "democracia blindada", obedece a la potenciación de las fuerzas armadas como principal actor de la seguridad nacional en su sentido más amplio, incluyendo la confrontación con la criminalidad organizada y, generalmente, en detrimento de las restantes organizaciones e instituciones integrantes de la estructura de seguridad del Estado. Esta pretendida elevación de los niveles de seguridad, por el mero hecho de otorgar el protagonismo a la esfera de lo militar, incide directa y negativamente en la articulación de los esquemas de seguridad del Estado constitucional democrático de derecho.

En puridad, las intervenciones policiales y militares no tienen por qué ser excluyentes. Por el contrario, los contextos delictivos existentes requieren de estrategias construidas sobre planteamientos y soluciones integrales, que se traducen cada vez más en operaciones conjuntas. Consecuentemente, el modelo ideal desde la óptica democrática enmarca el uso de las fuerzas armadas como proveedoras de seguridad interior (pública, ciudadana y frente a

---

[249] GARLAND, David: *La cultura del control. Crimen y orden social en la sociedad contemporánea*, Barcelona: Gedisa, 2005.

la delincuencia organizada), debiendo ser esta participación episódica, en un área geográfica predefinida y limitada en el tiempo (el menor tiempo posible). Esto es, debe de tratarse de intervenciones claramente focalizadas, a petición de la autoridad civil y bajo mando policial. Además, la autoridad civil, a la que deberán estar supeditadas y que ejercerá el control operacional y la dirección estratégica, deberá establecer normativas específicas referentes al uso de la fuerza[250]. Estas acciones deben partir con la claridad de que su objetivo último consiste en fortalecer y complementar a la policía, como institución necesaria e insustituible para enfrentar al crimen de forma efectiva.

Es lo que podría denominarse como un Modelo integral, el cual sería deseable que llegase a marcar tendencia, promoviendo cuál debiera ser el compromiso de las fuerzas armadas frente a la criminalidad organizada y cómo ejecutarlo.

En definitiva, el protagonismo actual del fenómeno delictivo organizado materializado bajo multitud de actividades criminales, impide que los actores sobre los que recae la seguridad y la defensa del Estado se sustraigan de participar, exista un mayor o menor consenso en su utilización, por lo que parece lógico inclinar la balanza, al menos por el momento, hacia una coordinación más cercana entre cuerpos policiales y fuerzas armadas (Modelo integral), tratando de aclimatar en este proceso la naturaleza dispar de ambas instituciones en aras de la consecución del bien común: proveer de seguridad a la sociedad a la que se deben.

Sin embargo, la realidad dista de este planteamiento y los Ejecutivos latinoamericanos, acuciados por las circunstancias, han optado por el modelo de la militarización, en vez de abordar las correspondientes reformas estructurales orientadas a atajar la raíz de las disfunciones del sistema de seguridad pública. Elección, que además de los prolegómenos asociados al propio proceso de militarización, genera un riesgo añadido, que es el de la superposición

[250] Las Naciones Unidas establecieron cinco criterios para que el empleo de la fuerza tenga legitimidad: que se asegure la gravedad de la amenaza; que el propósito del uso de la fuerza militar sea correcto; que sea el último recurso; que exista una proporcionalidad de los medios; que se formule un balance de las consecuencias. *Principios básicos sobre el empleo de la fuerza y de armas de fuego por los funcionarios encargados de hacer cumplir la Ley*. Adoptados por el Octavo Congreso de las Naciones Unidas sobre Prevención del Delito y Tratamiento del Delincuente, celebrado en La Habana (Cuba) del 27 de agosto al 7, de septiembre de 1990.

entre las políticas de defensa y seguridad[251]; de la confusión de roles entre las funciones militares y policiales, hasta llegar a los supuestos más extremos de indiferenciación.

Las derivaciones de esta superposición constituyen un desafío de primer orden para los regímenes democráticos y las políticas de seguridad y defensa. Genera confusión, desprofesionaliza tanto a los militares como a la policía en sus respectivos quehaceres, además de debilitar la capacidad de conducción civil democrática, debilitando la preeminencia de lo civil sobre lo militar, y la sujeción plena de lo segundo al primero. Además, el problema en estos casos en que las fuerzas armadas asumen funciones cuyo desempeño no les corresponde, es que dificultan la construcción de organismos civiles competentes. El Estado dispone de unos recursos limitados y, en aras de una gestión eficiente, tratará de evitar duplicidades innecesarias en la prestación de cualquier servicio. Por lo tanto, cuanto mayor y más profunda resulte la preeminencia de lo militar en la seguridad pública, menos opciones habrá de un adecuado desarrollo de la esfera de lo policial. Cuestión que se agrava, dado que en muchos países de la región, no existe un sistema normativo que estipule claramente y sin que quepa género alguno de duda, el reparto competencial de la prestación de seguridad. Por ello, si bien, las fuerzas armadas hoy no son una amenaza directa para la democracia en América Latina, esto no significa que no representen un desafío velado a tenor de la promoción y defensa de sus intereses corporativos, al conservar una importante influencia política y amplios grados de autonomía institucional y profesional.[252].

La intervención del ejército en seguridad interna obstaculiza su despolitización, lo expone al poder corruptor del crimen organizado, condena a las entidades policiales a la mediocridad, socava la legitimidad conferida al Estado por la ciudadanía[253] y puede incluso revertir la desmilitarización de las

[251] ROJAS ARAVENA, Francisco: "Ingobernabilidad: Estados colapsados, una amenaza en ciernes", en *Nueva Sociedad*, n° 189, 2005, pp. 36-49.

[252] ROJAS ARAVENA, Francisco: "El riesgo de la superposición entre políticas de defensa y seguridad", en *Nueva Sociedad*, nº 213, 2008, p. 48.

[253] THIES, Cameron G.: *Public Violence and State Building in Central America*, Honolulu: International Studies Association, 2005, p. 9; BERGMAN, Marcelo y WHITEHEAD, Laurence: *Criminality Public Security and the Challenge to Democracy in Latin America*, Notre Dame: University of Notre Dame Press, 2009.

democratizaciones[254]. De conformidad con la doctrina especializada,[255] dentro de las posibles áreas en que se verifica una superposición de funciones, la más sensible en términos de repercusiones negativas en la calidad democrática es, sin duda, la relacionada con el mantenimiento del orden público y la lucha contra la delincuencia organizada.

En una democracia, es esencial que quienes ostentan el monopolio del uso legítimo de la fuerza, tengan claramente definidas sus funciones y sus misiones. En el caso de las fuerzas armadas, éstas son, básicamente, la protección de la soberanía del país, una tarea eminentemente de defensa, que implica la no participación en la política interna. Sin embargo, si analizamos las misiones actuales de las fuerzas armadas en América Latina, es evidente que, cada vez más, están ejerciendo de forma desmedida e inadecuada roles policiales en el ámbito de la seguridad pública, incluso a niveles de prestación de servicios policiales clásicos de la seguridad ciudadana. Por ello, resulta de vital importancia articular áreas de intervención militar-policial conjunta, particularmente en cuestiones relacionadas con el narcotráfico y para afrontar las manifestaciones delictivas organizadas de mayor relevancia en términos de peligrosidad. Rasgo, que incluiría alto poder de fuego y estrategia conocida de resistencia y oposición armada al Estado.

Reiterar, la relevancia de la trascendencia del establecimiento de protocolos de actuación claros, públicos y con criterios de evaluación, para que esta cooperación funcione correctamente y de forma coordinada. La problemática surje cuando la sujeción a condiciones de excepción, transitoriedad y proporcionalidad de medios, en la que se fundamenta la participación militar, son objeto de incumplimiento reiterado. Especialmente el carácter de transitoriedad de la intervención militar. Desempeño, planteado en inicio como temporal, pero que en la práctica adquiere un carácter recurrente e incluso, rozando la permanencia.

---

254 O'DONNELL, Guillermo y SCHMITTER, Philippe: *Transitions from Authoritarian Rule*, Baltimore: Johns Hopkins University Press, 1986, pp. 56-59; PRZEWORSKI, Adam: *¿Qué esperar de la democracia? Límites y posibilidades del autogobierno*, Buenos Aires: Siglo Veintiuno Editores, 2010.

255 PION-BERLIN, David: "Neither Military Nor Police: Facing Heterodox Security Challengers and Fillingthe Security Gap in Democracy", en *Democracy and Security,* nº 6, 2010, pp. 109-127; KURTENBACH, Sabine: "El nuevo escenario de (in)seguridad en América Latina ¿Amenaza para la democracia?", en *Nueva Sociedad*, nº 236, pp. 11-37, 2003.

Otro rasgo significativo de esta situación viene representado por la creación de unidades operativas especiales resultante de la fusión (hibridación) entre las fuerzas militares y la policía, generando nuevos modelos policiales con un alto grado de militarización, como la Tropa de Inteligencia y Grupos de Respuesta Especial de Seguridad (TIGRES) en Honduras y los comandos Jungla en Colombia[256]. El futuro depará el éxito de estas unidades, que representan la quiebra intencionada del modelo de cooperación integral, cuya fortaleza redunda en que policía y fuerzas militares puedan trabajar conjuntamente, sin perder cada una sus respectivas identidades de cuerpo y sin replantear el reparto competencial y la adscripción territorial en la prestación de funciones vinculadas a la seguridad, bajo un centro de coordinación y mando civil, que articula el cuándo y cómo se produce la intervención conjunta y quién se responsabiliza de qué en la misma.

Los desempeños protagónicos de seguridad pública asumidos por las fuerzas armadas en solitario, despiertan cade vez más interrogantes y reavivan viejas desconfianzas. Para que esto no se convierta en un riesgo, que pudiera implosionar la democracia resquebrajándola, dependerá del esfuerzo del liderazgo civil para reconducir la prestación de las funciones de seguridad y defensa, en términos de cooperación policial-militar y bajo su férreo control.

Este es el caso de El Salvador, que en mayo del 2010 emitió una reforma extendiendo las funciones atribuidas a la fuerza armada, por el plazo de un año. Concretamente, a través del Decreto Ejecutivo 58 (2010), se instauraba temporalmente como misión de las fuerzas militares la custodia y seguridad de

[256] Comandos Jungla, de la Policía Nacional de Colombia y la Tropa de Inteligencia y Grupos de Respuesta Especial de Seguridad (TIGRES) de la Policía Nacional hondureña, representan sendos ejemplos de militarización de unidades policiales civiles. Especializados en contrarrestar el narcotráfico y el crimen organizado en todas sus manifestaciones. Se caracterizan por recibir una preparación similar a los grupos especializados en anti subversión y supervivencia de las fuerzas armadas. Su entrenamiento incluye operaciones de jungla, táctica de pequeñas unidades, operaciones aéreas, combate cuerpo a cuerpo, entrenamiento de supervivencia en el agua, patrullaje, armas, comunicaciones, demoliciones, primeros auxilios, planificación de operaciones, liderazgo y derechos humanos. Información extraída de las páginas web oficiales de los respectivos cuerpos policiales. Decreto de creación de los TIGRES, *La Gaceta de Honduras*, Decreto 103-2013. Accesible en http://www.observatoriodescentralizacion.org/download/leyes_vigentes/Ley_TIGRES_2013.pdf; El "Programa JUNGLA", se inició en 1989 con ayuda de las Fuerzas Especiales del Servicio Aéreo Especial (SAS, Special Air Service), de las Fuerzas Armadas del Reino Unido. Para más información consultar: https://www.policia.gov.co/especializados/jungla

los centros penitenciarios y la ejecución del control de accesos a los mismos. El fundamento de la adopción de esta medida obedeció a la determinación del Gobierno de enfrentar la corrupción establecida en el sistema penitenciario nacional y a la situación de peligrosidad del medio carcelario, acrecentado con el incremento masivo de reclusos pertenecientes a organizaciones criminales[257]. Ante la necesidad de llevar a cabo una depuración institucional sin perder capacidad operativa, se adjudicó a la fuerza armada un papel de apoyo, pero también de control: custodiar simultáneamente a la población reclusa y al personal de las penitenciarías, desempeño que suscitaba tensiones internas entre las autoridades penitenciarias y militares por el control de la seguridad[258]. Desde luego la cooperación no es fácil, pero este tipo de ejemplificaciones demuestra que es posible obtener éxitos importantes gracias al trabajo conjunto interinstitucional, incluso extrapolando la coordinación policial-militar a otros ámbitos de actuación.

Pero, para ejemplo paradigmático, el caso de Chile, a través de la iniciativa Plan Frontera Norte[259]. Elaborado por el Ministerio del Interior y Seguridad Pública, en conjunto con el Ministerio de Defensa. El plan tiene como finalidad el combate al crimen organizado y el narcotráfico, en las regiones de Arica y Parinacota, Tarapá y Antofagasta. Involucra a todos los organismos relacionados (gobiernos regionales, Estado Mayor Conjunto, Carabineros, Policía de Investigaciones, Servicio Agrícola Ganadero (SAG), Aduana…), en un esfuerzo por mejorar los canales de cooperación y colaboración interagencias.

En definitiva, no hay que perder de vista que la seguridad es un derecho, que debe ser ejercido cotidianamente y que posibilita el goce de otros derechos. Es, por lo tanto, un derecho fundamental. Es esencial contar con instituciones que lo garanticen. La confusión de roles debilita aún más las capacidades del

---

[257] PASTOR, María Luisa: *El Salvador: recrudecimiento de la violencia y ofensiva del gobierno contra las maras*, Documento Informativo, Madrid: Instituto Español de Estudios Estratégicos (IEEE), 2016.

[258] Un decreto legislativo posterior, que reformó la Ley Penitenciaria, aclaró dos cuestiones clave: la primera, que el mando en los centros penitenciarios correspondía a las autoridades de la materia y en segundo término, que el personal militar no estaría a cargo, ni tendría contacto con la población interna (Decreto Legislativo 371).

[259] GARCÍA PINZÓN, Viviana: "Territorios fronterizos. Agenda de seguridad y narcotráfico en Chile: el Plan Frontera Norte", en *Estudios Internacionales*, nº 181, Instituto de Estudios Internacionales - Universidad de Chile, 2015, pp. 69-93.

Estado, erosiona su legitimidad y desprofesionaliza la débil institucionalidad construida en los últimos años, especialmente en el área de la seguridad. Por eso es necesario mejorar las capacidades de conducción democrática en estos temas y formar nuevos cuadros civiles. Solo así será posible enfrentar los peligros y las vulnerabilidades actuales con mayor profesionalidad, con más legitimidad y bajo un Estado de derecho fuerte, en el marco de una institucionalidad democrática realmente consolidada.

A modo de conclusión, recalcar que, la capacidad para diferenciar claramente los roles y funciones que mejor se adaptan a las características de las fuerzas armadas frente a aquellos desempeñados por la policía, opera un papel crítico a la hora de garantizar el buen éxito de las políticas del sector. La inhabilidad para hacer que esta distinción resulte suficientemente clara y para definir las condiciones bajo las cuales estas fuerzas del Estado deben trabajar juntas, ha conducido frecuentemente a los gobiernos al fracaso militar, policial y político.[260]

[260] SHEMELLA, Paul: "The Spectrum of Roles and Missions of the Armed Forces", en Bruneau, T. C. y Tollefson, S. (eds.), *Who Guards the Guardians and How: Democratic Civil-Military Relations*, Austin: University of Texas Press, 2006, p. 124.

CAPÍTULO 3. ANÁLISIS CONSTITUCIONAL DEL RECURSO A LAS FUERZAS ARMADAS EN LA LUCHA CONTRA LA CRIMINALIDAD ORGANIZADA

1. CONNOTACIONES INTRODUCTORIAS PREVIAS

La determinación de la "guerra contra las drogas", provocó una verdadera avalancha de reformas legales y constitucionales en América Latina. Para determinar su impacto y alcance, se ha recurrido al Derecho constitucional, responsable del estudio, tanto desde el punto de vista material como formal, de la Constitución. Entendida ésta, como la norma jurídica superior que, por un lado, organiza el poder político, estableciendo mecanismos de equilibrio y, por otro, regula los aspectos esenciales de la sociedad desde un punto de vista democrático. Por ello, las situaciones de crisis y de seguridad deben estar contempladas, de una forma u otra, en el texto constitucional. Con posterioridad, tales previsiones serán ampliadas por normativa de rango inferior, siguiendo la lógica de desarrollo constitucional. De esta forma, la Carta Magna marca los ejes que guiarán la política de seguridad y de defensa[261].

Estudiar las transformaciones y cambios introducidos en los textos constitucionales de los países afectados, así como de los costes constitucionales derivados de las mismas, desde una óptica eminentemente del Derecho constitucional y la Teoría de la Constitución, nos permitirá una aprehensión nítida del impacto y repercusiones derivadas del recurso a las fuerzas armadas en la lucha contra la criminalidad organizada en el seno de las democracias de América Latina. Estas crisis de seguridad, así como la temática de los estados excepcionales son cuestiones clásicas en los estudios de Derecho Público,

---

[261] FERNÁNDEZ RODRÍGUEZ, José Julio y SANSÓ-RUBERT, Daniel: "El recurso constitucional a las Fuerzas Armadas para el mantenimiento de la seguridad interior. El caso iberoamericano", en *Boletín Mexicano de Derecho Comparado*, nº 128, 2010, pp. 737-760.

que han adquirido renovada relevancia en los últimos años en el espacio latinoamericano.

A través del presente epígrafe se aborda el debate sobre la regulación constitucional de la seguridad interior de los países latinoamericanos, planteando la hipótesis de un cambio en el esquema tradicional. Este cambio se produciría si efectivamente las nuevas regulaciones acuden a las fuerzas armadas para cubrir las competencias en seguridad interior, en detrimento de los cuerpos policiales, más allá de los estados de excepción, alarma y sitio, constitucionalmente estipulados. La quiebra de la excepción en *pro* del recurso ordinario, representa una transformación controvertida desde la praxis constitucional y la protección de derechos y libertades fundamentales[262].

Controversia, alimentada por el recurso discursivo de la preservación del Estado y la defensa de los derechos y libertades fundamentales, frente a la actividad criminal organizada a través de su catalogación, sin paliativos, como amenaza a la seguridad nacional, excediendo el marco de la seguridad pública. Discurso que lleva implícito, conferir facultades extraordinarias, ampliar competencias y limitar derechos, a favor de la consecución de la pretendida seguridad.

Para afrontar la emergencia planteada, algunos gobiernos latinoamericanos han promovido una muy discutible tendencia a la superación de la distinción entre derecho normal y derecho excepcional, propia del Derecho constitucional del Estado liberal, con la conclusión de que, ya no sería apropiado distinguir entre lo que está fundado en la Constitución y lo que es reconducible a la necesidad. La quiebra de la nítida distinción entre regla y excepción ha sido además facilitada por la reconocida identificación de situaciones híbridas en las cuales no es fácil reconocer con certeza el paso del estado de paz al estado de guerra, así como por la constatación de la mutación de los elementos de identificación de un particular concepto de guerra contra el crimen organizado. Sumado, a que la conflictividad criminal ha asumido el carácter de continua, convirtiéndose en endémica en América Latina, contribuye a dificultar la relación entre norma y excepción en este espacio concreto.

---

[262] BALZACQ, Thierry (ed.): *Securitization theory. How security problems emerge and dissolve,* New York: PRIO New Security Studies-Ed. Routledge, 2011; SALAZAR, Robinson y ROJAS, Ivonne Yenis-sey: "La securitización de la seguridad pública: una reflexión necesaria", en *El Cotidiano* (Universidad Autónoma Metropolitana), nº 166, 2011, pp. 33-43.

Las reformas constitucionales implementadas constituyen un conjunto de enmiendas apresuradas, adoptadas irreflexivamente *por mor* de una presión social *in crescendo* auspiciada por la alarma social y una acuciante percepción ciudadana de inseguridad. Al abrigo de la escenificación de políticas de "mano dura" y "tolerancia cero", se han adoptado medidas que no resuelven la problemática de fondo, de naturaleza estructural y que, por el contrario, abren espacios controvertidos introduciendo desequilibrios entre los requerimientos de seguridad y libertad, a través de la confusión y superposición de roles y funciones, y la conculcación de derechos, con importantes repercusiones para la protección del Estado democrático y los derechos y libertades fundamentales[263].

Desde la perspectiva constitucional asumida, es la misma Constitución la que debería ser llamada a afrontar semejantes eventualidades. Pero esta elemental consideración no debe ocultar la dificultad de hacer coincidir la racional y ordenada disciplina constitucional, con la difícil previsibilidad de las medidas de prevención y defensa indispensables[264].

Y en efecto, la Constitución es generalmente concebida como la ordenación del poder o como la normativa fundamental relativa a tal ordenación. La armonía de la ordenación está estrechamente unida al propósito de estabilidad y la estabilidad implica una especie de natural normalidad u "ordinariedad" del régimen constitucional. En contraposición, todo lo que genera dificultad de funcionamiento del aparato constitucional o incluso amenaza su continuidad y existencia es percibido como una ruptura de la normalidad que no siempre puede ser afrontada siguiendo el régimen previsto anticipadamente por la Constitución. Esta puede establecer modalidades de intervención *ad hoc* para afrontar situaciones anómalas y por tanto contener disposiciones que permitan derogaciones de la normalidad. Pero puede también no contener previsiones o contener previsiones inadecuadas. Desde hace tiempo ha tenido lugar una unión entre ruptura de la normalidad y concepto de excepcionalidad del régi-

---

263 Sirva a modo de ejemplo la adopción como mecanismo legal temporal para combatir el fenómeno de las Maras, la Ley Antimaras aprobada en octubre de 2003, por un período de seis meses. Una vez que ésta prescribió, el 1 de abril de 2004, la Sala de lo Constitucional de la Corte Suprema de Justicia de El Salvador concluyó, que la totalidad de sus artículos infringían la Constitución de la República, puesto que violaban principios fundamentales de igualdad ante la ley.

264 DEVERGOTTINI, Giuseppe: "La difícil convivencia entre libertad y seguridad. Respuesta de las democracias al terrorismo", en *Revista de Derecho Político,* nº 61, 2004, pp. 11-36.

men jurídico enderezado a afrontar las situaciones anormales de peligro. Pero existe una sensible diferencia entre los regímenes de suspensión previstos anticipadamente por las Constituciones (prescindiendo de una eventual futura restauración) y los que son instaurados fuera de una habilitación preventiva del constituyente[265].

DEVERGOTTINI, a este respecto, defiende que los primeros están siempre unidos a una forma "normalizada" de emergencia susceptible de ser atenuada en sus consecuencias negativas, precisamente en virtud de la previsión constitucional. Estas son una de las diversas expresiones del impulso racionalizador de los constituyentes, en cuanto de la previsión (en los límites de lo previsible) de las posibles ocasiones de peligro se hace derivar un refrenamiento de las consecuencias negativas imaginables para el ordenamiento y para obtener tal resultado, se aceptan transitorias modificaciones de la organización constitucional y del reparto de competencias de los diversos órganos implicados, así como modificaciones del régimen de algunos derechos de libertad.

Se puede pues considerar, siguiendo la exposición de este autor, que cuando más seria y meditada es la voluntad de proteger los valores que caracterizan la Constitución, más cuidadosa debería revelarse la preocupación del establecimiento preventivo de remedios que comportasen, cuando se considerase indispensable, suspensiones de la normalidad, asistidas por idóneas formas de control político-parlamentario y jurisdiccional. Los segundos son la consecuencia de la incapacidad de prever o, incluso, del rechazo de la previsión racional, en cuanto exorbitantes de cualquier preestablecimiento de normas, y por tanto, más propiamente reconducibles al concepto de excepcionalidad innovadora[266].

Con referencia a los ordenamientos del Estado constitucional, estos segundos regímenes de suspensión han planteado siempre difíciles problemas a los intérpretes a los efectos de encontrar su justificación y determinar su compatibilidad con la Constitución. A un planteamiento desfavorable, condicionado por la exigencia de respetar rigurosamente la concreta voluntad formalizada por el constituyente, se ha contrapuesto una argumentación distinta fundada en

---

[265] DEVERGOTTINI, Giuseppe: "La difícil convivencia entre libertad y seguridad, op. Cit., pp. 16-17.

[266] Ibid., pp. 16-17.

la preferencia por el principio de conservación del orden constitucional, observándose que toda Constitución no puede sino querer su propia supervivencia. Frente a tal exigencia fundamental se atenuaría la de la verificación de una previsión preventiva explícita de las modalidades excepcionales de tutela, observándose también que, por su naturaleza, las situaciones de peligro (definidas de diferentes maneras: crisis o emergencias), tienen en sí una inevitable dosis de imprevisibilidad, conducente a constatar la exigencia de establecer normas *ad hoc* enderezadas a evitar la disolución de un ordenamiento. Por consiguiente, el problema de la normativa de excepción innovadora y suspensiva de la Constitución formal está destinado a permanecer en cuanto consecuencia de la constatación de la imprevisibilidad de formas de peligro para el ordenamiento y no se resuelve con la simple constatación de una antítesis entre previsión y no previsión, o si se prefiere, entre ordinariedad y excepcionalidad. En efecto, DE-VERGOTTINI concluye su alegato subrayando, que ni siquiera la Constitución más minuciosamente cuidadosa en prever anticipadamente los diversos niveles de los regímenes de suspensión dirigidos a afrontar en la legalidad las diversas crisis o emergencias, está al resguardo de la eventualidad de introducción de modalidades innovadoras de intervención extrañas a la Constitución formal[267]. Pero asumir que efectivamente dicha problemática esté destinada a la permanencia, no es óbice para claudicar unos mínimos principios de orden constitucional, destinados a preservar la seguridad jurídica y el Estado de derecho.

2. LAS PREVISIONES TRADICIONALES:BREVE APROXIMACIÓN

Como ya ha sido objeto de alusión, las aproximaciones clásicas a la Teoría de la Constitución contemplan la problemática de las crisis de seguridad. Haciendo un esfuerzo de síntesis, se pueden catalogar las previsiones constitucionales de ese tipo en dos grupos. Uno relativo a las situaciones de normalidad constitucional y otro a las de tipo extraordinario o de anormalidad constitucional[268].

[267] Ibid., pp. 17 y ss.

[268] Sin embargo, debe tenerse en cuenta que estamos aludiendo al Derecho continental, pues en el mundo anglosajón las normas constitucionales no suelen prever situaciones de crisis (es una ley parlamentaria la que autoriza al gobierno a aprobar medidas de excepción).

2.1. Situaciones de normalidad constitucional

En primer lugar, los textos constitucionales asignan a diversas instituciones la gestión de crisis de seguridad, que no son especialmente graves y que, por lo tanto, pueden afrontarse desde la normalidad constitucional; es decir, sin acudir a mecanismos extraordinarios. De esta forma, sin recurrir a soluciones especiales, se deberían solventar con eficacia los problemas que surgen con estas características.

Estas situaciones, a nivel interior, se gestionan a través de las competencias de las Fuerzas y Cuerpos de Seguridad del Estado, en donde se ubicarían las policías y ciertos institutos armados que, aún siendo de naturaleza híbrida (militar-civil), desempeñan de ordinario, en tiempos de paz, funciones de índole policial, con independencia de su adscripción institucional al Ministerio de Defensa o al de Interior (como el cuerpo de Carabineros de Chile).

A nivel exterior, son las fuerzas armadas las competentes para enfrentarse a las crisis de seguridad, como manifestación de su responsabilidad en la defensa nacional. Como es sabido, el concepto jurídico de guerra ya se ha visto superado por la compleja realidad de los últimos años, como lo demuestra la inaplicada figura de la declaración de guerra en conflictos que verdaderamente son guerras. Ello provoca diversas situaciones de difícil catalogación que reclaman cierta reconstrucción jurídica, aún pendiente.

2.2. Situaciones de anormalidad constitucional

El Derecho constitucional elaboró una serie de categorías para enfrentarse a crisis de extraordinaria gravedad. GARCÍA PELAYO indica, que "el Estado de derecho lleva en su propia dialéctica la necesidad de un derecho excepcional, es decir, de prever la excepción y de normativizar la misma excepción"[269]. Surgen, así, los llamados estados excepcionales, en los que se detecta cierta concentración de poderes y una serie de modulaciones en las previsiones jurídicas ordinarias que dan lugar a un período de anormalidad constitucional.

---

[269] GARCÍA PELAYO, Manuel: *Derecho Constitucional Comparado*, Madrid: Alianza, 1991, p. 163.

Lo más relevante, en este sentido, es la afectación de ciertos derechos fundamentales, con restricciones y suspensiones de los mismos.

Un conjunto de procedimientos especiales y garantías suplementarias, tratan de que no mengüe el funcionamiento democrático por debajo de límites inaceptables. La lógica de estas situaciones lleva a que sean transitorias y provisionales[270]. Incluso, deberían durar el tiempo mínimo imprescindible. De lo que se trata es de darle cobertura constitucional a estas crisis para que no queden bajo el desgobierno de lo fáctico, buscando el restablecimiento de la normalidad.

Téngase en cuenta que las medidas de excepción deberían procurar, a la postre, proteger los derechos y libertades. Como recuerda SÁNCHEZ AGESTA, "los poderes de excepción pueden, en cierta manera, definirse en el Estado Constitucional como una forma de protección especial de la libertad"[271]. En realidad estamos hablando de un conjunto diverso de situaciones excepcionales (en castellano, por ejemplo, se habla de estado de alarma, estado de excepción, estado de sitio, estado de guerra, ley marcial...). La diferencia entre los mismos se fundamenta en la diversa gravedad y/o naturaleza de la situación a la que se enfrentan. Los caracteres generales del estado de excepción *lato sensu* son, siguiendo a FERNÁNDEZ SEGADO, la concreción de las circunstancias excepcionales reconocidas por la Constitución, la concentración en el gobierno de amplios poderes, y la previsión jurídico-constitucional de la necesidad[272].

Desde el punto de vista de la seguridad, estas situaciones de anormalidad constitucional pueden provocar que las fuerzas armadas amplíen su ámbito de actuación y entren de lleno en temas de seguridad interior[273]. La gravedad

---

[270] Señala Schmitt, reflexionando sobre la suspensión de prescripciones constitucionales, que "pasada la suspensión, siempre temporal, vuelve a quedar en vigor, invariable, la prescripción suspendida". SCHMITT, Carl: *Teoría de la Constitución*, Madrid: Alianza, 2001, p. 126.

[271] SÁNCHEZ AGESTA, Luis: "Prólogo" a la obra de Francisco FERNÁNDEZ SEGADO, *El estado de excepción en el Derecho Constitucional español*, Madrid: Edersa, 1977, p. XVIII.

[272] FERNÁNDEZ SEGADO, Francisco: *El estado de excepción en el Derecho Constitucional español*, op. Cit., pp. 18 y ss. Asimismo, apunta los requisitos de este estado de excepción *lato sensu*: existencia de una grave amenaza contra el Estado, imposibilidad fáctica de enfrentarse con la amenaza por medio del normal funcionamiento de las instituciones, cumplimiento de diversos requisitos formales y temporalidad de la situación excepcional (*ibidem*, pp. 60 y ss.).

[273] Señala García Pelayo, que en el estado de guerra se "concentra en la autoridad militar competencias pertenecientes hasta el momento a la autoridad civil, especialmente las referentes

de la situación aconseja acudir de forma extraordinaria a las fuerzas militares para que, con su mayor capacidad de respuesta, logren la solución de la problemática excepcional planteada. La excepcionalidad genera anormalidad y justifica la ampliación de roles de las fuerzas armadas.

3. ¿CAMBIOS EN EL ESQUEMA TRADICIONAL?

Como hemos dicho, los nuevos riesgos y amenazas emergentes han cambiado la óptica de análisis en el tema de la seguridad, agravándolo y, en cierto sentido, radicalizándolo.

En este sentido y de acuerdo con la hipótesis de partida planteada, cabe cuestionarse si la gravedad de este nuevo orden de seguridad justifica la alteración del esquema constitucional clásico descrito sucintamente en el apartado anterior. Y en concreto, si hay que atribuir nuevos roles a las fuerzas armadas al margen de situaciones excepcionales, lo que les llevaría a cubrir problemas de seguridad interna en situaciones de normalidad constitucional.

El incremento exponencial de la actividad criminal en América Latina, coloca por momentos a las democracias en una difícil tesitura, como se abordó al inicio del análisis. En consecuencia, para atajar el escenario crítico descrito, la orientación de las fuerzas armadas hacia tareas de seguridad pública interior se ha convertido en una realidad[274], controvertida sin duda. Orientación reforzada a su vez, por la percepción de ineficiencia de los sistemas policiales vigentes en algunos países. Los imperativos de la facticidad se enfrentan, así, a la Teoría Constitucional.

No obstante, a la citada necesidad de enfrentar la delincuencia resulta necesario añadir que, desde una perspectiva institucionalista[275], durante el período posterior a la redemocratización de los países latinoamericanos, las fuerzas armadas, en general, han intentado mantener –y en algunos casos au-

al mantenimiento del orden público". GARCÍA PELAYO, Manuel: *Derecho Constitucional Comparado*, op. Cit., p. 167.

[274] DAMMERT, Lucía y ÁLVAREZ VELOSO, David: "Fuerzas Armadas en seguridad pública. ¿Solución o problema?", op. Cit., pp. 1-17.

[275] NORTH, Douglas C.: *Instituciones, cambio institucional y desempeño económico*, México DF.: Fondo de Cultura Económica, 1993.

mentar– muchas de sus prerrogativas y roles ejercidos en el pasado, incluyendo aquellas de índole policial[276]. Como resultado, en la práctica, algunos gobiernos latinoamericanos han apostado por el uso de militares en seguridad pública, generando un intenso debate sobre la pertinencia de este tipo de medidas.

Sin embargo, la implicación de las fuerzas armadas en el control y erradicación de la actividad delictiva no se produce de forma unívoca en toda América Latina. De facto, como se expondrá a continuación, pueden establecerse tres grandes corrientes de intervención: desde aquellos países que abogan por una incorporación plena y directa de las fuerzas armadas en la lucha contra la criminalidad (que rompen el paradigma tradicional que hemos visto), hasta los que contemplan esta posibilidad como *ultima ratio* en los supuestos más extremos de declaración de excepción (que aún se mantienen en dicho paradigma); pasando por una posición intermedia en que, a tenor de la voluntad política, aunque las funciones de policía y de las fuerzas militares estén claramente diferenciadas, la normativa constitucional que regula los estados excepcionales se flexibiliza para amparar la inmersión militar en el ámbito criminal.

4. CONSECUENCIAS DE LAS REFORMAS

A tenor de lo expuesto, ante los alarmantes índices de inseguridad, surgen múltiples voces postulando una "normalización" de los supuestos de anormalidad constitucional. La conveniencia fáctica aboga por superar el clásico esquema constitucional de reparto de las funciones de seguridad diluyendo la idea de excepcionalidad o, al menos, no dándole operatividad real. Diversos textos constitucionales han asumido tales cambios de perspectiva, aunque el panorama no es, ni mucho menos, homogéneo.

El uso continuo de los estados de excepción por parte de los gobiernos de América Latina durante la última década ha conducido a la sustitución de la regla por la excepción: el Estado de derecho ha cedido frente al "constitucionalismo perverso", expresado en la tendencia a abandonar las reglas democráticas para privilegiar el uso de la fuerza. Así, con la excusa de preservar el

[276] ZAVERUCHA, Jorge: "Fragile Democracy and the Militarization of Public Safety in Brazil", en *Latin American Perspectives*, Issue 112, vol. 27, nº 3, 2000, pp. 8-31.

Estado de derecho, el Ejecutivo lo ha silenciado[277]. El Estado de derecho se ha convertido en rehén de la "guerra al narcotráfico" y por extensión al crimen organizado. Este fenómeno puede ser interpretado como una manifestación contemporánea de la razón de Estado[278]: el interés y seguridad del Estado son aducidos con el fin de garantizar la débil estabilidad de los gobiernos. Desde esta perspectiva, los estados de excepción se han convertido en algunos países de la región en la continuación de la guerra contra el narcotráfico a través de las formas jurídicas. Así, el enfrentamiento con el crimen organizado desde postulados belicistas se expande, alcanzando el discurso político y el campo jurídico, lo que produce, en términos de FOUCAULT, una "ritualización de la guerra por medio del derecho"[279]. Pero cuando la excepción se convierte en la situación normal, el Estado de derecho entra en crisis.

En situaciones de crisis política, social o económica, o que por lo menos son percibidas como críticas por la sociedad, donde el miedo y la inseguridad se apoderan de buena parte de ésta, la postura que ata las ideas de autoridad y orden, tiende a imponerse en el accionar del Estado, que justifica decisiones que exceden los parámetros legales ordinarios y que limitan las libertades y derechos de los ciudadanos con el argumento de que éstas son ineludibles para superar la situación de emergencia[280].

La militarización de la política ha significado asimismo la militarización del derecho, forma a través de la cual se manifiesta el poder razonable y limitado del Estado. Así, los estados de excepción se han convertido en la forma jurídica, que disfraza un poder autoritario que rompe los límites del Estado de derecho. Los principios y prioridades del Estado liberal son invertidos: la excepción se vuelve lo normal y el Estado democrático de derecho se vuelve excepcional. Así, la seguridad y naturaleza predecible que debe ofrecer el

---

277 ITURRALDE, Manuel: "Guerra y derecho en Colombia: el decisionismo político y los estados de excepción como respuesta a la crisis de la democracia", en *Revista de Estudios Sociales*, nº 15, Colombia: Universidad de los Andes, junio de 2003, pp. 29-46.

278 MEINECKE, Friedrich: *La idea de la razón de Estado en la edad moderna*, Madrid: Centro de Estudios Constitucionales, 1983.

279 La idea de la ritualización de la guerra a través del derecho ha sido desarrollada de manera lúcida por Foucault. Al respecto véase: FOUCAULT, Michel: *La verdad y las formas jurídicas*, Barcelona, Gedisa, 1995, p. 66.

280 ITURRALDE, Manuel: "Guerra y derecho en Colombia: el decisionismo político y los estados de excepción", op. Cit.

Estado de derecho son derribadas por la lógica de la excepción. La normalización de la excepción da lugar a una idea muy restringida del Estado de derecho; una sociedad que vive presa del miedo al crimen organizado acepta la limitación de los derechos y libertades –particularmente de los otros–, como una situación normal. La idea de que la atribución de poderes excepcionales al gobierno es el único camino de protección del Estado y de la sociedad, se vuelve predominante.

GARCÍA VILLEGAS le da el nombre de "constitucionalismo perverso"[281] a esta tendencia, la cual es responsable del abuso gubernamental de los estados de excepción que, a su vez, alimentan la situación de violencia generalizada, a través del recurso a la vía militar que se expresa, no sólo en las acciones de este tipo, sino también a través del discurso mismo del Estado y de su accionar por medio de las formas jurídicas. Los estados de excepción han sido transformados en un umbral que permite a los gobiernos moverse imperceptiblemente entre la democracia y el autoritarismo, de acuerdo con las necesidades políticas del momento. La posibilidad jurídica de decidir la excepción permite que los gobiernos llenen, a través del autoritarismo, el vacío de poder y legitimidad que debería caracterizarlos[282].

En efecto, el escenario imperante en la esfera latinoamericana presenta, en función de su diverso anclaje constitucional, diferentes posiciones ante la misma situación. Analizamos a continuación diversas constituciones[283] con la finalidad de determinar las diferentes posturas articuladas al respecto y los

---

[281] GARCÍA VILLEGAS, Mauricio: "Constitucionalismo perverso. Normalidad y anormalidad constitucional en Colombia: 1957-1997", en Santos, Boaventura de Sousa y García Villegas, Mauricio (eds.), *El caleidoscopio de las justicias en Colombia. Análisis socio-jurídico*, Bogotá, Siglo del Hombre, 2001, pp. 317-370.

[282] Como dice Mauricio García, al referirse a la eficacia simbólica del derecho, muchas veces el discurso del derecho es mucho más eficaz que sus acciones. Así, muchas de las normas de excepción son promulgadas por el Ejecutivo no para que se cumplan, sino para crear dentro de la sociedad la representación de un gobierno fuerte que le ofrece seguridad, con independencia de que su aplicación resulte mera ficción. GARCÍA VILLEGAS, Mauricio: *La eficacia simbólica del derecho. Exámen de situaciones colombianas*, Santafé de Bogotá: Uniandes, Facultad de Derecho de la Universidad de Los Andes, 1993.

[283] Para evitar distorsiones en el análisis, se ha optado por excluir a Venezuela debido a su dudosa consideración como régimen democrático, de una parte y, de otra, habida cuenta de la situación convulsa de confrontación civil en que está sumido el país bajo la actual presidencia de Nicolás Maduro.

diversos grados de implicación de las fuerzas armadas en la lucha contra el fenómeno criminal y el mantenimiento de la seguridad interior.

Haciendo un breve repaso descriptivo de carácter genérico se observa *a priori*, que en bastantes casos no existe en la Constitución una diferencia nítida entre las funciones militares y las policiales. Esta circunstancia genera una superposición y una escasa diferenciación entre las tareas de defensa nacional y aquellas relacionadas con la seguridad pública. Son pocos los países en los que esta diferenciación está taxativamente establecida, como es el caso de Argentina, Chile y Uruguay. Por ello, resulta cada vez más frecuente encontrar áreas de intervención militar-policial conjunta. Dicha colaboración, aunque tiende a plantearse inicialmente como transitoria, en la práctica se manifiesta de carácter recurrente[284].

El grado de implicación militar en estas funciones policiales varía mucho de un país a otro, de acuerdo con los diferentes marcos legales habilitantes y la percepción de inseguridad latente. De hecho, en muchos países de América Latina se ha llegado, en función de procesos históricos y socio-políticos concretos, a definir a estas funciones como básicas de las fuerzas armadas, en pie de igualdad con las atribuciones castrenses específicas[285].

Al margen de ello, desde una perspectiva global y diacrónica, en América Latina ha habido un abuso de estados excepcionales como reflejo de las turbulencias políticas de esa área geográfica. LOEWENSTEIN afirma que Latinoamérica "es el campo clásico para las dictaduras presidencialistas bajo el manto del estado de excepción constitucional". Esto es, "para el caudillaje, el estado de sitio es el medio más apropiado y típico para montar un gobierno autoritario"[286]. La problemática es, por lo tanto, de primer orden.

---

[284] CAJINA, Roberto: "Nuevas misiones de la fuerzas armadas en seguridad interior en Centroamérica", en Sepúlveda, I. (ed.): *Seguridad Humana y nuevas políticas de Defensa en Iberoamérica*, Madrid: Instituto Universitario General Gutiérrez Mellado (UNED), 2007, pp. 387-394.

[285] GARCÍA CARNEIRO, José: "Seguridad interior y exterior. Misiones de las FF.AA en América Latina", en Sepúlveda, I. (ed.): *Seguridad Humana y nuevas políticas de Defensa en Iberoamérica,* Madrid, Instituto Universitario General Gutiérrez Mellado (UNED), 2007, p. 355.

[286] LOEWENSTEIN, Karl: *Teoría de la Constitución*, Barcelona: Ariel, 1986, pp. 287-288.

4.1. Países favorables al empleo de Fuerzas Armadas en seguridad interior

En este grupo de países, el caso mexicano[287] resulta paradigmático. Con niveles crecientes de criminalidad e instituciones policiales desacreditadas –tanto por sus vínculos con organizaciones criminales, como por los altos niveles de corrupción– el sector de la seguridad pública en México enfrenta hoy una dura crisis. Por ello, la apuesta decidida por el uso de medios militares en el combate contra el crimen ha sido una fórmula permanente de la política de seguridad pública en los últimos años, especialmente desde el inicio del gobierno del Presidente Calderón. Máxime, cuando en materia de seguridad interna la legislación recoge *ex profeso* la misión de "garantizar la seguridad interior"[288]. En efecto, el artículo 89.VI de la Constitución (reformado en 2004) establece que el Presidente puede "disponer de la totalidad de la Fuerza Armada permanente, o sea del Ejército, de la Armada y de la Fuerza Aérea, para la seguridad interior y defensa exterior de la Federación". Si a ello le sumamos, que las fuerzas armadas es una de las instituciones en que más confía la población, se configura un panorama propicio para que se desarrollen con mayor fuerza este tipo de tareas[289]. Como argumenta MOLOEZNICK, las fuerzas armadas deben "cooperar en el mantenimiento del orden constitucional del Estado mexicano y en la preservación de sus instituciones democráticas"[290].

---

[287] *Libro Blanco de la defensa de México. Rendición de cuentas 2006-2012*, Secretaría de la Defensa Nacional, 2015. Accesible en http://www.gob.mx/sedena/documentos/libro-blanco

[288] BENÍTEZ, Raúl: "Las Fuerzas Armadas mexicanas, desafíos y estructuras frente a la democracia", en *Resdal*, México D.F.: UNAM, 2007; MOLOEZNIK, Pablo: "La naturaleza de un instrumento militar atípico: las Fuerzas Armadas mexicanas", en *Revista Fuerzas Armadas y Sociedad*, año 19, nº 1, Santiago de Chile, 2005, pp. 169-202.

[289] Como resultado de la cada vez mayor presencia de las fuerzas armadas en la seguridad interior y el aparato policial federal, en marzo de 1996, el PRD promueve una interpretación sobre el artículo constitucional 129, con relación a la participación de las fuerza armadas en tareas de seguridad pública. La respuesta de la Suprema Corte de Justicia señaló que "mientras las autoridades requieran el apoyo del Ejército, y considerando que las Fuerzas Armadas están bajo las órdenes del Presidente, su participación en tareas de seguridad pública, no incurre en violación al precepto constitucional". Más aún, se legitimó que aquellas confesiones y arrestos que realice el Ejército son válidas porque las están realizando en apoyo a las actividades de combate a las drogas y en coadyuvancia con el Ministerio Público. COSSÍO, José Ramón: "Delincuencia Organizada, seguridad pública y fuerzas armadas", en *Revista de Justicia Mexicana*, sexta época, nº 4, 2002.

[290] MOLOEZNIK, Pablo: "Presente y Futuro del papel de las Fuerzas Armadas mexicanas. Aproximación al debate sobre el rol del instrumento militar en la democracia", en *Security and Defense Studies Review*, vol. 1, 2001; También MOLOEZNIK, Pablo: "Seguridad Pública y

Así, tanto la Constitución de México (artículos 1, 10, 11, 16, 21 y 89), como la Ley Orgánica del Ejército y Fuerza Aérea mexicanos, la Ley de Seguridad Nacional, el reglamento general de deberes militares y las diversas decisiones de la Suprema Corte[291], normalizan la participación del personal militar en tareas de seguridad pública, al establecer que el Ejército y Fuerza Aérea son instituciones armadas permanentes que tienen, entre otras misiones generales, garantizar la seguridad interior, con el compromiso de mantener el respeto a las garantías individuales[292]. El objetivo de la participación de las

---

Reforma Policial en México: ¿cambio o continuidad?", en Dammert, L. y Bailey, J. (coords.), *Seguridad Pública y Reforma Policial en las Américas*, México: Siglo XXI Editores/FLACSO, Chile/ONU ILANUD, 2005, pp. 273-295.

[291] De conformidad con el criterio de las jurisprudencias 36/2000, 37/2000 y 38/2000, emitidas en el pleno de la Suprema Corte de Justicia de la Nación respecto de la participación del personal militar en tareas de seguridad pública, proporcionando el apoyo que requieran las autoridades siempre que lo soliciten de manera fundada y motivada, y acrediten que ha sido rebasada su capacidad de reacción ante la delincuencia organizada.

[292] Varios logros en la reciente etapa de modernización por parte de las Fuerzas Armadas, en respuesta a las violaciones constitucionales y de los derechos humanos en el combate contra el crimen organizado, ha sido el desarrollo y adopción, bajo el reconocimiento constitucional pertinente, de las disposiciones legales relacionadas con la legítima defensa y la Seguridad Nacional. Además de mencionarse hechos que motivan a recurrir al uso legítimo de la fuerza, en caso de una situación que ponga a la sociedad en grave peligro o conflicto, como se desprende del "Manual del uso de la fuerza de aplicación común a las tres Fuerzas Armadas" (SEDENA, Diario Oficial de la Federación, 2015). A la luz de lo anterior, queda definida y contextualizada la modernización de la doctrina militar y su participación en los intereses nacionales del Estado mexicano; por ello la Defensa Nacional queda establecida como: "el conjunto de acciones, recursos y medios que adopta y dispone el Estado para garantizar la integridad, independencia y soberanía de la Nación, así como prevenir o eliminar las amenazas tradicionales y emergentes, riesgos y desafíos que procedan del ámbito externo e interno, y de esta forma contribuir a la estabilidad y al desarrollo nacional" (SEDENA, Diario Oficial de la Federación, 2013). Respecto a los derechos humanos, en el sistema jurídico mexicano, prevalece la jurisdicción civil sobre la militar, ya que las resoluciones que emiten los órganos de procuración y administración de justicia castrense, son recurribles en todas sus etapas procesales ante los tribunales de la Federación. Los órganos del Fuero Militar no se encuentran ajenos a la existencia y funcionamiento de los organismos internacionales protectores de los derechos humanos, como es el caso de la Corte Interamericana de Derechos Humanos, cuya competencia fue aceptada por el Estado Mexicano el 16 de diciembre de 1998. Finalmente, para prevenir y minimizar los problemas que han tenido algunos miembros de las Fuerzas Armadas desarrollando tareas de seguridad interior, se han dado los primeros pasos al impulsar la cultura del respeto a los Derechos Humanos y al Derecho Internacional Humanitario, mediante la capacitación del personal militar en la materia. *Memoria Política de México*. (10 de Julio de 2016). Accesible en http://www.memoriapoliticademexico.org/Textos/ 6Revolucion/1913-VC-FaxEXT.html

fuerzas armadas, según el marco legal, es proporcionar el apoyo que requieran las autoridades cuando han sido rebasadas en su capacidad de reacción ante la delincuencia organizada[293].

Actualmente, la Administración mexicana, a raíz del incremento de las denuncias por abusos de los derechos humanos[294], está inmersa en un importante ejercicio de autocrítica acerca de las ventajas y desventajas del modelo de intervención de sus Fuerzas Armadas en la lucha contra el crimen organizado, a la luz de las experiencias y resultados acumulados en la última década[295]. El futuro determinará si las lecciones del pasado han sido efectivamente aprendidas.

Otro ejemplo suficientemente ilustrativo en términos de seguridad en precario lo constituye Guatemala[296], configurándose actualmente como uno de los países más peligrosos. El drástico empeoramiento de la seguridad ha provocado el recurso a medios alternativos para la represión del delito, lo que incluye, el uso de las fuerzas armadas. Desde el punto de vista normativo, la Constitución señala que el Ejército es una institución destinada a "mantener la independencia, la soberanía y el honor de Guatemala, la integridad del territorio, la paz y la seguridad interior y exterior" (artículo 244 de la Constitución,

---

[293] *Pesquisa sobre el involucramiento de las Fuerzas Armadas del continente americano en actividades de seguridad pública*, Junta Interamericana de Defensa, Secretaría, Washington, D.C., 26 de Junio de 2012.

[294] Por ejemplo, una encuesta de 2012 reveló que había una mayor preocupación social por la violación de derechos humanos por los militares y la policía, que por el crimen, la corrupción y el narcotráfico. Pew Research Center, "Mexicans Back Military Campaign Against Cartels." 20 de Junio, 2012. Accesible en http://www.pewglobal.org/2012/06/20/mexicans-back-military-campaign-againstcartels/; AI CAMP, Roderic:"Armed Forces and Drugs: Public Perceptions and Institutional Challenges," en Washington DC: Woodrow Wilson International Center for Scholars, 2010; ARCHIBOLD, Randal: "Mexican General is Charged in Killings and Abuses", en *New York Times*, 1 de febrero de 2012.

[295] GRAY, Colins: "The 21st Century Environment and the Future of War", en *Parameters,* 38, 2005, pp. 14-26; HARRIS, Geoff: "The Military as a Resource for Peace Building: Time for Reconsideration?", en *Conflict, Security and Development*, 6, 2006, pp. 241-252; RONQUILLO, Víctor: *Saldos de guerra: las víctimas civiles en la lucha contra el Narco*, México: Planeta, 2011.

[296] *Libro de la Defensa Nacional de la República de Guatemala. Evolución*, Guatemala: Ministerio de la Defensa Nacional de Guatemala, 2015. Accesible en Ghttp://www.mindef.mil.gt/pdf/Libro%20de%20la%20Defensa%20Nacional%20de%20la%20Rep%C3%BAblica%20de%20Guatemala,%20Evolucion%20%202015.pdf

que data de 1985)[297]. Este precepto, en la práctica, no sólo ha servido como base para que las Fuerzas Armadas desempeñen operativos conjuntos con la Policía Nacional, sino que ha sentado las bases para que dentro de los planes y objetivos del Ejército se establezca el combate a la delincuencia y acciones de seguridad ciudadana como objetivos estratégicos[298], lo que supone una transformación importante en su doctrina militar.

Son funciones del Presidente o Presidenta de la República procurar la defensa y la seguridad de la nación, así como la conservación del orden público; por lo tanto, el Ejecutivo ejerce el mando de las Fuerzas Armadas y el mando superior de toda la Fuerza Pública. El Ejército de Guatemala, por determinación constitucional, tiene el compromiso de mantener la paz y la seguridad interior y exterior, estipulando la Ley de Orden Público la regulación de la participación de las Fuerzas Armadas en la seguridad interna, estableciendo las medidas y responsabilidades.

De manera más específica, el Decreto nº 40, del 7 de junio de 2000, establece que las fuerzas de seguridad civil podrán ser apoyadas en sus funciones de prevenir y combatir el crimen organizado y la delincuencia común, por las unidades del Ejército de Guatemala. Esta asistencia y cooperación incluye el control y combate de la producción, fabricación, uso, tenencia, tráfico y comercialización de drogas, los delitos de plagio o secuestro, contrabando, depredación de bosques, conservación del patrimonio cultural y el trasiego de armas, entre otros. Igual que en El Salvador, este Decreto se ha renovado periódicamente y sus principales consideraciones se refieren a la necesidad de contar con recursos adicionales a los que puede aportar la Policía Nacional Civil para hacer frente a la delincuencia organizada.

La colaboración que las Fuerzas Armadas prestan responde a los pedidos provenientes tanto de la Policía Nacional Civil, como del Ministerio Público y de la Comisión Internacional contra la Impunidad de Guatemala (CICIG). El apoyo se realiza en materia de control y contención de perímetros, y sólo

---

[297] Asimismo, el art. 249 afirma que "el Ejército prestará su cooperación en situaciones de emergencia o calamidad pública".

[298] HERNÁNDEZ, Iduvina: "La reforma de la defensa de Guatemala", en *Atlas comparativo de la defensa en América Latina*, RESDAL, Buenos Aires, 2008, pp. 194-205.

en casos excepcionales, actúan en capturas y allanamientos (con pedido y autorización del Ministerio Público).

En este caso, las Fuerzas Armadas también colaboran con la Dirección General del Sistema Penitenciario. El Decreto nº 40, del 7 de agosto de 2000, establece que el Ministerio de Gobernación podrá solicitar apoyo y cooperación del Ejército a través del Ministerio de Defensa Nacional, para proveer vigilancia en el perímetro de los centros de detención preventiva y lugares de detención sin afectarse el carácter civil de los centros penales.

Posteriormente, el Acuerdo Ministerial 126, del 18 de junio de 2010, establece el uso, por parte de la Dirección General del Sistema Penitenciario, de un espacio en las instalaciones de una base militar en Ciudad de Guatemala, a efectos de trasladar para su reclusión a personas privadas de libertad cuya vida e integridad se encuentren en peligro. Esta cooperación planteada inicialmente de forma provisional, prevista hasta que las condiciones de vulnerabilidad y seguridad de las personas detenidas evolucionaran favorablemente, paradójicamente, ha adquirido *de facto* una naturaleza indefinida. Debido, a que no se plantean en paralelo alternativas y plazos de ejecución, para mejorar las condiciones carcelarias[299].

Las Fuerzas Armadas también colaboran con la Dirección General de Migraciones a través del control de fronteras en las zonas limítrofes con México y con Honduras. Ello, a pesar de que la ley migratoria no señala nada al respecto, recabando sólo la colaboración de la Policía.

Consecuentemente, la inmersión de las Fuerzas Armadas en Guatemala en el combate a la criminalidad es de carácter permanente[300]. Al igual que en El Salvador y Honduras, los gobiernos respectivos han respondido a la delincuen-

---

[299] ZÚÑIGA, Liza: "Desafíos institucionales de la colaboración policial-militar: El Triángulo Norte", en *Revista URVIO, Revista Latinoamericana de Seguridad Ciudadana,* nº 12, 2012, pp. 83-96.

[300] Guatemala, Honduras y El Salvador conforman una fuerza conjunta para luchar contra la criminalidad organizada, especialmente el fenómeno criminal de las pandillas. La llamada Fuerza Trinacional solo operará en las fronteras que comparten los países (600 kilómetros) y es parte del Plan Regional de lucha contra el crimen organizado". La Fuerza estará integrada principalmente por policías, militares, personal de Aduanas, Migración y de Inteligencia, que serán respaldados con equipos logísticos como comunicaciones y transporte terrestre y aéreo, proporcionado por los tres países. Comenzó a operar el 15 de noviembre de 2016 y su presentación se produjo en la localidad hondureña de Nueva Ocotepeque. Accesible en http://www.efe.com/efe/america/politica/el-triangulo-norte-de-centroamerica-inicia-combate-conjunto-contra-crimen/20000035-3097727

cia introduciendo leyes, que habilitan una implicación directa de los militares. Las políticas represivas conocidas coloquial y periodísticamente como "Mano Dura", "Operación Libertad" o "Plan Escoba",[301] emulan el plan de "Tolerancia Cero" aplicado a principios de la década de los noventa del pasado siglo en Nueva York, pero con la salvedad de servirse de las fuerzas armadas como elementos permanentes de la política de seguridad[302].

De hecho, en el caso hondureño, su Constitución de 1982[303], en su artículo 274, establece expresamente que las Fuerzas Armadas "cooperarán con las Secretarías de Estado y demás instituciones, a pedimento de éstas, en las labores de alfabetización, educación, agricultura, conservación del medio ambiente, tráfico, comunicaciones, sanidad y reforma agraria." Asimismo, participarán "en la lucha contra el narcotráfico" y "con las instituciones de seguridad pública, a petición de la Secretaría de Estado en el despacho de seguridad, para combatir el terrorismo, el tráfico de armas y el crimen organizado", protegiendo los poderes del Estado.

Honduras[304] no tiene un marco regulatorio claro que determine, por ejemplo, el alcance temporal de algunas de las actividades del tipo policial-militar[305]. El mecanismo corriente de esta cooperación se desarrolla, como se ha señalado, por pedidos de la Secretaría de Seguridad, a partir de los cuales

[301] En Honduras las autoridades nacionales promulgaron una legislación especial anti-marera, que facilita la formación de comandos especiales de fuerzas policiales y de militares ("Operación Libertad", 2003). Un plan semejante en El Salvador se bautizó como "Plan Mano Dura", (2003).

[302] CORDULA, Strocka: "Youth Gangs in Latin America", en *SAIS Review*, vol. 26, nº 2, John Hopkins University Press, 2006, pp. 133-146.

[303] Asamblea Nacional Constituyente, Decreto nº 131, Publicado en el Diario Oficial *La Gaceta* No. 23.612 del 20 de enero de 1982.

[304] *Honduras: Libro de la Defensa Nacional*, Ministerio de Defensa de Honduras, 2005. Accesible en https://www.oas.org/csh/spanish/documentos/Honduras-2005.pdf

[305] Las Fuerzas Armadas han asumido el liderazgo en la contención de las pandillas, al igual que en El Salvador. En el año 2013 se creó una nueva estructura inter-agencial, Fuerza de Seguridad Interinstitucional Nacional (FUSINA), bajo el Gabinete de Seguridad Nacional, que integró unidades policiales y militares, fiscales y jueces especiales, y organizaciones de inteligencia, para operaciones de seguridad y contra crimen organizado, para lo cual se creó a su vez la "Policía Militar de Orden Público" (PMOP), empleada para retomar y dar seguridad a barrios con presencia de amplio número de integrantes de pandillas y maras, y en operaciones contra blancos de alto valor, entre otros usos. Es una Fuerza nacida dentro de las propias Fuerzas Armadas, autorizada y capacitada para realizar operaciones policiales. Decreto de creación de la Policía Militar del Orden Público accesible en *La Gaceta de Honduras*. Accesible en http://www.

se establece una orden o plan de operaciones entre las Fuerzas Armadas y la Policía para los detalles de la operación. Operaciones que, mayoritariamente consisten en realización de patrullas y operativos antinarcóticos.

La Ley Orgánica de las Fuerzas Armadas también contempla esta colaboración. En su artículo 3 (Decreto 39, 2001), recoge expresamente sus funciones. Las cuáles, también están señaladas en el artículo 34 de la Ley Orgánica de la Policía Nacional (Decreto 67, 2008). Texto que explicita que, cuando la policía no pueda enfrentar por sí sola determinadas situaciones, la Secretaría de Seguridad podrá solicitar apoyo a la Policía Municipal o a la autoridad militar, debiéndose determinar el caso o situación para la cual se presta la colaboración, el tiempo que durará y los recursos que participarán en el despliegue conjunto. Se estipula igualmente, que las actuaciones realizadas se llevarán a cabo bajo el mando técnico de la autoridad policial. De conformidad con este artículo, el apoyo será temporal, limitándose a la cooperación técnica, logística y de personal necesario.

A su vez, el artículo 212 de la Constitución de El Salvador señala que "el Presidente de la República podrá disponer excepcionalmente de la Fuerza Armada para el mantenimiento de la paz interna, de acuerdo con lo dispuesto por esta Constitución". Esta afirmación se produce después de indicar que "la Fuerza Armada tiene por misión la defensa de la soberanía del Estado y de la integridad del territorio".

Bajo este marco constitucional, desde presidencia se ha ordenado la participación de la institución militar en apoyo a la Policía Nacional Civil en las tareas de seguridad pública. El Libro Blanco de la Defensa Nacional titulado *La nación salvadoreña, su defensa, seguridad y desarrollo*, establece que en el marco de la política de defensa de El Salvador, la Fuerza Armada "como institución permanente al servicio de la nación, y en el ámbito de sus compromisos para con la patria", además de cumplir su misión de defensa nacional, "también está comprometida con la seguridad y el desarrollo nacionales". El Libro Blanco salvadoreño establece que "la Fuerza Armada tiene la capacidad de contribuir al mantenimiento del orden público y asevera que su participación para la seguridad pública en el marco de la excepcionalidad" se limita

---

observatoriodescentralizacion.org/download/leyes_vigentes/Ley%20 de%20la%20Policia%20 Militar.pdf.

al mantenimiento de la paz interna, la tranquilidad ciudadana, la seguridad pública y al restablecimiento del orden[306].

En el marco de la lucha contra el narcotráfico, las Fuerza Armadas han elaborado el Plan Cuscatlán, mediante el cual queda establecido el apoyo militar a las operaciones contra el narcotráfico en todo el territorio nacional, con el propósito de contribuir con los esfuerzos del Gobierno de la República para alcanzar los objetivos de seguridad y desarrollo del país[307]. Actualmente, la Fuerza Armada de El Salvador coopera de manera periódica –en una materia señalada como excepcional– en el combate al crimen organizado[308].

---

306 *Libro Blanco de la Defensa Nacional de El Salvador*. Accesible en: http://wwwresdal.org/Archivo/salvador-librodefensa-cap.htm

307 Destacar que, desde septiembre de 2015, los integrantes de las Maras han sido calificados como "terroristas" por la Corte Suprema. NAJAR, Alberto: "¿Qué significa que declaren terroristas a las maras en El Salvador?", en BBC Mundo, 2015. Información accesible en http://www.bbc.com/mundo/noticias/ 2015/08/150825_el_salvador_pandillas_ mara_terrorista_an

308 *Plan El Salvador Seguro*, Presidencia de El Salvador, 2015, Accesible en http://www.presidencia.gob.sv/wp-content/uploads/2015/01/ El-Salvador-Seguro.pdf; Hasta el 2014, las Fuerzas Armadas salvadoreñas habían contribuido a la seguridad interna a través del despliegue de cinco Comandos: (1) Zeus: refuerza las tareas de seguridad pública en los siete departamentos más importantes del país y donde los índices delictivos son más alarmantes (Decreto No. 60, del 29 de septiembre de 2009, establece la creación del Comando Zeus); (2) San Carlos: responsable de la seguridad externa y control de accesos, de los doce centros penales de mayor peligrosidad (Decreto Legislativo No. 371, de 27 de mayo 2010); (3) Zumpúl: responsable del control de una treintena de puntos conflictivos identificados en las fronteras con Guatemala y Honduras, con la finalidad de contrarrestar el contrabando de ilícitos, drogas y armas (Decreto Legislativo No. 70, de 30 de octubre 2009); (4) Águila: para la protección de escuelas y espacios turísticos y (5) Trueno: Fuerza de reacción rápida para apoyar a otros cuerpos de seguridad. La violencia generada por el colapso de la tregua entre las dos pandillas principales del país llevó al gobierno a implementar nuevas unidades: Fuerza Especializada de Reacción El Salvador (FERES), integrada por alrededor de 600 efectivos militares de la Fuerza Armada de El Salvador (FAES) y alrededor de 400 miembros de la Policía Nacional Civil (PNC) designados para operaciones contra blancos de alto valor y el FIRT (Fuerza multi-agencia de respuesta), desplegada en municipalidades seleccionadas, altamente conflictivas, para recuperar el control del territorio. BAIRES, Lorena: "Zeus Command Troops Improve Public Safety in El Salvador," en *Diálogo*, 19 de noviembre de 2014. Información accesible en https://dialogo-americas. com/en/articles/zeus-com mand-troops-improve- public-safety-el-salvador; ELLIS, Evan: "The new offensive against gangs in El Salvador," en *Latin America Goes Global*, 2 de mayo de 2016. Información accesible en http://latinamericagoesglobal.org/2016/05/new offensive- gangs-el-salvador/; KING, Quenton: "El Salvador Deploys Elite Anti-Gang Squad to Rural Areas," en *Insight Crime*, 20 de abril de 2016. Información accesible en http://www. insightcrime.org/news-briefs/el-salvador-deploys- elite-anti-gang-squad-to-rural-areas.

El caso colombiano[309] conforma en igual medida, salvando las complejas especificidades intrínsecas que presenta, otro ejemplo de implicación de las Fuerzas Armadas en la articulación de la seguridad interior. La Constitución de Colombia de 1991, en su artículo 216, preceptúa que "la fuerza pública estará integrada en forma exclusiva por las fuerzas militares y la Policía Nacional". A pesar de establecer una clara diferencia funcional entre la policía nacional y las Fuerzas Militares en su texto constitucional, en base al artículo 213 en el que se recoge la figura del estado de "conmoción interior", esta atribución funcional diferenciada se soslaya. Teniendo en consideración la realidad sociopolítica de Colombia en las últimas décadas (ahora instalada en la incertidumbre a la espera del éxito o fracaso del denominado "Proceso de Paz"), parece consolidarse el desempeño de funciones de seguridad interior y lucha contra el narcotráfico por parte de las Fuerzas Armadas[310]. De igual forma, la defensa del orden constitucional estipulado en el artículo 217, como una de las finalidades de las fuerzas militares, contribuye a reforzar esta presencia en la esfera de la seguridad pública.

En particular, el marco normativo que rige las cuestiones de defensa está constituido por la Política de Defensa y Seguridad Democrática implementada en el año 2003, que fue concebida como una política de Estado a largo plazo, para ser desarrollada por todas las ramas del gobierno. Su objetivo general persigue reforzar el Estado de derecho en todo el territorio colombiano mediante el fortalecimiento de la autoridad democrática. Garantizar el ejercicio de la autoridad de las instituciones, el imperio de la ley, la participación activa de los ciudadanos en los asuntos de interés común y la consolidación gradual del control estatal sobre la totalidad del territorio nacional. Para ello se emplea de forma intensiva la fuerza pública, constituida por las fuerzas militares y

---

309 *Política de Defensa y Seguridad Democrática*, Presidencia de la República, Ministerio de Defensa Nacional, República de Colombia, 2003. Accesible en http://www.oas.org/csh/spanish/documentos/Colombia.pdf

310 A modo de ejemplo, en marzo de 2014, Colombia desplegó 2.400 soldados e infantes de marina en el puerto de Buenaventura en el Pacífico, para tomar el control de diferentes zonas de la ciudad que estaban en manos de grupos criminales. De igual forma, destaca al frente del involucramiento militar en la lucha contra el narcotráfico, la Brigada Antinarcóticos del Ejército, emplazada en Tres Esquinas, compuesta por tres batallones asignados a la Fuerza de Tarea Conjunta del Sur. CAMACHO, Álvaro (ed.): *El conflicto colombiano y su impacto en los países andinos*, Bogotá: CESO, Ediciones Uniandes, 2003.

la policía nacional, al objeto de contrarrestar las diversas manifestaciones de actividad criminal organizada.

A tenor de lo expuesto, se vislumbra que el uso de las fuerzas armadas en los países citados en este primer grupo, permanecerá como una política activa a largo plazo en el ámbito de la seguridad interior. Existe base constitucional para ello al margen de las típicas situaciones excepcionales, con lo que se constata como una alteración del paradigma tradicional en este tema.

4.2. Países con posicionamientos flexibles en el empleo de las Fuerzas Armadas en seguridad interior

Un segundo grupo de países poseen en el tema que nos ocupa una regulación que puede tildarse de flexible. En principio, se ajustan a las previsiones clásicas de los estados excepcionales. Sin embargo, ello se flexibiliza a través de decisiones políticas puntuales proclives a la participación de las fuerzas armadas en seguridad pública, al margen de tales situaciones excepcionales. Ante situaciones que el Ejecutivo considera graves se acude a ellas en el ámbito de la seguridad pública, sin articular los mecanismos típicos de declaración de situación excepcional.

En este grupo podemos citar a Brasil[311]. La posibilidad de emplear las capacidades militares para el mantenimiento del orden interno y la seguridad pública se ha usado, aunque de forma limitada[312]. La tendencia parece ser

---

[311] *Libro Blanco de la Defensa Nacional*, Ministerio de Defensa de Brasil, 2012. Accesible en http://www.defesa.gov.br/arquivos/estado_e_defesa/livro_branco/lbdn_esp_net.pdf

[312] En 1992, durante la realización de la reunión mundial sobre medio ambiente, ECO-92, la seguridad de la cumbre –y del municipio– quedó por primera vez bajo la supervisión del Ejército. A partir de entonces las Fuerzas Armadas se han empleado en 1994 en la llamada "Operación Río" para contener el tráfico de drogas, en 1995 para contener el movimiento de huelguistas de petróleo y en el 2001 para contrarrestar la huelga de los policías en Río de Janeiro. Durante los últimos años han sido utilizados de manera esporádica en otras regiones del país durante huelgas policiales. KALIL, Mathias y FAZIO, Ednéia: "Nuevas amenazas y su impacto sobre las Fuerzas Armadas brasileñas", en *Revista Fuerzas Armadas y sociedad*, Facultad Latinoamericana de Ciencias Sociales, Santiago, Chile, año 18, nº 3-4, 2004, p. 70. Asimismo, durante los meses anteriores a la realización de los Juegos Panamericanos a mediados del 2007 en Río de Janeiro, la seguridad en una de las favelas más grandes de la ciudad se desbordó por una guerra entre señores de la droga. A la postre, surgieron fuertes presiones para enviar militares a controlar el Complejo de Alemão. Durante más de dos meses, los más de 1300 oficiales policiales fueron insuficientes para asegurar

afianzar la posición de las instituciones policiales y relegar paulatinamente la utilización de las fuerzas armadas en este tipo de encomiendas, que quedarían para los supuestos extraordinarios constitucionalmente amparados. Aunque en el pasado reciente se ha tenido esa visión flexible con la que se rotula este subapartado.

El artículo 142 de la Constitución brasileña, de 1988, establece que las Fuerzas Armadas, bajo la autoridad suprema del Presidente de la República, tienen como finalidad "la defensa de la patria, la garantía de los poderes constitucionales y, por iniciativa de cualquiera de ellos, de la ley y del orden". Con base en este artículo, se pueden extraer diversas consecuencias: primero, las Fuerzas Armadas pueden ser utilizadas en seguridad pública; segundo, ya sea el Presidente, el Congreso o el Poder Judicial, pueden llamar a las Fuerzas Armadas a actuar para garantizar la ley y el orden; finalmente, el Presidente es el responsable último de la dirección de las tropas actuando en escenarios internos o externos. El alcance real del artículo 142, sin embargo, debe ser contrastado con el amplio elenco de reglamentación existente en el país y, a la vez, con el complejo proceso de negociación política que finalmente determina la participación o no de las mismas en tareas de seguridad pública.

Las Fuerzas Armadas de Brasil, de conformidad con la Constitución Federal, se presentan como instituciones destinadas a la defensa de la patria y a la garantía de la ley y el orden, dependiendo de la competencia exclusiva de la Presidencia de la República para su utilización. El empleo de las Fuerzas Armadas es objeto de regulación, además de la Constitución, por leyes complementarias (Ley 97 de 1999; Ley 117 de 2004; y Ley 136 de 2010) y por el Decreto 3897, de la Presidencia de la República de 2001.

La norma legal establece que la actuación de las Fuerzas Armadas se dará de forma residual, toda vez que se hayan agotado todos los instrumentos previos existentes destinados a la preservación del orden público, la seguridad y el patrimonio de las personas, para garantizar la ley y el orden en un área

la seguridad de la zona. Ver "Policia invade Alemão e mata 19: Açao mobiliza 1.350 agentes e localiza paiois com munição e ate metralhadoras antiareas", en *Jornal O'Globo*, 28 de junio de 2007, p. 28. Igualmente, para los Juegos Olímpicos y los Paralímpicos de Río de Janeiro 2016, fueron movilizados 85.000 efectivos (41.000 de ellos de las Fuerzas Armadas), para participar en el operativo de seguridad. Información pormenorizada disponible en https://www.olympic.org/news/rio-2016.

previamente establecida y por tiempo limitado. El ordenamiento jurídico brasileño define claramente por tanto, la separación entre las misiones de las Fuerzas Armadas y de los órganos policiales, e indica que el eventual uso de los recursos de defensa para garantizar la ley y el orden están destinados a la solución de situaciones puntuales.

Pero por otro lado, de ordinario, las Fuerzas Armadas desarrollan acciones policiales de naturaleza preventiva y represiva. Actúan contra delitos transfronterizos, ejecutan acciones de patrullaje y registro de personas, vehículos, embarcaciones y mantienen líneas de cooperación con otros órganos federales para la prestación de apoyo logístico, de recursos de inteligencia, de comunicaciones y de instrucción, actividades amparadas bajo la Ley Complementaria número 117, de 2004. Sin duda, un planteamiento contradictorio en sí mismo[313].

Realidad que, sumada a la especificación del enunciado de la Ley Complementaria número 97, que hace referencia a las atribuciones subsidiarias de los militares, da cuenta de la extensión de las circunstancias en las que puede hacerse efectiva la participación militar en el orden interno, explicitándose la supremacía de la competencia militar sobre las fuerzas de seguridad en la conducción de los operativos, confirmándose que las Fuerzas Armadas no actúan como fuerzas de reserva de la Policía Militar sino a la inversa.

En Brasil, desde el punto de vista de la toma de decisiones, el proceso de "sacar militares a la calle" surge cuando cualquiera de las autoridades estipuladas en la Constitución reconoce que un ente territorial (estado federado) no es capaz de enfrentar el problema de la inseguridad. En definitiva, el proceso político adopta diferentes modalidades y el único criterio real es aquel que posee el presidente en ejercicio (Ley Complementaria número 97, de 1999, Capítulo IV)[314]. En 2001, el Decreto número 3.897 introdujo nuevas especificaciones y explicitó las directrices para su utilización en la garantía del orden, en donde se incluye la posibilidad de solicitar la intervención por parte de cualquier poder del Estado, sólo si las fuerzas reconocidas en el artículo 144

313 ZAVERUCHA, Jorge: "Fragile Democracy and the Militarization of Public Safety in Brazil", en *Latin American Perspectives*, Issue 112, vol. 27, nº 3, 2000.

314 DE MELLO ACEVEDO, Vladimir: *Emprego das Forças Armadas na garantia da lei e da orden e nas hipoteses do sistema constitucional das crises. Limites e aplicações*, 2005. Accesible en http://jus2.uol.com.br/doutrina/texto.asp?id=7203

de la Constitución (policiales), se consideran insuficientes para hacer frente al problema[315]. De acuerdo a la misma norma, el Gobernador del Estado debe autorizar la utilización de las tropas en su territorio.

Por último, la extensión de la misión también se encuentra regulada por ley. El artículo 5 establece que el "empleo de las Fuerzas Armadas en garantía de la ley y el orden deberá ser episódica, en un área predefinida y tener la menor duración posible". Desde un ángulo analítico, el intento por fijar normativas específicas referentes al uso de las fuerzas armadas en seguridad pública, refleja la preocupación de los legisladores por evitar que esta práctica se convierta en parte de la política habitual.

En el supuesto de Nicaragua[316], su Constitución en el artículo 92 recoge que "el Ejército de Nicaragua es la institución armada para la defensa de la soberanía, de la independencia y de la integridad territorial", y que "sólo en casos excepcionales el Presidente de la República, en Consejo de Ministros, podrá, en apoyo de la Policía Nacional, ordenar la intervención del Ejército de Nicaragua cuando la estabilidad de la República estuviera amenazada por grandes desórdenes internos, calamidades o desastres naturales".

A pesar de esta regulación constitucional, a nivel práctico los militares refuerzan a la policía a la hora de enfrentar el acuciante problema del crecimiento de la criminalidad en ese país. Esta disposición se confirma también en el Código Militar, que en su artículo 2 establece la obligación de coadyuvar, en caso de necesidad según determine el Presidente de la República, en el mantenimiento de la paz y el orden público, así como el deber de ayudar a la Policía en la lucha contra el narcotráfico en el territorio nacional, conforme a lo dispuesto en las leyes. La participación del Ejército en la materia incluye, la colaboración contra el tráfico de drogas, de armas, personas y crimen organizado, [...]. Los planes contra el narcotráfico se expresan en operaciones ejecutadas con componentes de medios terrestres, navales y aéreos, para contrarrestar la acción del narcotráfico, el crimen organizado y actividades conexas. Por su parte, la Policía Nacional es un cuerpo armado de naturaleza

---

[315] Parágrafo único. "Consideram-se esgotados os meios previstos no artículo 144 da Constituição, inclusive no que concerne às Polícias Militares, quando, em determinado momento, indisponíveis, inexistentes, ou insuficientes ao desempenho regular de sua missão constitucional".

[316] *Libro de la Defensa Nacional*, Ministerio de Defensa de Nicaragua, 2005. Accesible en http://www.resdal.org/Archivo/nica-libro-blanco.html

civil, que tiene como misión garantizar el orden interno, la seguridad de la ciudadanía, la prevención y persecución del delito, así como todo lo demás que le señale la ley[317].

En los supuestos de Ecuador[318] y Bolivia[319] nos encontramos con regulaciones que, en principio, establecen de manera clara la diferencia entre las funciones de las fuerzas armadas y la policía. Sin embargo, la praxis a la que se asiste en los últimos tiempos también impone una interpretación flexible de dichas previsiones. En Ecuador según la Constitución de la República del Ecuador (artículo 158), las Fuerzas Armadas y la Policía Nacional son instituciones de protección de los derechos, libertades y garantías de los ciudadanos y ciudadanas; "las Fuerzas Armadas tienen como misión fundamental la defensa de la soberanía y la integridad territorial", mientras que "la protección interna y el mantenimiento del orden público son funciones privativas del Estado y responsabilidad de la Policía Nacional" (artículo 158 de la Constitución, de 2008). A su vez, en el estado de excepción, como marca el paradigma clásico, el Presidente dispone "el empleo de las Fuerzas Armadas y de la Policía Nacional" (artículo 165.6 de la Constitución ecuatoriana). La práctica nos aleja de estas previsiones. CÉSAR BARTOLOMÉ afirma que "es posible que el involucramiento de las Fuerzas Armadas de Ecuador en tareas no convencionales, no sea una circunstancia excepcional, sino que se torne en algo recurrente en un futuro no muy lejano"[320].

---

[317] COIMBRA, Luis Octavio: "El involucramiento de las Fuerzas Armadas en actividades de seguridad en las Américas", en *URVIO, Revista Latinoamericana de seguridad ciudadana*, nº 12, 2012, pp. 127-140.

[318] *Libro Blanco de la Defensa Nacional. Política de Seguridad interna y externa: Seguridad, Soberanía y Democracia en el siglo XXI*, Ministerio Coordinador de Seguridad Interna y Externa de la República de Ecuador, 2008. Accesible en: http://scm.oas.org/pdfs/2012/cshecuadorlibrosblancos.pdf

[319] *Libro Blanco de la Defensa*, Ministerio de Defensa de Bolivia, 2004. Accesible en http://www.oas.org/csh/spanish/documentos/Bolivia%20-%202004.pdf. Actualmente se encuentra en estado de elaboración una versión actualizada del *Libro Blanco de Defensa del Estado Plurinacional de Bolivia*, basado en conocimientos y métodos de las Fuerzas Armadas argentinas. La autoridad competente del Estado boliviano estimó la conclusión y lanzamiento del Libro Blanco de Defensa en corto tiempo. Información accesible en http://www.mindef.gob.bo/mindef/node/2037

[320] BARTOLOMÉ, Mariano César: "Las Fuerzas Armadas Latinoamericanas: una heterogeneidad poco conocida", en *Security and Defense Studies Review*, vol. 8, 2008, p. 41.

En este marco, según lo establece la Ley Orgánica de la Defensa Nacional, la misión fundamental de las Fuerzas Armadas ecuatorianas es conservar la soberanía nacional; defender la integridad, la unidad y la independencia del Estado; y garantizar el ordenamiento jurídico y democrático del Estado social de derecho. Accesoriamente, pueden intervenir en otros aspectos relacionados con la seguridad nacional[321].

De acuerdo con lo señalado, la amplitud de las tareas que pueden desarrollar las Fuerzas Armadas ecuatorianas ha permitido su uso intensivo para hacer frente al contrabando, clara expresión de la criminalidad. Este uso parece haberse acentuado de manera sostenida desde inicios del año 2007, cuando el Presidente de la República anunció el completo involucramiento militar en el tema. Su accionar coordinado con la agencia aduanera del gobierno y el inicio de programas de reequipamiento a ese efecto para neutralizar la comercialización ilegal de combustible.

Por su parte, el Plan de Seguridad Integral sostiene que "las Fuerzas Armadas asumen nuevos roles y tareas relacionadas con la seguridad con enfoque integral para prevenir y enfrentar las nuevas amenazas, mediante acciones concretas en apoyo a la Seguridad Interna y Orden Público"[322].

Además, para confrontar la problemática del narcotráfico, el Gobierno ha definido una política multisectorial, centrada en el control del tráfico ilícito y los delitos conexos. Así, a fines del 2010 se estableció una *Política Emergente contra la criminalidad* con cinco ejes de acción, que contempla las siguientes acciones para las Fuerzas Armadas: participación directa, continua y complementaria en apoyo a la Policía Nacional en seguridad interna; lucha contra el crimen organizado y mantenimiento del orden público; control permanente de armas, municiones, explosivos y otros artículos relacionados; participación en el control de invasiones de tierra en apoyo a la Policía Nacional; y el control a las actividades de minería ilegal. Misiones, que representan nuevos márgenes de maniobra para la Fuerzas Armadas, además de las múltiples encomiendas subsidiarias de muy variada naturaleza, que igualmente desarrollan.

---

[321] República de Ecuador: Ley Orgánica de la Defensa Nacional nº 74, de 19 de enero de 2007, art. 2.

[322] *Plan Nacional de Seguridad Integral*, 2011, p. 38.

En Bolivia, por su parte, se regulan en capítulos separados las Fuerzas Armadas y la Policía (respectivamente, capítulos Primero y Segundo del Título VII de la Constitución). Las Fuerzas Armadas "tienen por misión fundamental defender y conservar la independencia nacional, la seguridad y la estabilidad de la República y el honor y soberanía nacionales" (artículo 244); y la Policía "tiene la misión específica de la defensa de la sociedad y la conservación del orden público, y el cumplimiento de las leyes en todo el territorio boliviano" (artículo 251). A pesar de ello, como es públicamente conocido, se percibe en la actuación presidencial una clara tendencia política a involucrar a las Fuerzas Armadas en temas de seguridad interior. Las Fuerzas Armadas bolivianas no sólo se movilizan en materia de lucha contra el narcotráfico[323], sino que también realizan tareas de inteligencia preventiva en este aspecto. Así lo ha confirmado el general Wilfredo Vargas en el año 2007, máximo Jefe militar del país, quién admitió que las instituciones castrenses investigaban el posible ingreso de organizaciones colombianas de narcotraficantes en el territorio nacional boliviano[324].

En Bolivia, las Fuerzas Armadas pueden verse involucradas en el combate contra el crimen organizado por imperativo gubernamental. El sustento legal de esta habilitación se observa claramente en la Ley Orgánica de las Fuerzas Armadas de la Nación, que en su artículo 3 establece que el Estado, mediante las instituciones militares, organizará la seguridad y la defensa nacionales,

---

[323] En este contexto legal, las Fuerzas Armadas, sin descuidar su rol primario de la defensa, participan bajo regulaciones expresas y en coordinación con organismos pertinentes a cada área jurisdiccional, en tareas tales como el control de fronteras, ejecutando operaciones contra el contrabando, explotación ilegal de recursos naturales y otros ilícitos; a través de Comandos Conjuntos; labores de racionalización y erradicación concertada de los cultivos excedentarios de la hoja de coca en la región tropical de los Yungas, el Chapare y otros; a través de la Fuerza de Tarea Conjunta integrada por personal de las Fuerzas Armadas y unidades especiales de patrullaje rural y ecológica de la Policía Boliviana; aportación de apoyo logístico a la lucha contra el narcotráfico, a través de las Fuerzas de Tarea del Ejército, Fuerza Aérea Boliviana y Armada Boliviana e incluso, la participación en tareas de seguridad ciudadana, coadyuvando a la Policía Nacional en el patrullaje, vigilancia y control delincuencial. *Pesquisa sobre el involucramiento de las Fuerzas Armadas del continente americano en actividades de seguridad pública*, op. Cit., pp. 15 y 16.

[324] "FF.AA. investiga sobre presunto ingreso de grupos irregulares al país", *Agencia Boliviana de Información* (ABI), 6 de noviembre de 2007. Citado en BARTOLOMÉ, Mariano César: "Las Fuerzas Armadas Latinoamericanas: una heterogeneidad poco conocida", op. Cit., p. 25. En dicho trabajo se recogen más ejemplos del empleo de las Fuerzas Armadas bolivianas en seguridad interior.

como un sistema integrado con el objeto de neutralizar, rechazar o destruir cualquier acción tendente a vulnerarlas. En su artículo 6, esa misma ley establece un largo listado de atribuciones y responsabilidades para las Fuerzas Armadas y el artículo 8 indica que el Presidente de la República puede disponer de ellas para, en lo interno, mantener el orden público, cuando las instituciones legalmente constituidas para este fin, resultaren insuficientes[325].

Recurrentemente se puede constatar en Bolivia la intervención militar en la lucha contra el crimen organizado. Uno de los aspectos en que se identifica esa participación, activa desde hace más de dos décadas, guarda relación con el tráfico ilegal de drogas. Aunque esa tarea es responsabilidad primaria de las fuerzas policiales[326], en casos puntuales (*a priori*, aunque la realidad es más laxa en cuanto a este llamamiento y disposición), los militares bolivianos son convocados por el gobierno para participar en la lucha contra el narcotráfico, sea integrando unidades conjuntas con la policía, o actuando por sí mismos de forma autónoma.

Otra manifestación de la criminalidad frente a la cual el Poder Ejecutivo suele emplear a las Fuerzas Armadas es el contrabando a gran escala. Desde hace dos años se ha intensificado el involucramiento castrense en estas actividades, operando conjuntamente con autoridades aduaneras y efectivos policiales, primero para impedir el contrabando de Gas Licuado de Petróleo (GLP) y otros combustibles hacia el exterior, y luego para evitar el ingreso de mercaderías ilícitas procedentes de Perú y Chile.

De igual modo, puede citarse a Perú. En las previsiones normativas se diferencian las funciones militares y policiales, previéndose en el artículo 165.2 de la Constitución que las Fuerzas Armadas "asumen el control del orden interno de conformidad con el artículo 137" del mismo texto[327], o sea, sólo en situaciones excepcionales. De nuevo, la práctica del pasado reciente

---

[325] República de Bolivia, Ley Orgánica de las Fuerzas Armadas de la Nación No. 1405.

[326] Específicamente la Fuerza Especial de Lucha contra el Narcotráfico (FELCN) y la Unidad Móvil de Patrullaje Rural (UMOPAR). Además, a finales de 2008, el Gobierno de Evo Morales estableció un Comando Militar Amazónico en el departamento de Pando destinado a combatir las distintas manifestaciones del crimen organizado.También, a partir de 2009, se lanzó en distintas localidades el Plan Ciudad Segura, movilizando efectivos de las Fuerzas Armadas y la Policía Nacional para disminuir los índices de inseguridad.

[327] En dicho artículo 137 se establece que, "el Presidente de la República, con acuerdo del Consejo de Ministros, puede declarar (...) los estados de excepción". Para el estado de emergencia

nos demuestra una interpretación flexible de estos artículos, sobre todo en las etapas de intensa confrontación contra el crimen organizado, especialmente en lo tocante a la lucha contra el narcotráfico[328].

El Ejecutivo autoriza y dispone la intervención de las Fuerzas Armadas para prestar apoyo a la Policía Nacional. Esto se da en casos de tráfico ilícito de drogas principalmente, pero no de forma exclusiva. Tienen cabida casos constitucionalmente justificados, es decir, cuando la capacidad de la policía sea sobrepasada en el control del orden interno, sea revisable o existiera peligro de que ello ocurriera. El Presidente o Presidenta también puede autorizar la intervención de las Fuerzas Armadas para la ejecución de acciones militares en apoyo a la Policía Nacional, encargándoles el control del orden interno por decreto o resolución suprema, en zonas declaradas en estado de emergencia[329].

El empleo operacional de las Fuerzas Armadas en seguridad pública se encuentra sustentado también por la siguiente normativa: Ley de Organización y Funciones del Ministerio de Defensa (Ley 29605 de 2010); Decreto Legislativo 1095 (2010), que establece reglas de empleo y uso de la fuerza por parte de las Fuerzas Armadas; Ley 28222 (2004), sobre intervención de las Fuerzas Armadas en zonas no declaradas en estado de emergencia; Reglamento del Ministerio de Defensa (D.S. 001-201 de 2004); Directiva para regular las reglas de empleo y uso de la fuerza por parte de las Fuerzas Armadas (2011); y

---

se prevé que las Fuerzas Armadas asuman "el control del orden interno" si así lo dispusiese el Presidente de la República.

[328] En Perú, el enfoque principal interno de las Fuerzas Armadas ha sido la lucha contra Sendero Luminoso, organización terrorista activa desde 1980. Actualmente, preocupa la convergencia entre esta organización y otras dedicadas al narcotráfico, afincadas en el Valle de los Ríos Apurímac, Eme y Mantaro (VRAEM). Como reacción, las Fuerzas Armadas han establecido una presencia significativa en esta área geográfica con bases temporales y permanentes. EVAN, Ellis: "El nexo evolutivo entre el crimen transnacional y el terrorismo en Perú, y su importancia estratégica para EE.UU. y la región," en *Academia de Guerra Naval*, 7 de marzo de 2016. Accesible en http://www.acanav.mil. cl/agn/documentos/temas_seleccionado/2016/

[329] A modo de ejemplo, el presidente Ollanta Humala –con la aprobación del Consejo de Ministros– declaró en estado de emergencia la Provincia Constitucional del Callao, según el Decreto Supremo No. 083-2015-PCM. Medida adoptada para restablecer el orden interno afectado por el incremento del índice delictivo asociado a diversas organizaciones dedicadas al narcotráfico, que operan en dicho territorio. Medida que ha imperado durante 315 días: adoptada desde el 4 de diciembre de 2015 y prorrogada hasta en seis ocasiones, las dos últimas por el Gobierno del actual presidente Pedro Pablo Kuczynski, y que finalmente no ha sido nuevamente prorrogada.

la Directiva para regular la organización operacional de las Fuerzas Armadas (2010).

Según se recoge en el *Libro Blanco de la Defensa* de Perú[330], el marco normativo define la seguridad como una situación en la cual el Estado tiene garantizada su independencia, soberanía e integridad, y la población, los derechos constitucionales fundamentales. Para ello, el Estado cuenta con el Sistema de Seguridad y Defensa Nacional, cuya función es preparar, ejercer y dirigir la Defensa Nacional, en todos los campos de la actividad nacional, de forma integral y permanente en los ámbitos externo e interno. Claramente, a partir de este andamiaje legal descrito, las Fuerzas Armadas peruanas pueden verse involucradas en la lucha contra el crimen organizado, aunque la responsabilidad primaria, recaiga en la Policía Nacional.

Finalmente, en relación a la República Dominicana[331], según la Constitución, el Presidente o Presidenta "es la autoridad suprema de las Fuerzas Armadas, la Policía Nacional y los demás cuerpos de seguridad del Estado" (artículo128). Las Fuerzas Armadas podrán "concurrir en auxilio de la Policía Nacional para mantener o restablecer el orden público" (artículo 252), en respuesta a una orden administrativa del Ejecutivo.

La Constitución apunta como objetivo de alta prioridad nacional, para las Fuerzas de Defensa y Seguridad: "Combatir actividades criminales transnacionales que pongan en peligro los intereses de la República y de sus habitantes" (artículo 260). La Ley Orgánica de las Fuerzas Armadas (Ley 873-1978), posibilita su empleo operacional en actividades de seguridad pública. Con base en esta ley, se han suscrito protocolos y planes de actuación conjunta entre las Fuerzas Armadas y Fuerzas de Seguridad Pública que delimitan los niveles de acción y responsabilidad, donde las primeras apoyan la acción de las segundas. Los planes de actuación describen la situación, la misión, el tamaño de la unidad militar que será empleada, la región y la vigencia de los mismos; de igual manera, estos planes proporcionan las instrucciones de coordinación, apoyo logístico, mando y control. Los planes vigentes han sido

---

[330] *Libro Blanco de la Defensa de Perú*, Ministerio de Defensa, 2005. Accesible en https://www.mindef.gob.pe/libro_blanco.php

[331] *Plan Estratégico Institucional 2012-2015. Gestión 2012-2014*, Ministerio de las Fuerzas Armadas de la República Dominicana, Santo Domingo, D.N., 2012. Accesible en http://www.fuerzasarmadas.mil.do/transparencyfile.aspx?id=48.

importantes para la coordinación de actividades con la Policía Nacional y para adecuar las Fuerzas Armadas a los nuevos desafíos "sin perder de vista su misión primordial"[332]. Finalmente, los planes de actuación son revisados y actualizados regularmente, para lo cual fue creada una oficina de enlace entre las Fuerzas Armadas y la Policía Nacional.

Por lo tanto, estos ejemplos del segundo grupo sólo aparentemente (en la teoría de la regulación constitucional) permanecen en el paradigma tradicional, al constatarse que la práctica impone otra visión de la realidad. Ello resulta, cuanto menos, peligroso, en términos constitucionales de seguridad democrática.

4.3. Países que mantienen el paradigma tradicional

Un último grupo de países muestran posicionamientos claros, o bastante claros, respecto de la diferenciación entre los roles de policía y defensa *stricto sensu*. Son supuestos que responden a los postulados clásicos relativos a la diferente regulación de los supuestos de normalidad y de las crisis extraordinarias, que llevan a los estados de excepción y sitio constitucionalmente establecidos.

En el Cono Sur (Uruguay, Argentina y Chile), las Fuerzas Armadas se orientan básicamente a las tareas de defensa. En estos países sí existe actualmente una clara delimitación entre las funciones policiales y militares, que no se reinterpreta de manera flexible (o al menos con tanta flexibilidad), como en algún ejemplo del epígrafe anterior.

Partiendo de la base de que la misión primigenia de la institución castrense está focalizada en la defensa de la soberanía nacional y la custodia de la integridad territorial con miras a asegurar la independencia del Estado, no obstante, a excepción del caso argentino, desde finales de 2011, tanto en Chile como en Uruguay, se han producido novedades cuyo devenir futuro puede auspiciar una modificación de su posicionamiento frente a esta cuestión, al introducir

---

[332] CALDERÓN, Emilse: "La impronta legal de la participación de las Fuerzas Armadas en la seguridad pública: el caso de la lucha contra el narcotráfico en América del Sur", en *URVIO, Revista Latinoamericana de seguridad ciudadana*, nº 12, 2012, pp. 97-109.

mayores cuotas de flexibilidad en la disposición de las fuerzas armadas, para prestar servicio fuera del estricto ámbito de la defensa[333].

Por un lado, el Gobierno chileno lanzó en octubre de 2011 el Plan Frontera Norte[334] para combatir el crimen organizado en el límite con Perú, Bolivia y Argentina. Este Plan se dio a conocer de manera conjunta por los ministros de Interior y Seguridad Pública y de Defensa Nacional, y su diseño involucró al Estado Mayor Conjunto de las Fuerzas Armadas. Persigue, lograr una coordinación multisectorial para fortalecer la vigilancia y control de la frontera marítima y terrestre de las regiones de Arica y Parinacota, Tarapacá y Antofagasta, al objeto de evitar los crecientes flujos ilícitos en la región. En el marco de este Plan, el rol que le compete a las Fuerzas Armadas implica un trabajo conjunto ordinario, no excepcional por tanto, con la Policía para asegurar la rapidez en las operaciones, auxiliando a dicha fuerza policial en capacidades de inteligencia y en el transporte de efectivos hacia las áreas de difícil acceso. De este modo, si bien la institución militar no está involucrada directamente en las actividades de control e interdicción, le compete una función específica desde una perspectiva complementaria de apoyo logístico y de inteligencia.

La consolidación de la actuación militar en el caso chileno y el posible avance del proyecto de ley en Uruguay, para implicar directamente a sus Fuerzas Armadas en la lucha contra el narcotráfico, podrían significar el inicio de un distanciamiento respecto de la posición que mantiene el Estado argentino, partidario de una división tajante entre las áreas de seguridad y defensa; al menos por el momento, dado que el nuevo Ejecutivo liderado por Mauricio Macri, ha efectuado manifestaciones públicas en sentido contrario, que rápidamente han recibido una fuerte contestación social por parte de la sociedad civil argentina[335].

---

[333] A modo de ejemplo, en Uruguay las Fuerzas Armadas han sido implicadas en la vigilancia de la producción de marihuana, después de su legalización. "Las Fuerzas Armadas de Uruguay vigilarán la producción de marihuana", en *ABC*, 14 de marzo de 2014. Información accesible en http://www.abc.es/internacional/20140314/abci-marihuana-ejercitouruguay-201403131749.html.

[334] Para ampliar la información sobre el Plan Frontera Norte en Chile, consultar: "Gobierno lanzó Plan Frontera Norte para combatir el crimen organizado en el extremo norte del país". Disponible en: http://www.interior.gob.cl/n6178_04-10-2011.html

[335] Argentina se encuentra inmersa en una polémica nacional controvertida, a raíz de hacerse pública la intención del Gobierno de Mauricio Macri de involucrar a las Fuerzas Armadas en la lucha directa contra el narcotráfico. Ya anteriormente, desde el 2007, el Gobierno presidido por

La Constitución chilena establece en su artículo 101 que las Fuerzas Armadas "existen para la defensa de la patria y son esenciales para la seguridad nacional"; mientras que "las Fuerzas de Orden y Seguridad Pública (...) constituyen la fuerza pública y existen para dar eficacia al derecho, garantizar el orden público y la seguridad pública interior".

De acuerdo al artículo 41 de la Constitución, las Fuerzas Armadas podrán participar en actividades de seguridad pública en caso de excepción constitucional, es decir, en el caso de que el Presidente o Presidenta de la República declare el estado de catástrofe en situación de calamidad pública, determinando la zona afectada por la misma. En este momento, se establece que "las zonas respectivas quedarán bajo la dependencia inmediata del jefe de la defensa nacional (Fuerzas Armadas), que designe la Presidencia de la República"[336].

En el caso de Argentina[337], la legislación promulgada desde 1983 hasta la fecha en materia de seguridad y defensa, ha hecho especial hincapié en diferenciar de forma taxativa estas responsabilidades y de fijar quienes las ejecutan (Ley 23.554, de Defensa Nacional –de 1988–, y Ley 24.059, de Seguridad Interior –que data de 1991–). En esencia, las definiciones enunciadas en estas leyes afirman que la defensa responde a la necesidad de enfrentar agresiones de origen externo, que requieran el empleo de las fuerzas armadas y que la seguridad, especificada en los textos como "seguridad interior", apunta a resguardar los derechos de los habitantes, en el ámbito espacial de la República Argentina, implicando el empleo de las fuerzas policiales y de seguridad. Esta división funcional sólo acepta como excepción el empleo de las Fuerzas Armadas en

---

Cristina Fernández de Kirchner, había desplegado 1.700 efectivos del Ejército en el norte del país al amparo del Operativo Fortín, consecuencia de la integración al sistema de vigilancia y reconocimiento del espacio aéreo argentino, de los medios disponibles para la vigilancia aérea pertenecientes al Ejército y la Fuerza Aérea en los sectores noroeste y nordeste del país, para la interdicción del narcotráfico. Inicialmente este operativo se ha limitado al apoyo logístico, ya que no hay figura legal que autorice acciones armadas como el derribo de aviones. Sin embargo, en 2011 pasó a tener una dimensión mayor y comenzó a coordinarse con el Operativo Escudo Norte del Ministerio de Seguridad, vigente hasta el 31 de diciembre de 2016, según recoge el Decreto 152/2016. Su objetivo original era incrementar la vigilancia y el control del espacio terrestre, fluvial y aéreo de jurisdicción nacional de la República Argentina.

336 *Libro Blanco de la Defensa Nacional de Chile*, Ministerio de Defensa Nacional, Santiago de Chile, 2002. Disponible en http://www.defensa. cl/libro-defensa/index.php.

337 *Libro Blanco de la Defensa*, Ministerio de Defensa de la república de Argentina, 2010. Accesible en http://www.ceedcds.org.ar/Srd-LibBL/ARG/Libro_Blanco_Argentina.pdf

el restablecimiento de la seguridad interior cuando, a criterio del Presidente de la Nación, el sistema de seguridad interior resulte insuficiente para el cumplimiento de sus objetivos (artículo 31 de la Ley 24.059). Casi siempre existe una puerta de atrás, que faculta la inmersión de las fuerzas armadas en la esfera de la seguridad interior y la lucha contra la criminalidad organizada, aunque se contemple de forma taxativa como *ultima ratio*.

Es de destacar que en Argentina, el Presidente puede disponer el empleo de elementos de combate de las Fuerzas Armadas previa declaración del estado de sitio, lo cual por tratarse de un caso específico de conmoción interior, sólo podrá concretarlo durante el supuesto de receso del Congreso, por tratarse de una atribución que corresponde a ese cuerpo.

Asimismo, el inciso c) del artículo 32 de la Ley 24.059 determina que, por ser excepcional el empleo de elementos de combate, sólo desarrollado en casos de extrema gravedad, dicha participación no incidirá en la doctrina, organización, equipamiento y capacitación de las Fuerzas Armadas. O sea, se prohíbe explícitamente que las Fuerzas Armadas se preparen *ex profeso* (capacitación), para ejercer esas funciones de seguridad interior. Estas previsiones llevan a pensar que, en el ánimo de los legisladores fue predominante el criterio de mantener apartadas al máximo a las Fuerzas Armadas de las cuestiones vinculadas a la seguridad interior, intercalando pasos intermedios a su participación y tratando de evitar que, con el pretexto de prepararse para una eventual situación de conmoción interior, se efectuaran tareas vinculadas a ese ámbito.

En Argentina además, la citada Ley de Defensa Nacional prohíbe expresamente a las Fuerzas Armadas participar (y muy especialmente desarrollar inteligencia militar) en conflictos internos, como consecuencia de los hechos del "proceso" ocurrido entre 1976 y 1983, veto que no se ha producido en otros países con episodios dictatoriales recientes semejantes, como Brasil o Chile, donde las fuerzas armadas sí han conservado esa competencia.

En ningún otro país de América del Sur se registra una división tan explícita entre defensa y seguridad, como se observa en Argentina. La Ley de Seguridad Interior profundiza la exclusión militar de los avatares de la seguridad interna, asignando este ámbito a las Fuerzas de Seguridad (Gendarmería Nacional y Prefectura Naval), a la Policía Federal y a las policías provinciales. Planteado de este modo, todo eventual empleo de las fuerzas armadas en operaciones de seguridad interior adquiere carácter excepcional y solo puede ocurrir, tras una previa y comprobada incapacidad de las fuerzas de seguridad de mantener la seguridad interior de la Nación. El empleo del instrumento militar estaría limitado geográficamente a la zona en que se produzca el "desbordamiento", mientras se restablece el control de la situación y requeriría previamente de la declaración del estado de sitio por el Congreso.

Finalmente, el Decreto No. 727/06 emitido por el Poder Ejecutivo, reitera la trillada cuestión de la separación de las áreas de defensa y seguridad, confinando a las Fuerzas Armadas a la primera y excluyéndolas de la segunda. En este punto, indicar que la idea de "agresión de origen externo" que menciona la Ley 23.544, debe entenderse como una agresión perpetrada por fuerzas armadas pertenecientes a otro Estado. De esta manera se elimina la posibilidad de tratar como cuestión de interés para la defensa las actividades de la criminalidad organizada transnacional en el territorio nacional, aun cuando la organización responsable sea foránea.

En definitiva, a partir del marco normativo vigente desde hace más dos décadas, el instrumento militar de la República Argentina se encuentra excluido de la lucha contra el crimen organizado, quedando en exclusiva en la esfera de responsabilidad de las fuerzas de seguridad y policiales. Este esquema ha sido calificado por algunos especialistas de excesivamente rígido[338], a la luz de las nuevas formas de amenazas que muestra el escenario de la seguridad previamente analizado en este trabajo.

Con respecto a Paraguay[339], su Constitución, en el Capítulo V ("De la fuerza pública"), diferencia la "fuerza militar y la policial", otorgando a las Fuerzas Armadas la misión "de custodiar la integridad territorial y la de defender a las autoridades legítimamente constituidas" (artículo 173). En cambio, la misión de la Policía es "preservar el orden público legalmente establecido, así como los derechos y la seguridad de las personas y entidades y de sus bienes;

---

[338] BARTOLOMÉ, Mariano César: "Las Fuerzas Armadas sudamericanas y las perspectivas de cooperación en la lucha contra el terrorismo y el crimen organizado", en *Estudios Internacionales*, nº 169, Instituto de Estudios Internacionales, Universidad de Chile, 2009, pp. 7-30.

[339] *Libro Blanco de la Defensa*, Ministerio de Defensa de la República del Paraguay, 2012.

ocuparse de la prevención de los delitos; ejecutar los mandatos de la autoridad competente y, bajo dirección judicial, investigar los delitos" (artículo 175).

La Constitución de Paraguay (capítulo III), aún prevé que se pueda declarar un estado de excepción "en caso de grave conmoción interior que ponga en inminente peligro el imperio de esta Constitución" o el funcionamiento regular de los órganos creados por ella. El Congreso o el Poder Ejecutivo, podrán declarar el estado de excepción en todo o en una parte del territorio nacional, por un término de 60 días como máximo. En el caso de que dicha declaración fuera efectuada por el Poder Ejecutivo, la medida deberá ser aprobada o rechazada por el Congreso dentro del plazo de 48 horas. Dicho término de 60 días podrá prorrogarse por períodos de hasta 30 días sucesivos, para lo cual se requerirá mayoría absoluta de ambas cámaras.

En Paraguay, la Ley de Defensa Nacional y de Seguridad Interna, regulan las misiones y funciones de las Fuerzas Armadas. En su artículo 2 define la Defensa, como el sistema de políticas, procedimientos y acciones desarrollados exclusivamente por el Estado para enfrentar cualquier forma de agresión externa que ponga en peligro la soberanía, la independencia y la integridad territorial de la República, o el ordenamiento constitucional democrático vigente. Por su parte, el artículo 37 entiende como seguridad interna la situación de hecho en que el orden público se encuentra resguardado, así como la vida, la libertad y los derechos de las personas y entidades y sus bienes, en un marco de plena vigencia de las instituciones establecidas en la Constitución Nacional.

Las Fuerzas Armadas constituyen el potencial militar de la Nación y se organizan, preparan y equipan, en función de lo determinado por la política militar que, a su vez, constituye un elemento central de la política de defensa (artículos 5 y 6). No obstante, pese a esa clara vinculación entre las instituciones militares y la defensa, éstas pueden involucrarse en tareas asociadas a la seguridad interna en función de lo previsto por los artículos 54 y 56; en el primer caso, a requerimiento de la Comisión de Crisis; y en el segundo, frente a situaciones de extrema gravedad, en que el sistema de seguridad interna resulte manifiestamente insuficiente.

Pero la realidad es compleja y el involucramiento militar en cuestiones de seguridad interna se ha ido acentuando progresivamente en toda la región latinoamericana. Así, en 2005 con el objetivo oficial de combatir el crimen organizado, el entonces presidente Nicanor Duarte Frutos decidió instalar casi una veintena de destacamentos militares en el interior del país[340]. Es más, con independencia de las declaraciones gubernamentales, los militares paraguayos *de facto*, no están al margen de la lucha contra el tráfico ilegal de drogas. Tarea que recae en la Policía Nacional y la Dirección Nacional Antinarcóticos (DINAR), dependiente del Ministerio del Interior. En este sentido, las Fuerzas Armadas han desplegado tropas en tres epicentros urbanos del departamento de Amambay (Pedro Juan Caballero, Capitán Bado y Bella Vista), debido a la limitada capacidad operativa de las fuerzas policiales de la zona. Por ello, no puede descartarse que, la participación de las instituciones militares paraguayas en la lucha contra la delincuencia organizada se extienda más allá de la cuestión de las drogas, para incursionar en otras aristas del crimen organizado muy activas en la zona: los secuestros extorsivos y el contrabando.

La delimitación de la misión de las Fuerzas Armadas recogida en la Ley Orgánica Militar, indica que su función fundamental "consiste en dar la Seguridad Nacional exterior o interior". La Ley Orgánica (artículo 4) establece que "seguridad nacional es el estado según el cual, el patrimonio nacional (…) se encuentra cubierto de interferencias o agresiones, internas y externas". Por otro lado, la Ley Orgánica Policial (capítulo I) indica que la Policía es *"dependiente del Poder Ejecutivo por intermedio del Ministerio del Interior"* y a ella "compete el mantenimiento del orden público y la prevención de los delitos". Finalmente, la Ley Marco de Defensa Nacional (Ley 18.650 de 2010), define la Defensa Nacional como "el conjunto de actividades civiles y militares dirigidas a preservar la soberanía y la independencia de nuestro país, a conservar la integridad del territorio y de sus recursos estratégicos, así como la paz de la República". Esta Ley Marco articula la política de defensa nacional y la política militar de defensa, estableciendo que, en tiempos de paz, las Fuerzas Armadas "podrán prestar servicios o colaboración en actividades que, por su especialidad, relevancia social o conveniencia pública, les sean solicitadas" (artículo 20).

En Uruguay[341], el marco normativo vigente indica que la seguridad nacional es la situación en la cual el patrimonio nacional en todas sus formas y el

---

340 BARTOLOMÉ, Mariano: "Las Fuerzas Armadas latinoamericanas: una heterogeneidad poco conocida", en *Security and Defense Studies Review* vol. 8, 2008, pp. 22-46.

341 *Libro Blanco de la Defensa Nacional* 2015-2030, Ministerio de la Defensa Nacional de Uruguay, 2015.

proceso de desarrollo hacia los objetivos nacionales se encuentran a cubierto de interferencias o agresiones, internas y externas. Al logro de este objetivo contribuye la defensa nacional, entendida como el conjunto de órganos, leyes y reglamentaciones que, con ese fin, pone en práctica el Poder Ejecutivo por conducto de los mandos militares para anular, neutralizar o rechazar a los agentes capaces de vulnerar dicha seguridad[342]. En este contexto, las Fuerzas Armadas tienen como misión la defensa de la independencia y la paz nacionales; la integridad de su territorio, su Constitución y sus leyes, actuando bajo mando presidencial[343].

Aunque este marco normativo no excluye explícitamente la intervención de las Fuerzas Armadas en cuestiones relacionadas con la seguridad interior, las condiciones y límites de su participación están contemplados en el documento político *La Defensa Nacional*, elaborado por la cartera de Defensa en 2005. Su texto establece que las cuestiones de seguridad interior corresponden al Ministerio del Interior, mientras que la participación de los militares en ese ámbito es de carácter excepcional y se enmarca en situaciones de "conmoción interior" o de ataque exterior, que exijan "medidas prontas de seguridad".

Por lo tanto, en términos generales, las Fuerzas Armadas del Cono Sur resisten firmemente las sugerencias de posibilitar la inmersión militar plena en asuntos de criminalidad organizada, aunque en algunos países, empieza a insinuarse algún atisbo de flexibilización de dicha resistencia. Por lo pronto, el legislador considera que su misión se halla a un nivel más intensivo de acción militar.

A modo de colofón, las valoraciones políticas de los últimos años que subrayan la importancia de la seguridad han trastocado, en parte, el esquema constitucional tradicional para enfrentarse a la diversidad de situaciones esbozadas. Superada la Guerra Fría, que permitía análisis generales y simplistas, los temas de seguridad han entrado en una deriva poliédrica de escala planetaria.

---

[342] República Oriental del Uruguay: Decreto- Ley Orgánica de las Fuerzas Armadas No. 14.157, del 21 de febrero de 1974, modificado por la Ley No. 15.808, del 7 de abril de 1986, artículos 2 a 5.

[343] República Oriental del Uruguay: *La Defensa Nacional. Aportes para un Debate*, Ministerio de Defensa Nacional, Montevideo, 2005. Para mayor detalle sobre las modificaciones que introduce el citado documento político, consultar: *Informe Nacional-Uruguay*, Programa Seguridad y Ciudadanía, Santiago de Chile, Facultad Latinoamericana de Ciencias Sociales (FLACSO), 2006, pp. 14 y ss.

Todo ello ha tenido, como hemos visto en lo que antecede, repercusiones constitucionales en el ámbito latinoamericano[344].

No podía ser de otro modo. La Constitución tiene que ser un documento vivo, cercano a la realidad de la comunidad que rige, por lo que el *aggiornamento* es imprescindible. El problema, por lo tanto, no es el de la actualización de la Carta Magna, sino el de privilegiar en exceso y de manera desproporcionada la seguridad sobre la libertad. Ambas categorías deben mantener un equilibrio adecuado para que logren hacer efectivo el ejercicio de los derechos fundamentales, deudores, sin duda, de ambas ideas. Las renuncias que hay que efectuar para garantizar nuestra seguridad tienen que basarse en los principios de proporcionalidad y razonabilidad: "el objetivo es alcanzar unos resultados equilibrados", ya que "no valen posiciones que busquen soluciones y conceptos absolutos, sino actuaciones casuísticas, que tengan en cuenta las circunstancias de cada situación"[345]. Sea como fuere, no se puede perder de vista la complementariedad de las categorías analizadas, porque la seguridad no sólo defiende al Estado, sino que también protege a la democracia, asegurando su vigencia y preeminencia.

El paradigma constitucional tradicional, en situaciones de normalidad, confiaba el tema de la seguridad interna a los entes policiales y la seguridad externa a las fuerzas armadas; y en circunstancias excepcionales, permitía a las fuerzas militares la asunción de tareas en la seguridad interna. Este paradigma se ha modificado al albur del incremento de la presencia de la criminalidad organizada en América Latina y su ejercicio de la violencia y la intimidación. Y a raíz de ello, en diversos casos del Derecho Comparado, se permite a las fuerzas armadas ostentar roles en la seguridad interna sin haberse declarado una situación excepcional. Sin embargo, téngase en cuenta que el empleo de las fuerzas armadas en la lucha contra la delincuencia no es algo exactamente nuevo, dado que sus primeras manifestaciones se remontan a la década de los años setenta del siglo pasado. No obstante, en inicio era algo residual, no amparado explícitamente

[344] FERNÁNDEZ RODRÍGUEZ, José Julio y SANSÓ-RUBERT, Daniel: "El recurso constitucional a las Fuerzas Armadas para el mantenimiento de la seguridad interior", op. Cit., pp. 737-760.

[345] FERNÁNDEZ RODRÍGUEZ, José Julio: "Espionaje en la Red: la amenaza fantasma", en Fernández Rodríguez, J. J. (coord.): *Defensa e Internet. Actas del I Congreso sobre Seguridad, Defensa e Internet*, Santiago de Compostela: Universidad de Santiago de Compostela, 2006, pp. 96-97.

en el ordenamiento, a diferencia de lo que acontece en diversos supuestos de la actualidad, producto de diversas reformas de los últimos años.

Lo que está aún por determinar es si efectivamente, asistimos a un proceso irreversible de militarización de la seguridad pública o si, por el contrario, es una etapa puntual, fruto de la expansión y virulencia de una criminalidad cada vez más inmune frente a la tradicional acción policial. Como el análisis de los resultados de la intervención militar en el enfrentamiento con la delincuencia organizada (en términos de éxitos e impactos), está poco desarrollado y menos aún cuantificado, resulta prematuro afirmar categóricamente, si esta participación de las fuerzas armadas es una respuesta positiva o no, en qué medida y bajo qué fórmula. El Derecho constitucional y la Teoría de la Constitución están llamados a ir aportando el adecuado sentido jurídico a esta problemática, bajo la égida que marcan los irrenunciables estándares de la calidad democrática.

Por de pronto, lo que está meridianamente claro es que las situaciones excepcionales tienen que ser necesariamente transitorias: hay que buscar que duren lo mínimo posible y que la situación vuelva a la normalidad constitucional. Un uso desmedido e injustificado de los estados de excepción es un alimento para el caudillismo contrario a la pluralidad democrática. De igual forma, superado el paradigma tradicional, el recurso a las fuerzas armadas para el mantenimiento de la seguridad interior debe enmarcarse en las precisas garantías democráticas y rodearse de una adecuada previsión constitucional, que establezca los oportunos límites. Valerse de un constitucionalismo perverso o flexibilizar en la práctica las previsiones constitucionales para dotar de competencias a las fuerzas armadas en seguridad interior representa ejemplos de un mal uso de las situaciones de excepcionalidad, que colman la Historia constitucional de fracasos que debieran generar, al menos, cautela en los decisores públicos. Un desafío abierto, sin duda, para los sistemas democráticos latinoamericanos.

5. LOS COSTOS CONSTITUCIONALES DEL RECURSO A LAS FUERZAS ARMADAS EN LA LUCHA CONTRA LA CRIMINALIDAD ORGANIZADA

En el heterogéneo contexto de América Latina, las políticas públicas adoptadas en un esfuerzo por suprimir la criminalidad organizada han requerido o justificado, diversas reformas legales y transformaciones institucionales, como ha sido ya objeto de análisis. Es importante identificar el impacto de estos cambios en los regímenes constitucionales del hemisferio. Y se pretende hacerlo ahora desde una óptica específica: el "costo constitucional"[346] de las medidas pergeñadas; esto es, identificar las dinámicas que impliquen claudicaciones o transformaciones en el ámbito constitucional, tanto de forma directa como indirecta.

La inmersión de las fuerzas armadas en la contención de la criminalidad organizada en términos generales y de forma expresa, su intervención bajo el formato de "guerra contra las drogas", ha producido importantes y diversas consecuencias. Lamentablemente, el saldo arrojado, fruto de un hipotético balance, resultaría negativo. En contraposición de los éxitos acumulados (desarticulación de organizaciones, intervención de cargamentos, destrucción de plantíos y soporte logístico de las estructuras criminales, detención de sus líderes, pacificación de regiones…), el listado de agravios parece superar con creces el de conquistas, transformando cualquiera de los avances logrados en una victoria pírrica. La suma del aumento de las violaciones a los derechos humanos, la pérdida de libertades, el incremento de la violencia mortal, de la corrupción, de los costes económicos directos e indirectos, las desinversiones económicas motivadas por la fuerte incidencia criminal en el sector, así como el desmantelamiento del tejido industrial, el desplazamiento masivo de población[347]y un largo etcétera de posibles ejemplos, todos y cada uno de ellos, engrosan el costo de la movilización militar en asuntos de seguridad pública e interior.

A este conjunto debemos añadir un tipo adicional de costo: el impacto que el discurso belicista contra la criminalidad y su implementación han tenido y tienen, sobre la redacción de los textos, las materias, sus interpretaciones y prácticas, contenidas en las respectivas constituciones de los países latinoame-

[346] BARRETO, Antonio y MADRAZO, Alejandro: "Los costos constitucionales de la guerra contra las drogas: dos estudios de caso de las transformaciones de las comunidades políticas de las Américas", en *Isonomía*, nº 43, 2015, pp. 151-193.

[347] El Centro Internacional para los Derechos Humanos de los Migrantes (CIDEHUM), identifica al crimen organizado y a la violencia, como las nuevas fuentes principales del desplazamiento forzado de población interno y externo en Centroamérica. JAMES CANTOR, David: "The New Wave: Forced Displacement caused by Organized Crime in Central America and Mexico", en *Refugee Survey Quarterly*, 2014, pp. 1-35.

ricanos. Cartas Magnas objeto de transformación, en aras de una pretendida adaptación a las circunstancias del desafío criminal a enfrentar, para dotar al Estado de instrumentos útiles en su combate. Una suerte de "militarización constitucional" muy discutible, al socavar compromisos constitucionales históricos en relación a principios, valores y derechos constitucionales.

Con esta estrategia de transformación del texto constitucional (constitucionalismo perverso), se evaden los controles derivados de la Teoría de la Constitución y del garantismo constitucional, en beneficio del pragmatismo en la aplicación de las medidas de seguridad, evitando con ello su identificación como prácticas inconstitucionales, al quedar éstas perfectamente amparadas en las respectivas Cartas Magnas, por la vía de la introducción de modificaciones. La adaptación del marco constitucional a las situaciones extraordinarias (supuestamente transitorias) y no a la inversa, conlleva indefectiblemente a incurrir en costos constitucionales. De ahí, la relevancia de su análisis, a efectos de determinar el grado de vulneración constitucional en perjuicio de la calidad democrática.

5.1. La noción de costo constitucional y sus tipologías

Por costos constitucionales[348] cabe identificar las transformaciones y cambios introducidos (las permanentes restricciones, desamparo, transgresiones, exclusiones o cualesquiera otros impedimentos o afectación) en los sistemas legales (textos, interpretaciones y/o prácticas), de los países donde se ha involucrado a las fuerzas militares en la lucha contra la criminalidad organizada. Costos, que van en contra de sustanciales compromisos normativos (es decir, compromisos constitucionales) y valores, antes mantenidos por el sistema de gobierno. El único fin usualmente declarado para adoptar tales cambios es el de adaptar el marco legal e institucional, para implementar una mejor y más efectiva participación gubernamental, en la lucha contra la delincuencia organizada. Este tipo de iniciativas, sin embargo, rara vez viene acompañada

[348] La noción de "costo constitucional" adoptada ha sido extraída del trabajo de Madrazo Lajous: MADRAZO, Alberto: *Los costos constitucionales de la guerra contra las drogas: una primera aproximación (desde México)*, México D.F.: Centro de Investigación y Docencia Económicas (CIDE), 2014.

de un estudio previo o posterior, que detalle posibles impactos negativos, que mermen los compromisos constitucionales pre-existentes.

Se hace por tanto necesario, evaluar precisamente dicho impacto desde el prisma del Derecho constitucional y la Teoría de la Constitución. Una primera aproximación detecta, que muchos de los cambios legales adoptados consisten en significativas alteraciones del sistema constitucional en su conjunto. Tales alteraciones, cuando van en contra de compromisos normativos y políticos previamente mantenidos, que no han sido objeto de renuncia explícita, deben ser entendidas como costos constitucionales.

La cuestión central radica en que, el desdibujamiento de las distinciones de las funciones (seguridad y defensa), previamente nítidas, atribuidas a cada uno de los organismos e instituciones integrantes del Estado, incrementa notoriamente la vulnerabilidad de los ciudadanos ante la arbitrariedad del poder, al tiempo que favorece el que las autoridades resulten menos fiscalizables por sus acciones. Sus efectos repercuten, tanto en el plano legal, como en el político, dado que las constituciones, además de documentos legales, reflejan las directrices, principios y valores sobre los cuales se articula una comunidad política.

Para entender en plenitud los mecanismos mediante los cuales las reformas jurídicas e institucionales que nos ocupan, representan un costo en términos constitucionales, debemos asumir previamente que, cuando hacemos referencia a la "constitución" y al "costo constitucional" en este ámbito, se alude a normas, pero normas cuyo interés específico no radica sólo en su papel dentro de un sistema normativo (cúspide de la jerarquía normativa; fuente de autoridad de normas derivadas)[349], sino también –y sobre todo– de su función como parámetro para identificar y significar una comunidad política; esto es, para constituirla. Nos interesan las normas jurídicas en tanto normas, pero también como los referentes de la identidad colectiva de una comunidad[350].

Así entendidas, siguiendo a MADRAZO, las constituciones contribuyen a la identidad colectiva de una comunidad en al menos dos sentidos. Por una parte, la delimitan, identificando "lo otro", ajeno a dicha comunidad. Por otra

[349] KELSEN, Hans: *Teoría pura del derecho*, México: UNAM, 1959; TAMAYO Y SALMORÁN, Rolando: *Introducción al estudio de la Constitución*, México: Fontamara, 1998.

[350] BARRETO, Antonio y MADRAZO, Alberto: "Los costos constitucionales de la guerra contra las drogas", op. Cit., pp. 154 y ss.

parte, proporcionan elementos de cohesión y experiencia común, aún donde no los hay en otros ámbitos. Las constituciones delimitan fronteras básicas que permiten identificar a la comunidad política. El propio SCHMITT, citando a LORENZ von STEIN, señala que en el Estado constitucional (por oposición, entre otros, al Estado Nación), la Constitución expresa "la existencia misma de la sociedad ciudadana"[351]. Así, nos interesa lo constitucional en tanto *político*; esto es, en tanto cimiento de la identidad colectiva del "nosotros"[352].

Pero lo constitucional nos interesa también como norma, lo que nos lleva al segundo aspecto de "lo constitucional" que nos ocupa: lo jurídico. Además de referentes de identidad colectiva, las constituciones son (colecciones de) normas jurídicas y, como tales, establecen y reflejan valores, aspiraciones, parámetros, para valorar la conducta y las circunstancias[353].

Así, resumiendo, los costos constitucionales hay que entenderlos como la afectación, supresión, erosión o menoscabo normativos de los compromisos constitucionales, entendidos éstos como valores, principios, prácticas consuetudinarias, interpretaciones asentadas sobre cómo entender determinadas cuestiones… . Esto es, la introducción en la Constitución, en el sistema jurídico, o en el diseño institucional, de reglas o contraprincipios, que vayan en detrimento de un compromiso constitucional, sin que el compromiso constitucional haya sido objeto de revisión o renuncia. Esto es importante: para hablar de un costo constitucional, el compromiso constitucional debe sostenerse, pero también verse mermado. La renuncia a un compromiso constitucional –por ejemplo, el abandono del régimen presidencial para adoptar uno parlamentario– no puede considerarse como un costo constitucional, pues el compromiso constitucional está siendo abandonado (renuncia voluntaria) y al ser abandonado, deja por tanto, de ser parte del orden constitucional y ya no puede ser objeto de valoración, en términos de costo constitucional. Es preciso que el compromiso constitucional sea sostenido por la comunidad política (que siga resultando valorado), a pesar de su merma, para poder hablar de un costo de índole constitucional. No se puede calificar de costo si se produce una decisión consciente de renunciar a un compromiso constitucional

351 SCHMITT, Carl: *El concepto de lo político*, México: Folios Ediciones, 1933, p. 44.

352 MADRAZO, Alberto: *Los costos constitucionales de la guerra contra las drogas,* op. Cit., p. 5 y ss.

353 Ibid., pp. 6 y 7.

determinado y sustituirlo por otro. Si, en cambio, se sostiene un compromiso determinado –digamos, el debido proceso–, pero se adoptan medidas que son incompatibles con él –como la detención de alguien sin informarle de qué se le acusa–, entonces sí estamos frente a un costo constitucional: se socava o vulnera un compromiso que, al menos formalmente, simultáneamente se sostiene o está presente[354].

Los costos constitucionales no se refieren, necesariamente, a normas o acciones inconstitucionales. De hecho, muchos de ellos se presentan precisamente como reformas constitucionales (perversas), por lo cual, técnicamente no se les puede considerar como violaciones a la Constitución y/o sus principios. Es decir, las reformas constitucionales formales, por definición, no pueden contravenir la constitución, ya que justamente se adelantan para cambiar alguno de sus contenidos. Así, para hacer visibles y evaluar el costo constitucional en estos casos, es necesario adoptar una perspectiva diacrónica: observar los compromisos constitucionales como estaban antes de una determinada reforma constitucional para luego, contrastarlos con el resultado del proceso de reforma acaecido. La diferencia que surge de esa yuxtaposición es el costo constitucional de una reforma constitucional perversa.

Otros costos constitucionales no necesitan de esta aproximación: cambios de la legislación secundaria, sin reformas constitucionales de por medio, que explícitamente les acomoden en el ordenamiento jurídico, pueden afectar los compromisos constitucionales y, en estos casos, sí serían susceptibles de ser calificados como inconstitucionales (y serán costos en tanto no sean formalmente declarados como inconstitucionales, o aun siéndolo, en la medida en que abonan el proceso de desgaste de un compromiso constitucional). Aquí la yuxtaposición necesaria para la visibilidad del costo constitucional es simplemente entre el texto constitucional y el texto legal.

En ambos casos –costos constitucionales derivados de cambios constitucionales o de cambios legales– la perspectiva que se adopta debe ser considerada "conservadora" en al menos un sentido: se presupone que los compromisos constitucionales celebrados antes de los cambios son relevantes y valiosos para la unidad política y, simultáneamente, que los cambios adoptados tienen

---

[354] BARRETO, Antonio y MADRAZO, Alejandro: "Los costos constitucionales de la guerra contra las drogas", op. Cit., pp. 156-158.

su origen en la elección de un mal necesario con el fin de hacer más efectiva una política pública específica – por ejemplo, "guerra contra la criminalidad organizada"– o requeridos por circunstancias excepcionales, que exigen que los compromisos constitucionales sean suspendidos. Puede ser que esto no sea así. Puede ser que una comunidad política renuncie a ciertos compromisos constitucionales –por ejemplo, el derecho al debido proceso– y que la restricción de dicho compromiso constitucional, por ejemplificar nuevamente, en nombre de la "guerra contra el crimen organizado", sea meramente accidental. Con todo, si la "guerra contra la criminalidad organizada" aparece como la razón o la motivación que lleva a estas modificaciones, las debemos asumir como instrumentales para dicha guerra y no como cambios autónomos en los compromisos de valor de nuestras propias comunidades políticas. Mientras no exista una renuncia explícita a un compromiso constitucional en sí mismo, sino que su menoscabo y gradual desautorización se justifique o presente como instrumental, entraría dentro del ámbito de los costos constitucionales.

Habitualmente, estos costos se presentan como medidas transitorias o extraordinarias, o bien, como costos limitados; pero posteriormente la tendencia es al arraigo y la expansión en nuestros sistemas. Un costo constitucional se presenta cuando afirmamos un compromiso constitucional –esto es, un valor, principio, institución o derecho fundamental– y simultáneamente lo socavamos con alguna política o medida que, en teoría, es coyuntural. Por ejemplo, cuando el carácter civil de los gobiernos queda *por mor* de la incompetencia política y de la dependencia funcional (necesidad de recursos y medios), a disposición del mando militar (militarización de la política o de la Administración pública).

Los costos constitucionales se generan de distintas maneras. Pueden consistir en la introducción formal de enmiendas constitucionales, que cambien el sentido de la constitución; su orientación jurídico-política hacia una determinada cuestión. Desde la técnica jurídico-constitucional, no pueden considerarse transgresiones o violaciones de la constitución, siempre y cuando respeten los procedimientos instituidos al respecto. La diferencia constatable entre los derechos, principios, valores o instituciones, tal y como éstos eran antes de una enmienda favorable a la militarización constitucional de la lucha contra la criminalidad organizada, contrapuesto el escenario resultante tras el proceso de enmienda, constituye el costo constitucional atribuible.

Otros costos constitucionales no requieren este enfoque: modificaciones legales realizadas sin una enmienda constitucional que las acoja explícitamente, pueden igualmente transgredir los compromisos constitucionales. Finalmente, las interpretaciones de los textos legales –constitucionales o de otro tipo– sin una enmienda formal, reorientando intencionadamente hacia un fin o consecución de un objetivo, la forma de entender los mismos, también pueden ser considerados una modificación sustancial, que represente a la postre un costo constitucional.

MADRAZO, propone una interesante clasificación de los costos constitucionales, elaborada al hilo del estudio de la situación experimentada por Latinoamérica durante estos últimos años, agrupándolos en tres modalidades o tipos[355]: la restricción de derechos fundamentales para todas las personas o la forja de un régimen de derechos reducidos para ciertas personas; la reestructuración de formas de gobierno y el socavamiento de la seguridad jurídica, por virtud del colapso de conceptos jurídicos o funciones del Estado.

Los derechos fundamentales son, en teoría, los compromisos de valores centrales de la comunidad política, que el gobierno se obliga no sólo a respetar sino a garantizar y promover[356]. Son de carácter universal. De modo que la restricción de los derechos fundamentales sólo puede significar una de dos cosas: la restricción de los derechos fundamentales para todas las personas o el establecimiento de un régimen de menoscabo de los derechos para ciertas personas (regímenes especiales de limitación de derechos). Históricamente, en América Latina (parece que a modo de premonición) se establecieron principalmente para limitar posibles excesos del gobierno[357]. Hoy en día se distinguen de los demás derechos no fundamentales, porque son universalmente atribuibles, a diferencia de los derechos exclusivos o de los contingentes a las circunstancias[358].

---

[355] MADRAZO, Alberto: *Los costos constitucionales de la guerra contra las drogas*, op. Cit., pp. 20 y ss.

[356] ABRAMOVICH, Víctor y COURTIS, Christian: *Los derechos sociales como derechos exigibles*, Madrid: Trotta, 2004.

[357] GARGARELLA, Roberto: *The Legal Foundations of Inequality*, Cambridge: Cambridge University Press, 2010.

[358] FERRAJOLI, Luigi: "Criminalidad y Globalización", en Carbonell, M.; Fix-Fierro, L. R. y González Pérez, D. V. (coords.), *Estado constitucional, derechos humanos, justicia y vida universitaria: Estudios en homenaje a Jorge Carpizo*, vol. 4, Tomo 1, 2015.

La argumentación recurrente de la excepcionalidad de la amenaza y de sus peligrosidad, en términos de capacidades de uso de la violencia y de penetración multinivel, ha sido empleada para el otorgamiento de facultades excepcionales a las autoridades de modo que éstas, puedan realizar eficazmente la "guerra contra el crimen organizado". Circunstancia, que ha tenido graves efectos corrosivos sobre el sistema de los derechos fundamentales. Triste realidad colateral de la interpretación y desempeño de la lucha contra la criminalidad organizada en términos bélicos, que no fue objeto de previsión por todos aquellos (políticos, sociedad, académicos, militares…), que se postularon a favor de la misma y a la que ahora debe hacerse frente con responsabilidad, para evitar la creciente merma de legitimidad del instrumento militar.

Las excepciones pueden ser temporales o pueden afectar sólo a un grupo –integrantes de organizaciones criminales– pero, en y por sí misma, la creación de un régimen excepcional de recortes se opone abiertamente a la lógica universalista subyacente a los derechos fundamentales. Más aún, existe el riesgo de que pudiera producirse una expansión ilimitada de la excepcionalidad, amparada en la arbitrariedad como único criterio de exclusión. Implica la colonización de la lógica del régimen de excepción dentro del régimen ordinario y de la práctica institucional.

El establecimiento de un régimen penal de excepción para el crimen organizado, (derecho penal del enemigo), y la incrustación de transformaciones abiertamente discutibles (poderes extraordinarios) en la Constitución, por su dudosa constitucionalidad, al amparo de la procura de instrumentos para la lucha contra la criminalidad organizada, ilustra este tipo de medidas y la amenaza que representan para las Constituciones.

Todas estas medidas están, por supuesto, constitucionalmente prohibidas en el proceso de justicia penal ordinario. El caso del arraigo (figura de detención propia de México) es particularmente ilustrativo de los costos constitucionales que estamos dispuestos a pagar como sociedad, por nuestro consentimiento o indiferencia con respecto a la "guerra contra las drogas" y de su fácil extrapolación, más allá de los límites del régimen de excepción. El arraigo es una medida (supuestamente) extraordinaria por la cual a las personas se les puede poner en "arresto domiciliario", pero que en México se lleva a cabo, casi exclusivamente, en casas de seguridad de las autoridades. Para "arraigar a alguien" no hay necesidad de acusarle de un delito, sino simplemente sostener que su arraigo ayuda al "éxito" en una investigación. En México, la figura del arraigo fue declarada inconstitucional por la Suprema Corte en 2005. Ésta sostuvo como argumentación, que la inclusión del arraigo en el Código de Procedimientos Penales del Estado de Chihuahua, resultaba incompatible con varios derechos del debido proceso establecidos en la Constitución federal (Suprema Corte de Justicia de la Nación, 2005).

Sin embargo, la reforma constitucional penal del 2008, al insertar la figura del arraigo directamente en el texto de la Constitución (sin alterar los derechos en virtud de los cuales se había considerado que era incompatible), anuló la incompatibilidad constitucional haciendo que, técnicamente, resultara imposible de cuestionar. La inclusión se justificó como una excepción para permitir que el gobierno federal y solamente éste, pudiera luchar contra el crimen organizado y el narcotráfico. Paradójicamente, a través de una reforma constitucional posterior estratégicamente orientada, se logra soslayar las propias garantías constitucionalmente establecidas previamente. A su vez, el arraigo también es ilustrativo de los impulsos expansivos del régimen de excepción. La reforma constitucional incluyó un artículo transitorio por el cual el arraigo puede aplicarse a cualquier delito grave, expandiendo sobremanera su empleo en el transcurso de la "guerra" sostenida contra las drogas en México[359].

Los límites y excepciones impuestos a otros derechos, como el derecho a la privacidad de las comunicaciones y el derecho de propiedad, también se han prodigado en los últimos años. Por ejemplo, la Ley Federal de Telecomunicaciones y Radiodifusión (LFTR), que en su Título Octavo establece las obligaciones de colaboración de los operadores de telecomunicaciones con las instancias de justicia y seguridad pública del Estado, permitió a los Ministerios Públicos obtener de los proveedores de telefonía móvil, sin una orden judicial, la localización geográfica en tiempo real de los usuarios[360]; la Ley de la Policía Federal de 2009 (Diario Oficial de la Federación, 2009) permitió

[359] MADRAZO, Alberto: *Los costos constitucionales de la guerra contra las drogas,* op. Cit., pp. 10 y ss.

[360] ROMO de la CRUZ, Jesús: *Análisis: lineamientos de colaboración de operadores con instancias de justicia y seguridad*, diciembre, 2014. TELCONOMIA, Consultoría especializada en el impacto de la política pública en las telecomunicaciones, las TIC y los medios. Información accesible en: http://telconomia.com/wordpress/wp-content/uploads/2014/12/Lineamientos-colaboracion-telecom justicia.pdf

operaciones encubiertas[361], ilegales en México hasta entonces, habida cuenta de su consideración como una forma de incitación al delito (agente provocador).

En definitiva, se vislumbra la tendencia a incorporar en la Constitución un régimen excepcional de derechos restringidos y facultades policiales extraordinarias, para los delitos cometidos por el crimen organizado. Esta tipología de regímenes de excepción incluye, como acontece con el caso mexicano –paradigmático en la región–, situaciones como la posibilidad de ser detenido y permanecer incomunicado sin mediar acusación formal, por un lapso temporal de hasta 80 días, si se considera que la aplicación de la medida es determinante para cualquier investigación vinculada con el crimen organizado; la duplicación del período permitido para la detención policial previa a la comparecencia ante la autoridad judicial (*habeas corpus*), de dos a cuatro días; mantenimiento del detenido incomunicado mientras se encuentra en prisión (exceptuando la asesoría legal); encarcelamiento en cárceles "especiales" distintas a las designadas para la población general; una autorización generalizada a aplicar "medidas de seguridad especiales" y no especificadas en el interior de las prisiones; y la posibilidad de ser acusado anónimamente, por citar algunos ejemplos emblemáticos[362].

En cuanto a la reestructuración del gobierno se refiere, puede definirse como los ajustes sustanciales a los acuerdos bajo los cuales las facultades y responsabilidades se distribuyen entre los poderes y/o niveles del gobierno. La delegación de funciones legislativas o judiciales al Poder Ejecutivo, podría ser un buen ejemplo. La clave es la forma empleada para alterar la distribución de poder entre diversas autoridades. Destaca sobremanera el hecho de que estas facultades y responsabilidades, deban ser redistribuidas para hacer efectiva una política pública específica: implicar a las fuerzas armadas en la lucha contra la criminalidad organizada. Resulta contrario a la lógica de la Teoría Constitucional, el hecho de que el diseño constitucional del gobierno deba

---

[361] ESQUIVEL, Jesús: *La DEA en México. Una historia oculta del narcotráfico contada por los agentes*, México D.F.: Grijalbo, 2013.

[362] FERRER, Eduardo; CABALLERO, José Luis y STEINER, Christian (coords.): *Derechos Humanos en la Constitución: Comentarios de Jurisprudencia Constitucional e Interamericana*, Tomo I, México D.F.: Suprema Corte de Justicia de la Nación- Fundación Konrad Adenauer Stiftung, 2013; ANAYA, Alejandro: *Violaciones a los derechos humanos en el marco de la estrategia militarizada de lucha contra el narcotráfico en México (2007 a 2012)*, México D.F.: Centro de Investigación y Docencia Económicas (CIDE), 2014.

ajustarse en función de las políticas públicas específicas, coyunturales, dado que éstas deben supeditarse al contexto en el que se despliegan y los objetivos específicos que pretenden atender[363].

En relación al socavamiento de la seguridad jurídica, al fusionar conceptos legales y funciones del Estado, también reviste la consideración de costo constitucional. Así, el favorecimiento de una fusión entre la seguridad nacional, la seguridad pública, la seguridad ciudadana, la lucha contra la criminalidad organizada y la investigación penal, tiende a producirse en no pocos países de América Latina, generando un *totum revolutum* normativo, de atribución competencial y procedimental, cuyo resultado es una situación confusa, en la cual no resulta claro cuál de las entidades involucradas –policía, fuerzas armadas y servicios de inteligencia– hace qué y de qué es responsable cada cual (por ejemplo, quién puede detener, investigar, interrogar y acusar a quién). Ello se traduce en un contexto de enorme incertidumbre legal para la población civil. Cuando todos pueden encargarse de cualquier cosa y nadie es responsable directo de cumplir una función, el resultado es una profunda inseguridad jurídica e incertidumbre para todos, excepto para la evasión de responsabilidades y la sujeción al Derecho por parte de las autoridades implicadas.

La "guerra contra la criminalidad organizada", por consiguiente, demanda consistentemente grandes sacrificios a las sociedades latinoamericanas. Entre estos sacrificios, debemos tener en consideración los cambios fundamentales que las comunidades políticas deben estar dispuestas a asumir. Sacrificios, que deben computarse igualmente como costos constitucionales. Muchos países y sociedades han emprendido profundas reestructuraciones de algunos de sus compromisos normativos y políticos clave, con el fin de librar una "guerra" más efectiva contra las drogas. A fin de enfrentar la amenaza criminal, los diversos gobiernos han solicitado y obtenido, una y otra vez, facultades más amplias y/o la eliminación paulatina de los límites constitucionales al poder del Estado[364].

---

[363] MADRAZO, Alberto: *Los costos constitucionales de la guerra contra las drogas*, op. Cit., pp. 18 y ss.

[364] MADRAZO, Alberto: *El impacto de la política de drogas 2006-2012 en la legislación federal*, México D.F.: Centro de Investigación y Docencia Económicas (CIDE), 2014; ANAYA, Alejandro: *Violaciones a los derechos humanos en el marco de la estrategia militarizada de lucha contra el narcotráfico en México*, op. Cit., p. 23.

Al mismo tiempo, como ANAYA ha documentado, encargar tareas de seguridad pública a las fuerzas armadas ha tenido repercusiones graves en materia de derechos humanos. Parece que, una vez introducidas al sistema constitucional las normas que socavan principios, derechos y valores constitucionales, adquieren vida propia y tienden a expandirse[365]. Así las cosas, la plena contabilidad de los costos constitucionales de la "guerra contra el crimen organizado" debe incluir, no sólo las reformas adoptadas en su nombre, sino también sus secuelas.

En una democracia constitucional, por mucha excepcionalidad que se esté dispuesto a interiorizar a favor de combatir una amenaza extrema, aún por un tiempo limitado, no es óbice para dejar medrar un poder omnímodo y totalizante que de facto, transforme el proyecto político democrático secuestrando a su ciudadanía al sustraerla del amparo de la seguridad jurídica, los derechos fundamentales y el imperio de la ley. La "guerra contra las drogas", no puede quedar circunscrita a la transferencia *sine die* de dósis significativas de poder a las autoridades militares.

Los costos del recurso a las fuerzas armadas en el contexto de la "guerra contra la criminalidad organizada" no son pocos. Y, habida cuenta del incremento de estudios jurídico constitucionales en la materia, para identificarlos y analizar su impacto en el Estado constitucional de derecho y en la democracia en su conjunto, se intuye que su número irá en aumento. Incluso puede considerarse el propio recurso a las fuerzas armadas como un costo constitucional, en tanto se desvirtúa la consideración del estamento militar como la *última ratio* del uso de la violencia legítima y, en especial, la militarización, no sólo de la seguridad, sino la peligrosidad de su *vis expansiva* hacia otras parcelas de la gestión pública.

365 Ibid., pp. 23 y ss.

CAPÍTULO 4.
LA NECESIDAD DE ACOMODAR LA ACTUACIÓN DEL ESTADO AL MARCO DEMOCRÁTICO

El paradigma de la democracia liberal no tiene, en América Latina, ningún contestatario relevante. Realidad, que se ha traducido en la progresiva sustitución de los regímenes autoritarios por democracias. A pesar de ello, el poder civil en connivencia con los estamentos militares comienzan a traslucir algunas manifestaciones de involución. Llevados quizá por el pánico ante el despliegue de una violencia inusitada por parte de estructuras criminales, han propiciado un impulso desmedido orientado hacia la adopción de planteamientos y estrategias conducentes a la implantación de mayores niveles de seguridad, con independencia de los costes requeridos para su consecución. El miedo parece haber impregnado la conciencia misma de las democracias latinoamericanas, espoleándolas hacia la interiorización de iniciativas que, en conjunto, representan una desfiguración sutil de la democracia en las formas, pero de profundo calado y repercusiones, en lo tocante al proyecto político constitucional.

El control, prevención, sanción y represión de la violencia y el delito, constituyen una responsabilidad básica e irrenunciable del Estado. Y para ello, se sirve de todos los instrumentos legítimos a su alcance. Sin embargo, el grado de disposición de la sociedad para sacrificar sus libertades individuales y colectivas, a cambio de mayores cuotas de seguridad es un dilema que golpea con fuerza la gobernabilidad democrática. Esa disposición al sacrificio de libertades fundamentales debería ser cada vez menor, y su aparente relación de causalidad con la eficacia de las fuerzas armadas y cuerpos de seguridad es una falacia que debe romperse.

Por el momento, el principal reto presente para los gobiernos latinoamericanos es satisfacer lo que KALDOR denomina el "vacío de seguridad".[366] Y la máxima escogida para darle cumplimiento ha sido decantarse por el mal menor, bajo el convencimiento equívoco, de evitar con ello un mayor deterioro de la situación[367]. Esta estrategia, cuando menos polémica, de prevalencia del mal menor, privilegia el uso de la fuerza y la seguridad militarizada, por encima de cualquier otro tipo de propuesta. La "guerra contra el crimen organizado" inicialmente prevista como respuesta excepcional, justificada ante la propia excepcionalidad de la amenaza criminal, deviene ahora en realidad permanente, instaurada *de facto* en la normalidad.

La tesis del mal menor sostiene su argumentación en base a que la necesidad extrema, entendida en este contexto latinoamericano como la supervivencia de las democracias frente a las iniciativas más lesivas de la delincuencia organizada, que tratan de doblegarlas poniéndolas a su servicio a través de los reiterados intentos de cooptación y captura del Estado, puede exigir que se tomen medidas drásticas en su defensa. Medidas, que incluso se aparten de sus propios compromisos democráticos. Planteamiento, que daría por válida la tesis de que, lo que funciona no siempre es lo que está bien y lo que está bien, no siempre funciona.

La presión ejercida sobre las democracias latinoamericanas está siendo de tal magnitud, que permite observar cómo en muchos casos las propias medidas de autoprotección adoptadas para atajar las actividades de las estructuras criminales superan de ordinario la legislación de excepción prevista constitucionalmente. Por lo que, a la vista de los peligros que para el Estado de derecho entrañan, no las iniciativas delictivas, sino algunas de las medidas instauradas a modo de respuesta, cabe plantearse que, si el propósito de combatir la criminalidad organizada es la defensa de las libertades y el fortalecimiento de la democracia, no tiene cabida bajo ningún concepto, recurrir a prácticas que supongan restricciones de prerrogativas o imposición de sacrificios constitucionalmente inasumibles.

---

366 KALDOR, Mary: "Nuevos conceptos de seguridad", en García, C. y Rodrigo, A. J. (eds.), *La seguridad compartida. Nuevos desafíos, amenazas y conflictos armados*, Barcelona/Madrid: Universitat Pompeu Fabra/Tecnos, 2008, p. 154.

367 IGNATIEFF, Michael: *El mal menor, ética política en una era de terror*, Madrid: Taurus, 2004.

Si bien es cierto que los derechos no fijan barreras insalvables bajo cualquier circunstancia, sí requieren que todas sus transgresiones sean analizadas, al menos desde el prisma del garantismo constitucional, en aras de procurar, llegado el caso, la implantación de la menor lesividad posible[368]. No obstante, no todo vale. Aquellas propuestas que violan los compromisos fundamentales con la justicia y la dignidad de la persona –como la práctica de la detención ilegal, ejecuciones sumarias o el asesinato selectivo– deberían ser totalmente inaceptables. Existe un núcleo mínimo irrenunciable de derechos y libertades constitucionalmente amparados, que deben salvaguardarse invariablemente con independencia de las circunstancias. Pero la dificultad no radica en definir estos límites teóricamente; el problema reside en protegerlos en la práctica, para mantener a la democracia a salvo, tanto de sus detractores, como de nuestro propio celo.

Se plantean pues, dos visiones de la democracia con repercusiones en el ámbito de la seguridad: una pragmática y otra ético-jurídica[369]. Desde la perspectiva del primer planteamiento, los derechos son conveniencias políticas que establecen las mayorías para su propia defensa y por tanto, éstas tienen potestad, a través de los gobiernos democráticamente electos, para recortarlos cuando la necesidad lo requiera. Frente a ello, los defensores de una visión de la democracia basada en los derechos argumentan que ésta pierde todo su significado, no sólo para los individuos en situación de peligro, sino para todo el conjunto de la sociedad, si éstos son revocables en situaciones de necesidad. Frente a esta argumentación, se esgrime que las democracias sobreviven en parte debido a que no permiten que los derechos sean un obstáculo para adoptar medidas enérgicas y que éstas, no impiden el retorno a los derechos en épocas seguras. Las medidas temporales no tienen por qué causar un daño permanente a la estructura constitucional de la democracia.

El planteamiento de los diversos costos constitucionales del recurso a las fuerzas armadas en la lucha contra la criminalidad organizada y, por ende, de la denominada "guerra contra el crimen organizado", gira en torno al cues-

---

368 FERRAJOLI, Luigi: *Democracia y garantismo*, Madrid: Editorial Trotta, 2010.

369 SANSÓ-RUBERT, Daniel: "Seguridad Vs. Libertad: el papel de los servicios de inteligencia", en Felip Sardá, J. Mª (coord.), *Inteligencia y seguridad nacional: el estado de la cuestión*. Cuadernos Constitucionales de la Cátedra Fadrique Furió Ceriol nº 48, Valencia: Universidad de Valencia, 2004, pp. 85-112.

tionamiento democrático de hasta qué punto es factible asumir toda una serie de "males", justificados como "necesarios", en aras de la consecución de un fin superior –erradicar la violencia provocada por la criminalidad organizada, instaurar niveles óptimos de seguridad, que el Estado recupere el control del uso de la fuerza, el control territorial y la iniciativa en la construcción de Estado (acabar con posibles estados paralelos criminales o con los procesos de cooptación del Estado…), presuponiendo que, la militarización de la lucha contra el crimen organizado represente la respuesta acertada y disponga de los medios necesarios para lograr cualesquiera de estos objetivos. Cuestión, que no está exenta de multitud de dudas e interrogantes, que serán objeto de reflexión en lo sucesivo.

1. EL DIFÍCIL EQUILIBRIO ENTRE LAS CATEGORÍAS DE LIBERTAD Y SEGURIDAD

La constante reedición del debate acerca de los términos en que ha de interpretarse la relación entre seguridad y libertad en las sociedades democráticas representa ya, todo un clásico en el pensamiento occidental, que adquiere renovados perfiles con la incorporación de las fuerzas armadas en la lucha contra la criminalidad organizada, en el contexto que ahora envuelve a América Latina.

Tema, como se comprenderá, de la máxima relevancia práctica porque determina, en cierta medida, nuestro propio modo de vida y el espacio en el que se desarrolla nuestra existencia. Conseguir que ambas categorías sean compatibles en su aplicación práctica es un verdadero reto. No obstante, tampoco hay que olvidar que desde ciertas posiciones doctrinales, ambos conceptos no se entienden enfrentados sino, más bien, compatibles. Esto es, a mayor seguridad mayor libertad, lo que, en parte, también funcionaría en sentido inverso. Sin embargo, la posición mayoritaria entiende que se trata de categorías que actúan dialécticamente y en contradicción. La experiencia práctica parece apoyar esta postura[370].

[370] FERNÁNDEZ RODRÍGUEZ, José Julio: "Seguridad y Libertad: ¿equilibrio imposible?. Un análisis ante la realidad de Internet", en Fernández Roríguez, J. J. y Sansó-Rubert, D. (eds.), *Internet: un nuevo horizonte para la seguridad y la defensa,* Santiago de Compostela: Universidad de Santiago de Compostela, 2010.

La vida en sociedad impone adoptar ciertas decisiones en torno a la propia organización de la misma, que pueden considerarse como "predecisiones" por su carácter estructural y previo al funcionamiento ordinario de la sociedad. Es en estos parámetros donde ahora situamos el discurso, pues decidir sobre los límites recíprocamente condicionados entre seguridad y libertad es una decisión que sirve de base para la propia estructura sociopolítica. No es este el momento de hacer un recorrido por las diversas líneas de pensamiento que en la Historia han albergado este debate, sino de centrarse en el presente latinoamericano.

Siguiendo los postulados de FERNÁNDEZ RODRÍGUEZ, hay que asumir la premisa de que la seguridad a cualquier precio se devalúa; requiere de una legislación adecuada para garantizar su eficacia y respeto a las libertades y derechos de los ciudadanos. Necesidades, que llevan aparejadas como requisito indispensable, una legislación funcional y suficientes mecanismos de control, que delimiten el marco de actuación y las capacidades de maniobra en el ejercicio de los mecanismos destinados a la preservación y defensa del Estado, especialmente en lo tocante al uso de la fuerza pública, instrumento de especial sensibilidad constitucional. La acción del Estado en contra de las organizaciones criminales se legitimará y construirá más confianza, en la medida en que el Estado mismo se conduzca bajo un irrestricto apego al derecho. Cualquier extralimitación, aunque pudiese acarrear éxitos en la contienda, fuera de los supuestos razonables de la razón de Estado, resulta inadmisible por contravenir el Estado democrático de derecho mismo, que se busca consolidar. Irrenunciables el control judicial previo a determinadas actuaciones y el control parlamentario de la actuación del aparato de seguridad del Estado, sin excepciones[371].

La problemática jurídica subyacente a esta confrontación entre libertad y seguridad hunde sus raíces en la temática de los límites de los derechos fundamentales[372]. ¿Hasta dónde el Estado puede usar poderes limitadores de los derechos y libertades individuales? ¿Dónde se halla la frontera, que no debe ser traspasada sin resquebrajar el Estado democrático de derecho?

---

[371] Ibid., p. 12.

[372] ASÍS (de), Rafael: *Las paradojas de los derechos fundamentales como límites al poder*, Instituto de Derechos Humanos Bartolomé de Las Casas-Universidad Carlos III de Madrid, Madrid: Dykinson, 2000.

Y es que la pacífica coexistencia de tales conceptos, más allá de las elucubraciones y constructos teóricos, no es fácil. Las dinámicas cotidianas generan fricciones que deben ser convenientemente dirimidas para el correcto funcionamiento de los sistemas de seguridad en democracia. De hecho, existe cierto consenso doctrinal generalizado, en que ambos elementos están indisolublemente unidos. No pueden ejercerse la libertad y los derechos sin unas mínimas condiciones de seguridad. Al igual que no es factible, una auténtica seguridad sin garantías para la libertad y el ejercicio de los derechos.

FERNÁNDEZ RODRÍGUEZ simplifica la problemática de la coexistencia de la libertad y la seguridad al máximo posible para su mejor comprensión, reconduciéndola al terreno de los límites de los derechos fundamentales. La propia densidad del tema de los límites de los derechos, provoca que haya posiciones doctrinales diversas[373]. Las tipologías de límites que se pueden emplear son, por lo tanto, variadas y su explicación excede con mucho el propósito y orientación temática de este análisis. Por tanto, la exposición se ceñirá a una explicación de mínimos, aludiendo al supuesto que nos ocupa y eludiendo ahondar en los extensos prolegómenos sobre esta cuestión desarrollados por la doctrina constitucional.

En consecuencia con esta línea explicativa minimalista, reseñar que el artículo 29 de la Declaración Universal de los Derechos Humanos establece que "en el ejercicio de sus derechos y en el disfrute de sus libertades, toda persona estará solamente sujeta a las limitaciones establecidas por la ley con el único fin de asegurar el reconocimiento y el respeto de los derechos y libertades de los demás, y de satisfacer las justas exigencias de la moral, del orden público y del bienestar general en una sociedad democrática".

Así las cosas, ciertas exigencias de seguridad pueden configurar límites legítimos (esto es, justificados y, por ende, aceptados en la Teoría de la Constitución) a los derechos fundamentales. Se puede afirmar, sin ánimo ahora de entrar en mayores profundidades, que no hay derechos fundamentales absolutos, todos tienen límites[374]. El problema está en precisar

[373] BRAGE CAMAZANO, Joaquín: *Los límites a los derechos fundamentales*, Madrid: Dykinson, 2004.

[374] ALEXY, Robert: *Teoría de los derechos fundamentales*, Madrid: Centro de Estudios Políticos y Constitucionales, 2008.

correctamente estos límites y hacer un traslado adecuado de los mismos a la realidad práctica.

La clave de todo este debate acerca del pretendido equilibrio entre libertad y seguridad podría encontrarse, simplificando sobremanera la exposición para evitar una deriva teórico constitucional que nos desvíe del guión inicial, en la idea de proporcionalidad. Idea, que se halla cercana a la de justicia, que huye de los excesos en la actuación de los poderes públicos. Como indica GONZÁLEZ BEILFUSS, "el principio de proporcionalidad constituye, sin ningún lugar a dudas, uno de los criterios de interpretación más frecuentemente empleados por los operadores jurídicos y, sobre todo, por los tribunales de justicia"[375]. Sin embargo, el principio de proporcionalidad no se aplica tan sólo a las decisiones de los aplicadores del Derecho (en especial de los jueces), sino que, también, debe ser tenido en cuenta a la hora de elaborar las normas y en el momento de adoptar ciertas medidas de tipo administrativo[376]. Por ello debe estar muy presente en las reacciones que el poder público adopta para garantizar la seguridad.

GONZÁLEZ BEILFUSS afirma, que "el principio de proporcionalidad se articula necesariamente en torno a una relación medio-fin: la proporcionalidad no puede predicarse de un objeto de control aisladamente considerado, sino de la relación existente entre una medida y la finalidad perseguida con la misma"[377]. La medida, por lo tanto, debe ser congruente y proporcionada a la finalidad perseguida. La seguridad puede ser una de estas finalidades, que permiten superar el test de proporcionalidad.

De esta forma, para comprobar si una medida restrictiva de un derecho fundamental supera el juicio de proporcionalidad, sería necesario constatar si cumple los tres requisitos o condiciones siguientes: si tal medida es susceptible de conseguir el objetivo propuesto (juicio de idoneidad); si, además, es nece-

[375] GONZÁLEZ BEILFUSS, Markus: *El principio de proporcionalidad en la jurisprudencia del Tribunal Constitucional*, Elcano (Navarra): Thomson-Aranzadi, 2003, p. 15.

[376] MARTÍNEZ-ESCUDERO, Daniel Sarmiento: *El control de proporcionalidad de la actividad administrativa*, Valencia: Tirant lo Blanch, 2004.

[377] GONZÁLEZ BEILFUSS, Markus: *El principio de proporcionalidad en la jurisprudencia del Tribunal Constitucional*, op. Cit., p. 67; GONZÁLEZ BEILFUSS, Markus "Últimas tendencias en la interpretación del principio de proporcionalidad", en *Revista Jurídica de Catalunya*, vol. 101, nº 4, 2002, pp. 1099-1120.

saria, en el sentido de que no exista otra medida más moderada para la consecución de tal propósito con igual eficacia (juicio de necesidad); y, finalmente, si la misma es ponderada o equilibrada, por derivarse de ella más beneficios o ventajas para el interés general, que perjuicios sobre otros bienes o valores en conflicto (juicio de proporcionalidad en sentido estricto)[378].

Por consiguiente, de una parte, hay que entender el principio de proporcionalidad como implícito al propio Estado de derecho y de otra, la categoría "seguridad" ocupa un lugar esencial, pues es una de las razones comúnmente esgrimidas para limitar la libertad (a través de la limitación concreta de ciertos derechos), que puede estar justificado o no, en función de cómo se implemente y articule. Son múltiples las previsiones normativas que citan la seguridad como justificación de posibles restricciones. Sirvan ahora como ejemplo el artículo 29.2 de la Declaración Universal de Derechos Humanos, que alude a las exigencias del orden público en las limitaciones establecidas por ley para el ejercicio de los derechos; los artículos 12.3, 19.3, 21 y 22 del Pacto Internacional de Derechos Civiles y Políticos, que se refiere a seguridad nacional y orden público; y el artículo 18.3 de dicho Pacto, que menciona la seguridad y el orden. En principio, estas posiciones son totalmente lógicas porque sólo una comunidad que vive segura, puede ser verdaderamente libre y ejercer con eficacia sus derechos[379].

Cuando se produce una emergencia de seguridad importante como sucede en el escenario latinoamericano, llevada equivocadamente al terreno de lo bélico, los argumentos lógicamente se endurecen. En estos supuestos de extrema gravedad, el conflicto entre seguridad y libertad diluye a la democracia en la zona gris de la emergencia bélica. Las situaciones de guerra no declarada, las reflexiones sobre el enemigo transnacional, o la alusión a frentes externo e interno, fundidos en un enemigo común, ayudan a sustentar dicho discurso[380]. Esto da lugar a que la entrada en escena de la seguridad venga acompañada de problemas de lo más variado. Sin duda, una reacción desmedida o exagerada

---

378 CARBONELL, Miguel (ed.): *El principio de proporcionalidad y la interpretación constitucional*, Serie Justicia y Derechos Humanos-Neoconstitucionalismo y Sociedad, Quito: Ministerio de Justicia y Derechos Humanos, 2008.

379 AGUILERA PORTALES, Rafael (coord.): *Neoconstitucionalismo, democracia y derechos fundamentales*, México, Porrúa, 2010.

380 FERNÁNDEZ RODRÍGUEZ, José Julio: "Seguridad y Libertad, op. Cit., pp. 19-22.

en aras de la seguridad, puede romper el umbral de lo aceptable y deslizarse hacia lo ilegítimo.

Ofrecer una conclusión ante este abigarrado problema no es tarea fácil. No existen respuestas unívocas en la materia. Sirva quizá, a modo de cierre, las interesantes reflexiones de FERNÁNDEZ RODRÍGUEZ al respecto. La respuesta a los desafíos de la seguridad, expone, debe venir de la búsqueda de un equilibrio desde la razonabilidad y la proporcionalidad. Bien es cierto que, a nivel teórico, resulta imposible dar una respuesta general y definitiva, con capacidad para derivar, vía método deductivo, las respuestas concretas a toda la panoplia que la realidad ofrece. Se pueden elaborar variables para esgrimir en la ponderación libertad-seguridad, pero la solución última adecuada y equilibrada (o sea, justa) sólo vendrá casuísticamente, es decir, en el análisis de los concretos casos que haya que afrontar, no siendo posible llegar a soluciones perfiladas totalmente a nivel teórico-abstracto[381].

Sea como fuere, abandonando la esfera de lo puramente teórico, estamos frente a una cuestión cuya resolución hunde sus raíces en lo más profundo de la temática de la gobernabilidad democrática con todas las especificidades y repercusiones que ello conlleva. Si los Estados democráticos quieren terminar con la criminalidad organizada y la inseguridad, deben buscar los medios y los instrumentos para combinar, por un lado, la necesidad de ofrecer seguridad dentro de sus territorios atajando sus vulnerabilidades y, por otro, la de asumir sus responsabilidades de promoción de las libertades. Sólo así, habrá una oportunidad real de reconducir las dimensiones de la criminalidad organizada presentes, a parámetros soportables; ya que cualquier estrategia que postule su erradicación, no sólo no es más que una declaración utópica inalcanzable, sino que deja patente la ausencia del más mínimo conocimiento sobre la materia.

2. ASPIRACIONES HACIA UNA SEGURIDAD DEMOCRÁTICA

Nos encontramos al inicio de una crisis de largo recorrido en la que debemos hacer frente a la intromisión lesiva de la criminalidad organizada en la vida democrática. Y, ante la amenaza global de la delincuencia organizada, no hay más opción de futuro, que abogar por una respuesta democrática: ma-

[381] Ibid., pp. 20-26.

terializar las aspiraciones hacia la consecución de una política de seguridad democrática, cuyo objetivo principal sea garantizar la libertad, el Estado de derecho y el fortalecimiento de la autoridad democrática en todo el Hemisferio.

Para llevar a cabo este objetivo, cabe plantearse varias líneas de acción, que bien podrían desarrollarse en torno a las siguientes ideas base: coordinar la acción multinivel del Estado; fortalecer sus instituciones; consolidar el control del territorio nacional; proteger a los ciudadanos y la infraestructura de la nación; cooperar para la seguridad de todos (seguridad compartida) a nivel regional y comunicar (publicitar) las políticas y acciones del Estado. En definitiva, se persigue reestructurar la institucionalidad del aparato estatal, generando sinergias entre las entidades competentes y dirigiendo la mayor cantidad de esfuerzos a garantizar la protección integral de los ciudadanos[382].

La necesidad de incidir en el carácter democrático de la seguridad como valor, obedece a la importancia de recalcar esta orientación frente a las crecientes tendencias de seguritización detectadas en América Latina[383]. Tendencias, que potencian los aspectos más recios de la seguridad en perjuicio de derechos y garantías constitucionales, que tienden a ser menoscabados. La seguridad no vale a cualquier precio y, en democracia, no sirve cualquier tipo de seguridad; sólo aquella concebida en términos democráticos: la seguridad democrática.

La escasez de literatura específica sobre la materia de análisis, configura otra de las motivaciones para potenciar la construcción de un sustento teórico, que llene paulatinamente de significado esta noción: concentrar la atención en los tipos de amenazas que puede contrarrestar la seguridad democrática e identificar los actores encargados de proveerla, bajo qué parámetros de legalidad y a través de qué tipo de controles. La seguridad democrática se caracteriza, a pesar de su vaguedad conceptual inicial, por unos principios básicos irrenunciables a saber: la universalidad, entendida como la capacidad de todo individuo para acceder a los derechos garantizados por la comunidad; la participación efectiva de los ciudadanos en la toma de decisiones y el principio de autonomía. Partiendo de estos principios como premisas básicas de su

---

[382] SÁNCHEZ DAVIS, Rubén y RODRÍGUEZ MORALES, Federmán: *Seguridad, democracia y seguridad democrática*, op. Cit., pp. 24 y ss.

[383] SALAZAR, Robinson: "América Latina. Securitización de la política y guerra contra la ciudadanía y los movimientos populares", en *Revista de Filosofía*, vol. 6, nº 2, 2009, pp. 139-162.

contenido, la seguridad democrática como constructo, puede articularse a partir de aportes de diferentes disciplinas, especialmente del Derecho constitucional y la Ciencia Política, de los que extraer los insumos para la elaboración del andamiaje conceptual y características definitorias, que en última instancia, doten a la seguridad democrática de sentido y autonomía conceptual propios[384].

Según exponen SÁNCHEZ DAVIS y RODRÍGUEZ MORALES en su obra *Seguridad, democracia y seguridad democrática*, la política de defensa y seguridad democrática expresa su componente democrático a partir de una definición etimológica, puesto que sugieren que la seguridad es para todos; para lo cual, buscan garantizar el Estado de derecho en todo el territorio nacional y la consecuente protección de los valores, la pluralidad y las instituciones, junto con la solidaridad de la ciudadanía.

Así, la seguridad democrática resalta continuamente el ideal democrático consistente en entender al *demos,* como *todo el mundo* y considerarlo como el único titular del poder, en cuyo caso, la seguridad desbordaría el referente estatal, para proteger también a los individuos e insertarse en las nuevas nociones de seguridad, que se preocupan por ubicar su objeto de referencia en varios niveles de análisis[385]. Sin embargo, surge un problema indiscutible: la democracia como expresión de relaciones de poder se resiste a quedar aprisionada en una concepción etimológica. Decir que la política de seguridad democrática es "democrática" porque la seguridad es para todos, es basar el juicio en una definición poco operativa que, aunque parece ser la vía más clara, choca ante la dificultad de definir quiénes son "todos"[386].

Si bien se ha tratado de dar respuesta a este interrogante a través de la tradicional proclama de los Derechos del Hombre y del Ciudadano, considerando que uno de los pilares de la seguridad democrática es *"la protección de los derechos de todos los ciudadanos",* independientemente de su sexo, raza, origen, lengua, religión o ideología política", en el caso de la seguridad resulta

---

384 SÁNCHEZ DAVIS, Rubén y RODRÍGUEZ MORALES, Federmán: *Seguridad, democracia y seguridad democrática*, op. Cit., pp. 26-33.

385 BUZAN, Barry: "The level of analysis problem in international relations", en Booth, K. y Smith, S. (eds.), *International relations theory*, Pennsylvania: The Pennsylvania State University Press, 1995.

386 SÁNCHEZ DAVIS, Rubén y RODRÍGUEZ MORALES, Federmán: *Seguridad, democracia y seguridad democrática*, op. Cit., p. 25.

fuera de contexto asegurar su provisión a través de la legitimación retórica de la igualdad jurídica, teniendo en cuenta que la Constitución real de un país, muy diferente a la formal, "es la suma de los *factores reales del poder*"[387], y que con base en ella se toman las decisiones *reales,* en cuyo escenario las diferentes formas de proteger a la ciudadanía son en la práctica proporcionales al poder de cada sector en el proceso democrático.

La seguridad democrática es un concepto útil para orientar políticas idóneas de seguridad toda vez que, al suponer por definición la provisión de la seguridad en el marco de la plena observancia del proceso democrático, responde a un momento en el que la lucha contra distintas amenazas, nacionales, transnacionales e internacionales, parece privilegiar la seguridad nacional y la razón de Estado, por encima de la institucionalidad democrática. Elaborar políticas orientadas a la provisión de la seguridad como un bien público, en el marco del respeto de valores democráticos emblemáticos, representa un requerimiento ineludible.

Tanto en la teoría como en la práctica política, el paradigma prevaleciente de la democracia ha sido el de la democracia liberal, el cual ha dominado la configuración de la mayoría de los sistemas constitucionales y políticos de las democracias occidentales, así como la discusión teórica sobre la democracia desde el siglo XIX. La democracia liberal ha dominado la organización política y económica de los sistemas sociales occidentales, en la medida en que no solamente sus propuestas han dado lugar a la protección de un amplio conjunto de derechos políticos, civiles, sociales y económicos sino que, además, sus postulados han servido para configurar el esquema del poder político en las sociedades contemporáneas[388].

Como expresa de forma clarividente BLANCO VALDÉS, los presupuestos filosóficos de la democracia liberal –la limitación del poder del Estado sobre los individuos y la legitimación del orden institucional, a partir de la fórmula política de la soberanía popular– inspiraron la incorporación de una serie de derechos fundamentales en la mayoría de las constituciones en el mundo. El imperio del derecho, la igualdad política ante la ley y el derecho a ser juzgado, pilares del liberalismo clásico se complementaron durante el

[387] LASALLE, Ferdinand: *¿Qué es una Constitución?*, Bogotá: Panamericana, 2002, p. 14.
[388] SARTORI, Giovanni: *¿Qué es la democracia?*, Madrid: Taurus, 2007.

siglo XX con la conquista de los derechos políticos, esto es, la libertad de expresión, de asociación, de prensa, de movimiento y, finalmente, el sufragio universal. Asimismo, al garantizar y promover la libertad individual, tanto en su dimensión político-electoral como en la económica, la democracia liberal se constituyó, desde el siglo XIX, como el único paradigma que logró conjugar un sistema político basado en la igualdad, con una forma de producción económica fundamentada en la libertad. En este sentido, la hegemonía de este paradigma obedece a su capacidad para articular dos principios que, en ocasiones pueden ser completamente opuestos: la libertad y la igualdad. En tanto que, logra adaptar el principal valor de la democracia, la igualdad política, con la libertad económica que presupone el capitalismo, al abogar por la defensa de la propiedad privada y la acumulación del capital. El desarrollo de numerosos modelos de representación que coinciden, empero, en mantener el legado de la individuación producto de la modernidad y del desarrollo del sistema capitalista; esto ha permitido mantener el nexo entre las libertades individuales y los derechos humanos o, si se prefiere, entre soberanía e igualdad. Reforzado por el hecho de que para proteger los derechos de los individuos, concebidos como libres e iguales, la democracia liberal se identificó con los gobiernos constitucionales[389].

La seguridad es entendida como un derecho humano sujeto al cumplimiento de otros derechos relacionados con ella, como la integridad física, la vida, el ambiente social, la estabilidad en el empleo o de una fuente de ingresos y la confianza que se tiene en el funcionamiento de un orden social jurídico y político justo que la garantiza[390]. En consecuencia, la Política de Seguridad Democrática es una estrategia que ostenta la autoridad legítima del Estado, que encierra la capacidad de disuadir a los violentos, dentro del marco al respeto de los derechos humanos. Esta definición transmite la idea de que la ciudadanía es el actor más importante sobre el que se construye la seguridad y la participación democrática[391]. La seguridad desde este concepto está ligada a

---

[389] BLANCO VALDÉS, Roberto L.: *La construcción de la libertad*, Madrid: Alianza Editorial, 2010.

[390] ANGARITA, Pablo: *Seguridad democrática. Lo visible de un régimen político y económico*, Bogotá: Siglo del Hombre Editores, 2011.

[391] FERRAJOLI, Luigi: *Poderes salvajes. La crisis de la democracia constitucional*, Madrid: Trotta, 2007; FERRAJOLI, Luigi: *Derechos y garantías. La ley del más débil*, Madrid: Trotta, 2016.

la construcción de un orden social que proteja y beneficie a todas las personas en igualdad de derechos.

La primera condición para cumplir con el objetivo de fortalecer el Estado de derecho es la condición gradual del control estatal sobre la totalidad del territorio. Sin control territorial por parte del Estado, no es posible garantizar el buen funcionamiento de la justicia (...). La fuerza pública iniciará el proceso de consolidación del control estatal sobre el territorio, asegurando su presencia permanente y definitiva[392].

Reseñar, que el ejercicio de pensar un concepto de seguridad democrática no puede circunscribirse simplemente a la provisión de la seguridad como un bien público en el marco de un Estado de derecho; tampoco, puede pensarse sólo en términos militares o de orden público. Ante todo, debe entenderse que la seguridad tiene que ver también con dos aspectos fundamentales. Por un lado, con la capacidad de los Estados para penetrar las sociedades en aras de crear un espacio de desarrollo político, social y económico para los ciudadanos y, por otro, con el proceso democrático, a través del cual se identifican el conjunto de amenazas, militares y de otra índole, y se discuten los mecanismos que deben emprenderse para conjurarlas[393].

Ciertos presupuestos del Estado de derecho, como la generalidad de la ley, son importantes; el contenido normativo de los derechos humanos no puede reducirse a una gramática de leyes generales y abstractas, como lo pretende el liberalismo clásico, ya que la forma semántica de los preceptos universales no garantiza la construcción de una legitimidad justa. En realidad, la legitimidad de la ley depende, en último término, de un acuerdo comunicativo; el contenido de los derechos humanos, por su parte, descansa en la institucionalización legal de las condiciones formales que garanticen la expresión de los procesos discursivos de formación de la voluntad general[394].

Una seguridad democrática, legitima u otorga la legitimidad de un orden de dominación: la primacía de la razón y el derecho, la libertad y la igualdad

[392] SÁNCHEZ DAVIS, Rubén y RODRÍGUEZ MORALES, Federmán: *Seguridad, democracia y seguridad democrática*, op. Cit., pp. 119 y ss.

[393] Ibid., p. 120.

[394] HABERMAS, Jürgen: "Derechos humanos y soberanía popular", en (del) Águila, R. y Vallespín, F. (eds.), *La democracia en sus textos*, Madrid: Alianza, 1998, pp. 278-279.

ante la ley son rasgos identificativos de la seguridad democrática. Además, la democracia, más allá de una forma de gobierno, se confunde con una forma de cultura.

En este escenario actual en el que se desenvuelve la seguridad en América Latina es evidente la vital importancia del Estado, en calidad de autoridad legítima para proveer seguridad[395]. En suma, la seguridad democrática parte de una definición sustantiva de democracia que redunda en un esquema político operativo, centrado en los postulados de la seguridad humana y la democracia contemporánea. En el primer caso, se destaca el contenido de las amenazas que se deben conjurar; en el segundo, por su parte, se impone el contexto político de la aplicación de este modelo de seguridad. Dado que el propósito de la seguridad democrática es la protección de los individuos, se constituye en una expresión de la seguridad humana, cuyo paradigma se ha abierto campo[396] ante la tendencia al reconocimiento pleno del individuo no sólo como sujeto de derechos, sino más aún, como objeto central de la seguridad.

En términos generales, el concepto de seguridad democrática ha tenido predicamento en varias regiones geográficas de América Latina. En el área Andina, Colombia sobresale en relación al resto de países del área, por el tratamiento y desarrollo de la cuestión. Igualmente, la región Centroamericana y el Cono Sur. En América Central fue consignado en el Tratado Marco de Seguridad Democrática[397], celebrado en 1995 por los presidentes de Costa Rica, Guatemala, Nicaragua, El Salvador, Honduras y Panamá, y se adoptó como

---

[395] PÉREZ FRANCESCH, Juan Luis y MOLINARES HASSAN, Viridiana (eds.): *En defensa del Estado de derecho*, Colombia: Universidad del Norte y Grupo Editorial Ibáñez, 2016.

[396] ROJAS ARAVENA, Francisco (ed.): *Seguridad Humana: Nuevos enfoques*, San José, Costa Rica: FLACSO, 2012.

[397] El Modelo Centroamericano de Seguridad Regional logró su existencia en San Pedro Sula, República de Honduras, el 15 de diciembre de 1995, cuando la Reunión de Presidentes Centroamericanos suscribió el "Tratado Marco de Seguridad Democrática en Centroamérica", el cual está fundamentado en un enfoque multidimensional que cubre aspectos políticos, económicos, sociales, culturales, ambientales y orientando cada vez más sus recursos a la inversión social y que ofrece respuestas colectivas a las amenazas transnacionales. El Tratado Marco de Seguridad Democrática en Centroamérica, viene a constituir el instrumento jurídico marco que permite desarrollar en forma integral todos los aspectos contenidos en el "Nuevo Modelo de Seguridad Democrática", fundamentado en la democracia y el fortalecimiento de sus instituciones y el Estado de derecho, en la existencia de gobiernos electos por sufragio universal, libre y secreto, y en el irrestricto respeto de todos los derechos humanos.

toda una red de tratados subregionales dirigidos a fortalecer una acción colectiva en materia de seguridad, subdividiendo su contenido en cuatro grandes capítulos: Estado de derecho, seguridad de las personas y sus bienes; seguridad regional y organización de la institucionalidad. En esta serie de iniciativas sobresale la incorporación de conceptos referidos al campo institucional de la seguridad pública, como el de la subordinación del poder militar al poder civil libremente elegido y el de la restricción de sus competencias al marco institucional existente en cada Estado. A su vez, se define la seguridad pública como la creación de condiciones que permitan a los ciudadanos su desarrollo personal, familiar y social en un marco pacífico y democrático.

El concepto de seguridad democrática de los países centroamericanos descansa en los siguientes postulados: la seguridad requiere el afianzamiento de la democracia; sin derechos humanos la seguridad democrática es imposible; la seguridad requiere la superación de la pobreza crítica; la seguridad requiere de una lucha abierta contra la delincuencia, la impunidad y la corrupción; la seguridad requiere la protección de los recursos naturales y la conservación del patrimonio cultural y la seguridad se enriquece con una educación, que fomente los valores de la paz, el diálogo y la tolerancia[398].

Por su parte, la Comisión Sudamericana de Paz (CSP) elaboró una serie de trabajos, con el propósito de replantear las nociones tradicionales de seguridad, que habían regido en América del Sur durante el período de la Guerra Fría. La razón de hacerlo era que éstas habían impedido, no sólo el pleno desarrollo de la democracia y la vigencia de los derechos humanos, sino también el proceso de integración de la región[399]. Según la Comisión, en América Latina, el concepto de seguridad de una nación se había confundido con las nociones de defensa y seguridad militar, lo que dio paso al desarrollo de la Doctrina de Seguridad Nacional, cuyo espíritu se concentraba estrictamente en los aspectos

---

398 La Carta Democrática Interamericana es la afirmación de que la democracia es y debe ser la forma de gobierno compartida por los pueblos de las Américas. Constituye un compromiso colectivo para mantener y fortalecer el sistema democrático en la región. Este instrumento internacional tiene como propósito fundamental la preservación y defensa de la democracia en el hemisferio, constituyendo uno de los instrumentos más importantes y completos producidos por la Organización de los Estados Americanos (OEA).

399 SOMOVÍA, Juan e INSULZA, José Miguel (comps.): *Seguridad democrática regional. Una concepción alternativa*, Santiago de Chile: Comisión Sudamericana de Paz - Nueva Sociedad, 1990, p. 7.

de defensa, por lo cual, el desarrollo se convertía en un simple instrumento de política militar, mientras aquella se alejaba de las nociones de democracia, autodeterminación y equidad[400].

Con esta misma lógica, la Comisión argumentó que en el plano externo también era nocivo confundir la política exterior y la defensa, porque mientras la primera está "destinada a eliminar los riesgos provenientes del exterior y a crear un ambiente regional e internacional de paz y cooperación", la segunda "constituye el recurso más extremo y que siempre debe tratar de evitarse"[401]. De hecho, la articulación de la política de defensa a la política exterior se justifica cuando la primera define sus objetivos democráticamente, es decir, cuando responde a la visión consensuada de las fuerzas vivas del país y de las autoridades.

Para la Comisión, los problemas de la conceptualización de la seguridad en América Latina, no sólo residían en estas confusiones, sino también en la misma identificación de las amenazas. Dado que para los países latinoamericanos la principal amenaza es el subdesarrollo, no puede sostenerse que la respuesta a la misma sea la militar, ni es válido identificar su origen en la acción de agentes externos. Por tal razón, la noción de la seguridad aplicada al contexto latinoamericano debe ser entendida de forma amplia y positiva, a fin de priorizar "la necesidad de los individuos de vivir en paz y de contar con los medios económicos, políticos y ambientales para una existencia digna". De hecho, la Comisión llegó a afirmar que, en la sociedad democrática, la seguridad de la nación es la seguridad de los hombres y mujeres que la componen, e implica, además de la ausencia de riesgos o amenazas físicas, la existencia de condiciones mínimas de ingreso, vivienda, salud, educación, entre otras.

La seguridad democrática busca ante todo establecer el Estado de derecho en todo el territorio nacional, mediante el fortalecimiento de la autoridad y la entronización del imperio de la ley. De esta forma, si el Estado de derecho rige plenamente y el ciudadano se siente protegido, se fortalecerá la seguridad y por ende, se incrementará la participación de la comunidad en los asuntos públicos. Por lo tanto, la seguridad preside a la democracia, puesto que crea las condiciones para que se den la representación de intereses y la participación,

---

[400] Ibíd., pp. 7-8.
[401] Ibíd., p. 9.

elementos fundamentales de la democracia liberal, pero no es parte sustantiva de ésta.

La defensa política de la libertad pueda ser resumida como la protección de los ciudadanos frente a los excesos del poder político, lo que se traduce en un Estado de derecho que respeta "la dignidad de las personas, su integridad física, su autonomía y libertad frente a los poderes constituidos y las garantías procesales"[402]. En este escenario, como recalca GRACIANO GONZÁLEZ, la seguridad se entiende en términos militares y políticos; constatación que conduce al modelo de seguridad democrática a poner las capacidades armadas y defensivas del Estado al servicio de la protección de los ciudadanos, al tiempo que garantiza la distribución del poder político. En segundo lugar, la garantía económica de la igualdad implica, que el modelo de la seguridad democrática procure garantizar niveles aceptables de bienestar económico, ampliamente distribuidos entre el conjunto de la sociedad; lo que conlleva diseñar modelos de regulación orientados a atenuar los factores que producen y reproducen la desigualdad, a través de provisión democrática de bienes sociales, como la educación, el trabajo y la protección social.

Ello supone articular la provisión de la seguridad a la elaboración de políticas sociales y económicas adelantadas por el Estado. En tercer lugar, los denominados derechos de los pueblos o de la solidaridad, demandan la proyección internacional de la seguridad democrática por cuanto la paz, el desarrollo y el medio ambiente, suponen un esfuerzo colectivo por parte de las naciones.

La idea del Estado como representante, sustentada política y teóricamente en el monopolio del establecimiento de un orden normativo en un territorio, conduce a hacerlo responsable ante los ciudadanos de la gestión y del ofrecimiento de garantías para la ejecución de la seguridad democrática. La "gestión" en este modelo consiste en identificar los medios conducentes para lograr la construcción democrática de la seguridad. Aquellos medios son concretados en función de una evidente prudencia política que conduce al Estado a determinar su acción en relación con condiciones políticas concretas y no con base en juicios apriorísticos o abstractos que conlleven a seguir un prototipo permanente de comportamiento. De manera que esta prudencia depende de la

[402] GONZÁLEZ, Graciano: *Los derechos humanos*, Madrid: Escolar y Mayo Editores, 2013.

capacidad del Estado para articular el conjunto de demandas sociales en torno a la provisión de la seguridad de los individuos[403].

Si para el modelo realista de la seguridad nacional la prudencia obedece al reconocimiento de leyes objetivas sustentadas en la naturaleza humana, para la seguridad democrática, ésta arraiga en el proceso democrático. Por esa razón, el principal mecanismo empleado para alcanzar la seguridad democrática es la generación de espacios comunitarios y descentralizados, mediante los cuales, los ciudadanos puedan participar en la identificación de amenazas y de los medios necesarios para conjurarlas[404].

Por su parte, la concreción de la seguridad democrática depende del ofrecimiento de garantías por parte del Estado, que posibiliten el proceso democrático. En esencia, estas garantías corresponden a la potenciación de las capacidades de los ciudadanos, a través no sólo de la conformación de una cultura política orientada a la participación, sino también de la atenuación de los factores que reproducen la desigualdad económica y social. La seguridad democrática, entonces, responde a un momento en el que el sistema westfaliano agoniza, tras la cada vez más evidente conformación gradual de diversas estructuras de poder que superan la dinámica interestatal[405] y en el que, por tanto, la capacidad de controlar el resultado depende de varios actores, factores y dinámicas[406].

La provisión de seguridad ya no depende tanto de la capacidad del Estado para mantener, demostrar o aumentar su poder, como de su habilidad para consolidar múltiples instrumentos de protección y desarrollo para los individuos, en los ámbitos doméstico e internacional. En este escenario, la concreción de la seguridad democrática supone evitar la confusión entre política de seguridad y defensa, tan común en algunas regiones como América Latina. En este escenario, la seguridad se entiende como un atributo indispensable de su naturaleza

[403] LUZ I ÁLVAREZ, Daniel: "Seguridad ciudadana y criminalidad transnacional organizada documento de contexto", en Rojas Aravena, F. (ed.), *Seguridad Humana: Nuevos enfoques*, San José, Costa Rica: FLACSO, 2012.

[404] Ibid., pp. 94 y ss.

[405] SANSÓ-RUBERT, Daniel: "Globalización y delincuencia: el crimen organizado transnacional", en *La seguridad más allá del Estado. Actores no estatales y seguridad internacional*, Jordán, J.; Pozo, P. y Baqués, J. (eds.), Madrid: Plaza y Valdés, 2011, pp. 135-157.

[406] ULLMAN, Richard: "Redifining security", en *International Security*, vol. 8, nº 1, 1983.

en democracia y de conformidad con el Derecho constitucional; constatación que conduce al modelo de seguridad democrática a poner las capacidades armadas y defensivas del Estado al servicio de la protección de los ciudadanos.

En consecuencia, la seguridad democrática representa un punto de partida para replantear el futuro de la seguridad en América Latina. Aspirar a nuevos horizontes, que serán esenciales al definir los aspectos fundamentales de la seguridad regional ante el fenómeno criminal organizado.

CAPÍTULO 5.
REDEFINIENDO LA CONFRONTACIÓN CONTRA LA CRIMINALIDAD ORGANIZADA: DE LO REACTIVO A LO PREVENTIVO. BASES PARA EL FUTURO

Asistimos a la implacable expansión por América Latina de un crimen organizado que no conoce fronteras. La región ha adquirido un rol protagónico, como uno de los epicentros operacionales del crimen organizado transnacional[407]. Relevancia, que ha cobrado vigor en las últimas décadas, cogiendo desprevenidos a gobiernos e instituciones hemisféricas.

En consonancia con el marco descriptivo planteado al inicio de estas páginas, las circunstancias impelen a las estructuras de seguridad latinoamericanas a afrontar una cada vez más perfeccionada forma de delincuencia. Circunstancia, que debe estimular una apuesta decidida por la especialización y la diversificación de los instrumentos aplicables contra el crimen organizado. Especialización que, a su vez, demanda forzosamente la superación de los paradigmas clásicos (seguridad reactiva), a todas luces insuficientes, optando por respuestas innovadoras transversales e integradoras[408].

---

[407] América Latina despierta el interés de estructuras criminales provenientes de regiones de todo el mundo tan dispares como Europa, Asia o África, que progresivamente se han ido asentando de forma discreta en el territorio. La preeminencia protagónica de las organizaciones oriundas de América Latina (colombianas y mexicanas, principalmente) y la carencia de medios para investigar organizaciones criminales extranjeras (carencia de traductores, por citar un ejemplo básico), ha favorecido que, hasta la fecha, éstas hayan pasado desapercibidas, pero no inactivas. GAYRAUD, Jean François: *El G9 de las mafias en el mundo. Geopolítica del crimen organizado*, Barcelona: Urano, colección «Tendencias», 2007; FORGIONE, Francesco: *Mafia Export. Cómo la 'Ndrangheta, la Cosa Nostra y la Camorra han colonizado el mundo*, Barcelona: Crónicas Anagrama, 2010; VARESE, Federico: *Mafias on the Move: How Organized Crime Conquers New Territories*, New Jersey: Princeton University Press, 2013. SANSÓ-RUBERT, Daniel: "Nuevas tendencias de organización criminal y movilidad geográfica. Aproximación geopolítica", en *UNISCI Journal*, nº 41, 2016, pp. 181-203.

[408] SANSÓ-RUBERT, Daniel y BLANCO NAVARRO, José María: "Inteligencia Criminal", en Giménez- Salinas, A. y González, J. L. (eds.), *Investigación Criminal*, Madrid: Lid Editorial, 2015.

Y es que las tradicionales respuestas reactivas, han perdido en muchos aspectos eficacia operativa. Adolecen de obsolescencia, favoreciendo la resistencia de las organizaciones delictivas frente a la acción de los poderes públicos, haciéndose cada vez más invulnerables a la fuerza del Estado. Perdida *a priori* la iniciativa para atajar la proliferación de la criminalidad organizada en sus fases incipientes, ahora que se quiere reaccionar ante su consolidación y expansión resulta que, frente a un escenario de seguridad poliédrico y en continua transformación, las burocracias estatales de América Latina permanecen en gran medida constreñidas en esquemas funcionales anquilosados. Las agencias de seguridad se manifiestan esclerotizadas frente a una criminalidad que explota la ventaja que le proporciona el marco de la globalización, el conflicto asimétrico y su carencia de restricciones éticas y morales[409].

Este lastre funcional, sumado a las limitaciones competenciales territoriales y jurídicas propias del Estado, ha mermado hasta la fecha la respuesta institucional. Circunstancias, que evidencian un escenario nada halagüeño. Tanto es así, que los principales ejercicios de prospectiva coinciden en apuntar que el fenómeno criminal organizado continuará con su *vis expansiva* por toda Latinoamérica con repercusiones en el ámbito internacional, durante las primeras décadas del presente siglo[410]. Realidad, que invita a una reflexión sobre los desafíos abiertos en la esfera de la seguridad y la defensa.

La criminalidad organizada tan sólo representa la manifestación más crítica de los síntomas institucionales y democráticos de los que adolece América Latina. Para solventar su injerencia en los asuntos regionales, se requiere algo más que aumentar la seguridad. Analizadas las causas del problema, parece claro que el poder de las redes criminales no va a disminuir aumentando el número

---

[409] SANSÓ-RUBERT, Daniel: "Inteligencia criminal. Retos y oportunidades para la acción frente a la delincuencia organizada", en Navarro, D.; Velasco, F. y Arcos, R. (eds.), *La inteligencia como disciplina científica*; Madrid: Plaza y Valdés, pp. 191-204.

[410] Varios ejemplos como la XLIX Asamblea General de la Organización de Estados Americanos (OEA), celebrada el 21 de mayo de 2011, aprobó la llamada Declaración de San Salvador que, en síntesis, encomienda a los Estados miembros del organismo hemisférico la realización de un plan de acción para el combate de la violencia y del crimen organizado transnacional, que afecta gravemente a América Latina; *U.S. National Strategy to Combat Transnational Organized Crime*; *UNODC Strategy 2012-2015*; *U.S. National Drug Control Strategy*, 2015; la Conferencia Centroamericana de Seguridad 2016 (CENTSEC), con el fin de buscar mejores mecanismos de cooperación e intercambiar experiencias en la lucha contra el crimen organizado, trabaja en la elaboración de una estrategia continental contra la delincuencia organizada.

de soldados y policías, ni aprobando una legislación penal cada vez más dura. Es prioritario e imprescindible abordar respuestas desde diversas políticas en lo social, económico, fiscal, conducentes al fortalecimiento de las estructuras estatales y hacer efectivo el imperio de la ley, como único mecanismo posible para regular la sociedad. De lo contrario, el crimen organizado en Latinoamérica siempre tendrá la oportunidad de medrar gracias a la complicidad estatal, por acción o por omisión.

Ante este panorama, la situación requiere de un cambio de visión sobre la lucha contra el hecho criminal, que se centre no sólo sobre la comisión de delitos y la averiguación y apresamiento de sus autores, sino sobre la valoración y gestión de la amenaza representada por la delincuencia organizada en su conjunto. Este planteamiento genera tensiones en las estructuras y procedimientos militares, policiales y judiciales, porque tanto el sistema penal como las estructuras de seguridad, fueron concebidos en su origen como instrumentos de actuación reactiva ante el daño criminal consumado. Se busca ahora focalizar el esfuerzo, no en la reacción ante ciertos sucesos producidos, sino en la anticipación y la toma de medidas dirigidas a impedir que dichos sucesos ocurran[411]. Llegados a este punto del análisis, resulta imprescindible asumir la premisa de que, hoy por hoy, la seguridad desgajada de la Inteligencia es una respuesta obsoleta[412].

La magnitud de la amenaza representada por la criminalidad organizada, demanda estrategias e instrumentos más efectivos para su desarticulación, así como favorecer la cooperación y la coordinación a niveles nacional e internacional. Ambos objetivos deben constituir prioridades gubernamentales ineludibles. La adaptabilidad criminal demanda, al menos, la misma capacidad de adaptación de los instrumentos disponibles para garantizar la seguridad. Si tradicionalmente la orientación reactiva de la seguridad ha hecho que prevalezca el modelo de orientación estratégica basado en la capacidad de respuesta ante hechos consumados o que se encuentran en proceso de ejecución; en la actualidad, diversos factores están condicionando los esfuerzos hacia un modelo de estrategia prospectiva, en la que se focaliza el esfuerzo, se insiste,

---

[411] RATCLFFE, Jerry (ed.): *Strategic Thinking in Criminal Intelligence,* London: The Federation Press, 2009.

[412] SANSÓ-RUBERT, Daniel: "Inteligencia criminal, op. Cit., pp. 215-238.

no en la reacción ante ciertos sucesos producidos, sino en la anticipación y la toma de medidas dirigidas a impedir que dichos sucesos ocurran.

La perspectiva novedosa que conforma la denominada "seguridad inteligente"[413], hace hincapié en la importancia de articular la seguridad en base a las capacidades en inteligencia[414], especialmente en su vertiente prospectiva, como uno de los principales recursos para enfrentar con éxito las manifestaciones de criminalidad organizada de mayor intensidad; desarrollar estrategias y capacidades para constreñir a la mínima expresión la delincuencia organizada que está por materializarse o impedir que llegue siquiera a eclosionar, intentando atisbar los derroteros por los que el crimen organizado evolucionará en las próximas décadas, identificando posibles tendencias. Todo un desafío.

Conviene recalcar que la inteligencia criminal no es más que un tipo de inteligencia útil para obtener, evaluar e interpretar información y difundir la inteligencia necesaria para proteger y promover los intereses nacionales de cualquier naturaleza (políticos, comerciales, empresariales), frente al crimen organizado, al objeto de prevenir, detectar y posibilitar, la neutralización de aquellas actividades delictivas, grupos o personas que, por su naturaleza, magnitud, consecuencias previsibles, peligrosidad o modalidades comisivas (*modus operandi*), pongan en riesgo, amenacen o atenten, contra el ordenamiento constitucional, los derechos y libertades fundamentales[415].

Permite minimizar el impacto de la criminalidad organizada y mantener un control mínimo para evitar su expansión incontrolada, que suponga en última instancia un deterioro de la seguridad, tanto objetiva como subjetiva. Especialmente, cuando el coste de oportunidad a la hora de tomar una decisión (y no otra), puede llegar a resultar cualitativamente mucho más gravoso o generar daños irreparables. Representa un abanico de retos y oportunidades. Por un lado, permite no sólo una mayor y mejor aprehensión del fenómeno delictivo en todo su espectro sino a la par, proporciona un conocimiento "informado" indispensable para la articulación de todos aquellos recursos imaginables (con-

---

[413] PULIDO, Julia y SANSÓ-RUBERT, Daniel: "A Phenomenological Analysis of Terrorism and Organized Crime, op. Cit., pp.130-131.

[414] SANSÓ-RUBERT, Daniel: "Concepto Inteligencia criminal", en Díaz Fernández, A. M. (Dir.), *Conceptos Fundamentales de Inteligencia*, Valencia: Tirant lo Blanch, 2016, pp. 223-240.

[415] SANSÓ-RUBERT, Daniel: "Inteligencia criminal. Retos y oportunidades para la acción frente a la delincuencia organizada", op. Cit., pp. 200 y ss.

trol social formal: Política Criminal, de Seguridad y Defensa, Penitenciaria, medidas legislativas, policiales…), a niveles operativo, táctico y estratégico, destinados a contrarrestar el riesgo criminal[416].

Igualmente, despunta por su destacado potencial para la elaboración de los análisis destinados a que los consumidores (destinatarios), sean estos decisores políticos o responsables de los organismos encargados de la persecución de la delincuencia, tengan suficientes elementos de juicio para la adopción de respuestas adecuadas. Esto reduce, en consecuencia, los riesgos inherentes a toda acción o decisión (incertidumbre) para la implementación de políticas criminales y de seguridad eficientes. Al tiempo, que permite contrastar la eficacia objetiva de las medidas pergeñadas al respecto. Conocer qué ha sucedido en el escenario criminal, qué está sucediendo y por qué, y qué es lo más probable que suceda en el futuro es la meta[417]. Conocer la evolución criminal y advertir con antelación, las posibles incursiones oportunistas de las redes criminales en el escenario nacional e incluso, a nivel regional.

Un buen producto de inteligencia criminal no sólo describe cuál es la situación actual relativa al fenómeno, sino que aporta explicaciones sobre la existencia de dicho fenómeno y establece posibles evoluciones o tendencias, desarrollando diversidad de escenarios viables. Además, define las alternativas factibles para reorientar la situación en el sentido más favorable para su erradicación y control, y establece los eventuales costes económicos y sociales resultantes de la aplicación de dichas medidas. De la misma forma, posibilita conocer y analizar la distribución geográfica de la actividad delictiva, la concentración territorial de las organizaciones criminales (densidad criminal), el surgimiento de nuevos nichos de mercado ilícitos, la introducción de novedosas metodologías y *modus operandi*, nuevos productos y servicios, la identificación de las estrategias puestas en práctica por las estructuras delictivas, la familiarización con la subcultura delictiva, las características sociodemográficas relevantes de los miembros de las organizaciones criminales para su conveniente explotación (nacionalidad, región de procedencia, etnia, familia, profesión, condición de ex policías o ex combatientes, tipología de

---

[416] SANSÓ-RUBERT, Daniel: "Inteligencia criminal. Una elección estratégica en clave de seguridad frente a la iniciativa de la delincuencia organizada", en Rivera, F. (coord.), *Inteligencia estratégica y Prospectiva*, Quito: Flacso-Senain-AECID, 2011, pp. 215-238.

[417] Ibid., pp. 229-233.

actividad ilícita en la que está especializado…)[418], así como la detección del ascenso y caída de las organizaciones criminales, en virtud de sus fortalezas y debilidades.

De igual forma, su utilidad redunda en su empleo como un instrumento de análisis del éxito de las políticas públicas y decisiones adoptadas en la confrontación con la criminalidad organizada. Destinar capacidades de inteligencia para la realización de análisis sobre la gestión pública del Estado y el fortalecimiento institucional, con el fin de vislumbrar con la debida anterioridad, cómo determinadas decisiones sobre el manejo de lo público (recursos, bienes y servicios), permiten o facilitan las operaciones y funcionamiento de organizaciones al margen de la ley; de tal forma, que se puedan identificar las implicaciones de las decisiones y esquemas preventivos adoptados, para evitar el fortalecimiento involuntario del crimen organizado.

La Prospectiva, definida como el estudio del futuro para poder influir en él, ofrece posibilidades de aplicación a diferentes áreas de conocimiento. En el ámbito del análisis de inteligencia aplicado al crimen organizado (inteligencia criminal prospectiva)[419], toda aproximación al estudio del futuro es indispensable, en primer lugar, por la necesidad de anticipar riesgos[420]. En segundo lugar, dado que todo diseño estratégico precisa contar con una visión de futuro; una aproximación al futuro es un *input* para la elaboración de estrategias, desarrollo de planes de acción y toma de decisiones. Y, en tercer lugar, porque el estudio del futuro genera una nueva forma de pensar y de afrontar los problemas de seguridad[421].

Pero este ámbito, tampoco está exento de controversias. Las fuerzas armadas, disponen de los medios, de las capacidades, de la formación y de

---

[418] SANSÓ-RUBERT, Daniel: "Inteligencia criminal sociocultural obtenida en el ámbito penitenciario como soporte para las estrategias de disuasión focalizada y acción selectiva. Otro enfoque en la lucha contra la criminalidad organizada", en *Inteligencia y seguridad: Revista de análisis y prospectiva*, nº 17, 2015, pp. 29-50.

[419] SANSÓ-RUBERT, Daniel y BLANCO NAVARRO, José María: "Inteligencia Criminal", op. Cit., pp. 220 y ss.

[420] BLANCO NAVARRO, José María y JAIME, Óscar: "Toma de decisiones y visión de futuro para la seguridad nacional", en De la Corte, L. y Blanco, J. M. (coords.), *Seguridad Nacional, amenazas y respuestas,* Madrid: LID, 2014, pp. 283-297.

[421] SANSÓ-RUBERT, Daniel y BLANCO NAVARRO, José María: "Inteligencia Criminal", op. Cit., pp. 225 y ss.

la experiencia en el campo de la inteligencia. Y hasta la fecha, a raíz de su inmersión plena en la contingencia de la criminalidad organizada, han copado este espacio de máxima sensibilidad, dado que la delincuencia organizada, en tanto considerada como amenaza estratégica del Estado, competencialmente entraría a formar parte del conjunto de funciones atribuidas al desempeño militar. Cuestión que despierta amplio rechazo y suscita no pocas desconfianzas, al plantearse la opción de que los militares operen capacidades de inteligencia dentro del Estado en tareas de seguridad interior. Una cuestión de alta sensibilidad, sin duda, cuya responsabilidad recae en último término sobre el decisor político, quien les atribuye esa competencia o por omisión, decide no interferir en el quehacer de las fuerzas armada bajo la cómoda lógica del "dejar hacer, dejar pasar". Se crea en consecuencia, un nuevo espacio donde lo policial y lo militar se entrecruzan, generando tensiones institucionales a las que habría que incorporar otro actor más de naturaleza civil: los respectivos servicios de inteligencia de los Estados latinoamericanos, que han incorporado a la delincuencia organizada en sus agendas, como una prioridad a enfrentar.

CONCLUSIONES

¿La que se está librando en América Latina es realmente una guerra?. A pesar de los argumentos esgrimidos por sus defensores es difícil encajar la confrontación contra el crimen organizado en términos de "guerra"[422]. Como argumenta SARTORI, la elección de la palabra es importante. Las palabras son nuestras gafas. Equivocar la palabra es equivocar la cosa. O sea, que quien usa la palabra "guerra" ve una cosa, y quien no la usa, ve otra. En la guerra, si es que se trata de una guerra, combatimos a un enemigo, pero si la palabra es distinta, entonces el enemigo como tal no existe y no hay nada o nadie contra quien combatir[423], en términos bélicos. No hay que olvidar, que los medios condicionan los fines y, a la larga, se apoderan del propio fin.

Ciertamente, se ha escrito mucho sobre el tema. Comparto con ESCALANTE GONZALBO la visión de que, a pesar de la existencia de cientos de libros, la mayoría muy malos, y muchos, miles de artículos, informes, diagnósticos, con información a veces detalladísima, con nombres y fechas y motivos, sobre la temática en cuestión, a pesar de todo, parece que no se ha logrado avanzar[424] y lo que es peor aún, que las estrategias contempladas resultan infructuosas.

La realidad criminal en la que está sumida América Latina trasluce un cúmulo de fracasos derivados de una deficiente gestión de la amenaza. Las

---

[422] ESCALANTE GONZALBO, Fernando: "La Guerra confusa", en *Revista Nexos*, nº 469, enero, 2017, pp. 48-50.

[423] SARTORI, Giovanni: *La carrera hacia ningún lugar. Diez lecciones sobre nuestra sociedad en peligro*, Madrid: Taurus, 2016, p. 47.

[424] ESCALANTE GONZALBO, Fernando: "La Guerra confusa", op. Cit., p. 48.

respuestas operadas se manifiestan inefectivas y el recurso estrella, las fuerzas armadas, arroja un balance estratégico negativo. No sólo no se ha logrado reconducir la situación, sino que se ha empeorado, contribuyendo al descrédito de la democracia, la vulneración de derechos, la erosión del Estado de derecho y al incremento de la debilidad de un Estado disfuncional, cuya clase dirigente parece que no termina de interiorizar, que la opción del recurso a las fuerzas militares bajo el estandarte de la "guerra al crimen organizado" y la razón de Estado no tiene futuro. Al menos, en los términos planteados hasta el momento[425]. La vía militar combate los síntomas, pero no las causas de la delincuencia organizada.

El punto de partida es, sin duda, la concepción errática de la propia amenaza. La problemática de la criminalidad organizada en Latinoamérica no es sólo el narcotráfico, ni los tráficos ilícitos sólo fluyen hacia Estados Unidos y Europa, ni sólo es posible enfrentarse al desafío delictivo organizado desde posicionamientos de fuerza (reactivos). Además de todo ello, hay que tener en consideración otra serie de realidades criminógenas relevantes, que han quedado eclipsadas por las primeras, fruto del profundo desconocimiento e ignorancia de las autoridades gubernamentales acerca de la envergadura, la diversidad y la complejidad, que han adquirido las diferentes manifestaciones del crimen organizado[426], así como de las tendencias de sus negocios legales e ilegales y el impacto de los mismos sobre la vida social, política y económica de esos países. Por otro lado, cabe igualmente reseñar la tendencia a afrontar estas complejas problemáticas con orientaciones y dispositivos institucionales poco ajustados a la realidad de cada país, desactualizados y, por ende, deficientes para lograr avances en materia de prevención, investigación e inteligencia.

La constatación de estas deficiencias, requiere de una reorientación de las estrategias y las políticas públicas más allá de las "corrientes de securitización", que puedan resultar de utilidad en la lucha contra la criminalidad organizada (visión holística de la problemática más allá de las estrictas políticas criminales y de seguridad y defensa), que permitan afrontar su contención con un mínimo de probabilidades de éxito, logrando con ello, reconducir la

[425] SALAZAR, Pedro: *Crítica de la mano dura*, México: Editorial Océano, 2013.

[426] BENÍTEZ MANAUT, Raúl: "El crimen organizado en Iberoamérica", en *Los desafíos de la seguridad en Iberoamérica*, Cuadernos de Estrategia del Instituto Español de Estudios Estratégicos (IEEE), nº 158, 2012, pp. 152-196,

situación emergente hacia derroteros favorables en aras de alcanzar y consolidar la victoria del Estado sobre el crimen organizado. No se trata de aspirar a su derrota en términos de erradicación, cuestión utópica, sino de encauzar su expansión descontrolada hacia unos parámetros tolerables socialmente y controlables por las esferas de seguridad del Estado.

La ausencia de un diagnóstico apropiado de la criminalidad organizada ha tenido consecuencias importantes, al favorecer un exceso de magnificación irreal del problema. Por todo ello, ha llegado el momento de redefinir los términos de la confrontación contra la delincuencia organizada, adecuándolos a las transformaciones experimentadas en el escenario estratégico y acordes al nuevo paradigma de seguridad, que tiende a implantarse con rapidez, donde prima la prevención en detrimento de las iniciativas reactivas. Sentar las bases que configuren los principales lineamientos de las futuras estrategias de seguridad y defensa frente a la criminalidad organizada. El desafío es mayúsculo: desarrollar las capacidades de resistencia a la captura criminal del Estado y de recuperación institucional, después de episodios de captura o infiltración criminal severa. Apenas existen antecedentes[427] en los que buscar orientación para definir alternativas viables, destinadas a reorientar la situación en el sentido más favorable para la impermeabilización frente al crimen organizado. A este respecto, no existen respuestas imposibles, sólo difíciles de hallar.

Realmente, el abanico de respuestas frente a la actividad criminal transnacional puede ser tan amplio como se quiera. Y cada respuesta, conlleva sus consecuencias derivadas. Decantarse por instrumentos de control de máxima dureza, puede conducir de forma contraproducente al desgaste de los valores y principios inspiradores de todo Estado de derecho. La clave reside en alcanzar el equilibrio entre propuestas estratégicas, que permitan una lucha eficaz contra este tipo de criminalidad, sin mermar el conjunto de garantías irrenunciables en un Estado democrático y de derecho.

Ante la problemática planteada en el título de este análisis, democracias bajo presión, a tenor de lo expuesto, queda claro que la participación militar en la esfera de la seguridad interna obedece a unas necesidades perentorias

[427] MIKLAUCIC, Michael y NAÍM, Moisés: "The Criminal State", en Miklaucic, M. y Brewer, J. (eds.), *Convergence:Illicit Networks and National Security in the Age of Globalization*, Washington D.C.: National Defense University Press, 2013.

del Estado (último recurso), y que debiera limitarse sólo a los supuestos constitucionalmente reconocidos en los que las circunstancias así lo requieran. Aquellas situaciones en las que la razón de Estado democrática es el único e indispensable medio para salvar la democracia[428]. Interpretación, que ampararía constitucionalmente el recurso a las fuerzas armadas en la lucha contra la criminalidad organizada, como instrumento extremo para supuestos excepcionales, sin que pueda tildarse esta opción de antidemocrática.

Por lo tanto, la opción del recurso al instrumento militar tiene perfecta cabida en democracia, pero su empleo debe ser articulado convenientemente bajo premisas claras, transparentes, alejadas de cualquier alusión en términos de conflicto bélico (aplicación del Modelo Integral, preservando el cumplimiento de un mínimo de criterios para que el empleo de las tropas tenga legitimidad: que se asegure la gravedad de la amenaza; que el propósito del uso de la fuerza militar sea correcto[429]; que sea el último recurso; que exista una proporcionalidad de los medios; que se formule un balance de las consecuencias), que eviten otorgar erráticamente a las fuerzas armadas una primacía, que conlleve el riesgo de militarizar la seguridad interior.

Desde la óptica de la estrategia de seguridad interior, la tendencia internacional se decanta claramente por primar las capacidades policiales para la reducción de las manifestaciones de delincuencia organizada. El control policial desempeña un papel central[430]. Se considera que la policía es el instrumento adecuado para desarrollar iniciativas de disuasión, prevención, represión y proactividad, en la lucha contra el crimen organizado[431]. En definitiva, la

[428] FERNÁNDEZ GARCÍA, Eusebio: *Entre la razón de Estado y el Estado de Derecho: la racionalidad política*, Madrid: Instituto de Derechos Humanos "Bartolomé de Las Casas" de la Universidad Carlos III de Madrid-Dyknson, 1997, pp. 12 y 13.

[429] Por ejemplo, su implicación podría resultar factible en el marco de las operaciones de amplio espectro y de consecución de objetivos de alto valor estratégico (Fuerzas de Operaciones Especiales). MENDEL, William y Mc CABE, Peter (eds.): *SOF Role in Combating Transnational Organized Crime*, Joint Special Operations University (Tampa): Joint Special Operations University Press, 2016.

[430] BOBEA, Lilian (ed.): *Entre el crimen y el castigo. Seguridad ciudadana y control democrático en América Latina y el Caribe*, Caracas: FLACSO y Woodrow Wilson International Center, 2003.

[431] BRAGA, Anthony: "Getting deterrence right?", en *Criminology and Public Policy*, nº 11 (2), 2012, pp. 201-210; BRAGA, Anthony y WEISBURD, David: "The effects of focused deterrence strategies on crime: A systematic review and meta-analysis of the empirical evidence",

apuesta por los cuerpos de policía, en circunstancias de normalidad, para el mantenimiento del orden y la seguridad ciudadana. Sin perjuicio de que, ante determinadas circunstancias, se recurra a las fuerzas militares en búsqueda de apoyo. Para que esta apuesta fructifique en América Latina, resulta indispensable una profunda reforma del sector policial.

Entre tanto esta reforma no llega, la previsión es que los gobiernos latinoamericanos continúen dependiendo del estamento militar para contrarrestar las manifestaciones más violentas de criminalidad organizada, generalmente asociadas a la actividad del narcotráfico. Y es que el discurso de "guerra contra el crimen organizado", ha calado profundo en la visión estratégica de la seguridad y defensa de prácticamente toda América Latina (exceptuando básicamente a los países del Cono Sur, con Argentina a la cabeza).

A pesar de los razonamientos esgrimidos en este trabajo, que desaconsejan el recurso a las fuerzas armadas, al menos tal y como está planteado actualmente por los países de la región, la impronta de la razón de Estado y la excepcionalidad devenida en cotidiana prevalecen, introduciendo elementos de inseguridad jurídica y arbitrariedad. Se han convertido en el argumento sobre el que se sustenta todo el andamiaje de la respuesta *manu militari*, exponente de la máxima intensidad del uso de la fuerza del Estado. Aplicar la letalidad defensiva para presevar Estado, sociedad y democracia, despierta suspicacias con respecto a procesos de militarización velados, tamizados bajo el rubro del compromiso con la seguridad interior, al tiempo que, de facto, la experiencia arroja resultados no especialmente satisfactorios.

No en vano, la declaración de los Estados de una "guerra al crimen organizado" planificada desde un prisma militar implica, en primera instancia, el abandono expreso de los procedimientos constitucionales ordinarios para perseguir a la delincuencia organizada. En segundo término, genera importantes perjuicios colaterales de relevancia constitucional (costos constitucionales) y democrática, como la violación de derechos humanos por parte de las fuerzas militares en sus operativos; circunstancias, que no tienen cabida en el marco de una política de seguridad pública democrática y de un Estado de derecho,

en *Journal of Research in Crime and Delinquency*, 2012, nº 49 (3), pp. 323-358; SANSÓ-RUBERT PASCUAL, Daniel: "Inteligencia criminal y sistemas penitenciarios: algunas reflexiones", en *Revista Latinoamericana de Estudios de Seguridad, URVIO*, nº 15, 2014, pp. 98-111.

donde queda fuera de lugar la visión del "enemigo", propia de los enfrentamientos bélicos.

Lo que demanda el proceso de deterioro de la calidad de la democracia en los países latinoamericanos promovido por el crimen organizado es el fortalecimento democrático institucional. Está demostrado que, a mayor solidez estatal, menores posibilidades de implantación criminal. Y, si además de fuerte, el Estado es democrático, las posibilidades de resistir la penetración de la delincuencia organizada son mayores. En este caso, la existencia de mecanismos de rendición de cuentas, la existencia de controles de gestión pública y los altos niveles de transparencia, disminuyen las posibilidades de que se establezca un nexo de cooperación entre el crimen organizado y los representantes estatales. Este planteamiento a la inversa, permite comprender la particular fortaleza adquirida por el crimen organizado en Latinoamérica, donde los Estados, en mayor o menor medida, presentan estructuras estatales débiles y la democracia no ha sido capaz de establecer los suficientes mecanismos de fiscalización o los que hay son inoperantes.

La criminalidad organizada se beneficia de la situación generalizada de debilidad estructural que presenta el Estado en América Latina, producto de la fragilidad de sus instituciones y de las dificultades para cumplir con sus funciones esenciales, junto a los problemas de gobernabilidad observados, que finalmente han afectado y afectan, a la eficiencia y eficacia de sus democracias[432] constituyendo de este modo, un factor determinante en los niveles de violencia asociados al crimen organizado[433].

Por otro lado, afirmar "la militarización de la lucha contra la delincuencia organizada o el policiamiento de lo militar"[434], como procesos generalizados e irreversibles es otorgarles una característica de la que efectivamente carecen (al menos por ahora). Hoy, el principal desafío para los regímenes democráticos y las políticas de defensa y seguridad, obedece a la superposición de

[432] MAINWARING, Scott y SCULLY, Timothy: "América Latina: Ocho lecciones de gobernabilidad", en *Journal of Democracy* (en Español), PUC. Santiago, 2009

[433] GONZÁLEZ, Mabel: *Narcotráfico y crimen organizado*, Barcelona: Icaria, 2014.

[434] BOBEA, Lilian: "¿Juntos pero no revueltos?: De la militarización policial a la policiliación militar. Tendencias e implicaciones", en *Políticas de Defensa: desafíos externos y restricciones internas*, Buenos Aires: Woodrow Wilson International Center for Scholars, 2002.

funciones entre las fuerzas armadas y la policía en el contexto de una aún débil conducción civil[435].

La forma en que los países emplearán sus fuerzas armadas en las décadas venideras podrá experimentar variaciones en virtud de los cambios en la magnitud de las amenazas, la debilidad institucional y las decisiones políticas. Las experiencias que paulatinamente se vayan acumulando, con sus éxitos y sus fracasos, obrarán como un *background* referencial con autoridad empírica para orientar a los futuros decisores políticos y legisladores.

Sea como fuere, sin duda, guste o no, las fuerzas armadas están llamadas a cobrar algún tipo de trascendencia en la lucha contra las actividades ilícitas en América Latina, e incluso a nivel internacional, siendo deseable en la medida de lo posible, su expresa supeditación a la dirección policial y bajo el control civil. Representan un espectro de retos y oportunidades nada desdeñable para la acción frente a la criminalidad organizada, aunque por el momento surjan más preguntas que respuestas y muchas más incertidumbres, que certezas.

Son diversos los ingredientes que intervienen en la lucha contra la delincuencia organizada. Por ello, no se debe olvidar que el éxito realmente se alcanzará con la imbricación adecuada de todos los instrumentos disponibles y la cooperación de todos los actores implicados. Prevención, acción y reacción, bajo el paraguas de la democracia y del Estado de derecho, al servicio de la erradicación de la criminalidad organizada.

Insistir, como broche final, que la seguridad de los ciudadanos en una democracia no puede ser lograda a cualquier precio y de cualquier manera, sino que debe alcanzarse con pleno respeto de los derechos y garantías, que el sistema político mismo reconoce a las personas. "Es ésta una situación paradójica del Estado democrático, puesto que, en cuanto a Estado, reivindica para sí el monopolio de la fuerza, pero al mismo tiempo, en cuanto es democrático, se compromete a ejercer esa fuerza cuyo monopolio detenta, con sujeción a principios y reglas, que ninguna justificación podría justificar transgredir"[436].

---

[435] ROJAS ARAVENA, Francisco: "El riesgo de superposición entre las políticas de defensa y seguridad", en *Nueva Sociedad*, n º 213, 2008.

[436] PEÑA, Carlos: "La Policía y el Sistema Democrático", en Frühling, H. (ed.), *Control Democrático en el mantenimiento de la Seguridad Interior*, Santiago: CED, 1996.

En conclusión, la criminalidad organizada representa un desafío para las democracias cualitativamente diferente, menos aparente pero más insidioso, que no pretende subvertir el poder establecido sino ponerlo a su servicio. En términos de gobernabilidad democrática, y protección de derechos y libertades propias de un Estado constitucional de derecho, el crimen organizado será una cuestión definitoria del siglo XXI para América Latina.

BIBLIOGRAFÍA

ACEVEDO, Carlos: *Los costos económicos de la violencia en Centroamérica*, San Salvador: Consejo Nacional de Seguridad Pública de El Salvador, 2008.

AGUAYO, Sergio y BAILEY, John (coords.): *Las seguridades de México y Estados Unidos en un momento de transición*, México: Siglo XXI, 1997.

AGÜERO, Felipe y STARK, Jeffrey (eds.): *Fault Lines of Democracy in Post-Transition Latin America*, Coral Gables: North-South Center Press, 1998.

AGÜERO, Felipe: "Legacies of Transitions: Institutionalization, the Military, and Democracy in South America, en *Mershon International Studies Review*, International Studies Association, vol. 42, 1998, pp. 383-404.

AGUILAR, Rubén y CASTAÑEDA, Jorge: *El Narco: La Guerra Fallida,* México: Santillana, 2009.

AGUILERA, Gabriel: "Enfrentar la violencia con «mano dura»: políticas de contención en Centroamérica", en *Pensamiento Iberoamericano* 2 (1), 2011, pp. 125-140.

ALDA, Sonia: "La participación militar en el combate de la violencia criminal", en Iglesias, E. (coord.), *Los desafíos de la Seguridad en Iberoamérica,* Madrid: Instituto Español de Estudios Estratégicos-Instituto Universitario General Gutiérrez Mellado, nº 158, pp.199-235.

ALDA, Sonia: "La vulnerabilidad del Estado como causa para la implantación del crimen organizado", en *Foreing Affairs Latinoamérica*, vol. 14, nº 1, 2014, pp. 57-64.

ALDA, Sonia: "Políticas y fuerzas de seguridad alternativas ante los retos de la seguridad regional", en Bonilla A. y Álvarez I. (eds.), *Desafíos estratégicos del regionalismo contemporáneo*, CELAC e Iberoamérica; FLACSO, Secretaría General, 2013, pp. 243-282.

AMNISTÍA INTERNACIONAL: *México: Nuevo informe de violaciones de derechos humanos a manos del ejército*, Madrid: Editorial de Amnistía Internacional, 2009.

ANAYA MUÑOZ, Alejandro: *Violaciones a los derechos humanos en el marco de la estrategia militarizada de lucha contra el narcotráfico en México 2007 a 2012*, Cuadernos de Trabajo del Seminario de Política de Drogas, nº 4, México: CIDE, 2014.

ANDERSEN, Martin Edwin: "A Road Map for Beating Latin America's Transnational Criminal Organizations", en *Joint Force Quarterly* (JFQ). Issue 62, 2nd Quarter, July 2011, Washington, D.C.: National Defense University, pp. 81-88.

ANDREAS, Peter y DURÁN-MARTÍNEZ, Angelica: "The International Politics of Drugs and Illicit Trade in The Americas", en J. Domínguez y A. Covarrubias (eds.), *Routledge Handbook of Latin America in theWorld*, Routledge, 2014.

ANDREAS, Peter: "Illicit International Political Economy: The Clandestine Side of Globalization", en *Review of International Political Economy*, vol. 11, nº 3, 2004.

ANGARITA, Pablo: *Seguridad democrática. Lo visible de un régimen político y económico*, Bogotá: Siglo del Hombre Editores, 2011.

ARANA, Ana: "The New Battle for Central America," en *Foreign Affairs*, 2001, pp. 88-101.

ARÉVALO DE LEÓN, Bernardo (ed.): *Función militar y control democrático*. Guatemala: Amanuense Editorial, 2001.

ARNSON, Cynthia y OLSON, Eric (eds.): *Organized Crime in Central America: the Northern Triangle,* Washington D.C.: Woodrow Wilson International Centre for Scholars, 2011.

ASTORGA, Luis: *El poder y la sombra. Seguridad, traficantes y militares*, México: Tusquets editores, 2007.

ASTORGA, Luis: *El Siglo de las Drogas. El narcotráfico, del Porfiriato al nuevo milenio*, México: Plaza y Janés, 2005.

ATAMAN, Muhittin: "The Impact of Non-State Actors on World Politics: A Challenge to Nation-States", en *Turkish Journal of International Relations,* 2003, pp. 42-66.

BACEVICH, Andrew: *The new american militarism,* New York: Oxford University Press, 2005.

BAGLEY, Bruce y TOKATLIÁN, Juan Gabriel: "Drogas y dogma: La diplomacia de la droga en Estados Unidos y América Latina en la década de los ochenta", en *Pensamiento Iberoamericano,* nº 19, Madrid, 1991, pp. 235-255.

BAGLEY, Bruce: "Colombia y la Guerra contra las drogas", en *Foreign Affairs en Español*, vol. 8, nº 1, (artículo original de 1988), 2008, pp. 169-188.

BAGLEY, Bruce: "Narcotráfico y crimen organizado en las Américas: Principales tendencias en el siglo XXI", en Maihold, G. y Stefan, J. (eds.), *El Narcotráfico y su combate*, México: Konrad Adenauer Stiftung, 2014.

BAGLEY, Bruce: *Myths of Militarization: The Role of the Military in the War on Drugs in the Americas*, Miami: North-South Center, 1991.

BAILEY, John y CHABAT, Jorge (eds.): *Transnational Crime and Public Security: Challenges to Mexico and the United States,* Berkeley: University of California Press, 2002.

BAILEY, John y GODSON, Roy: *Crimen organizado y gobernabilidad democrática,* México: Grijalbo, 2000.

BAILEY, John: *The Politics of Crime in Mexico. Democratic Governance in a Security Trap*, Nueva York: Lynne Rienner Publishers, 2013.

BAILEY, John y DAMMERT; Lucia (eds.): *Public Security and Police Reform in the Americas*, Pittsburgh: University of Pittsburgh Press, 2005.

BALLESTEROS MARTÍN, Miguel Ángel: *Fuerzas Armadas y seguridad pública. Consideraciones en torno al terrorismo y la inmigración,* González Cussac, J.L. (dir.), Fernández Hernández, A. (coord.), Castellón: Servicio de Comunicación y Publicaciones de la Universidad Jaume I, 2007.

BARTOLOMÉ, Mariano: "Las Fuerzas Armadas latinoamericanas: una heterogeneidad poco conocida", en *Security and Defense Studies Review*, vol. 8, 2008, pp. 22-46.

BARTOLOMÉ, Mariano: "Las Fuerzas Armadas sudamericanas y las perspectivas de cooperación en la lucha contra el terrorismo y el crimen organizado", en *Revista Estudios Internacionales*, Universidad de Chile, nº 164, 2009.

BARTOLOMÉ, Mariano: "Situación del Crimen Organizado en América Latina", en *Ágora Internacional*, nº 10, 2009.

BAYLEY, David H: "Democratizing the Police Abroad: What to Do and How to Do It", en *Issues in International Crime*, Washington, D.C.: U.S. Department of Justice, National Institute of Justice, 2001.

BELTRÁN, Adriana y GASTÓN Chillier: *Creación de fuerza conjunta militar-policial en Centroamérica*, Washington: Washington Office on Latin America (WOLA), 2005.

BENÍTEZ, Raúl (ed.): *Control Civil, Fuerzas Armadas en las nuevas democracias latinoamericanas*, Buenos Aires: Grupo Editor Latinoamericano, 1999.

BENÍTEZ, Raúl: "La crisis de seguridad en México", en *Nueva Sociedad*, nº 220, 2009, pp. 173-189.

BENÍTEZ, Raúl: "La guerra al narcotráfico en América Latina: ¿victoria militar?, fracaso social y político", en Günther M. y Stefan J. (eds.), *El narcotráfico y su combate: Sus efectos sobre las relaciones internacionales*, México: Konrad Adenauer Stiftung, 2014, pp. 37-58.

BENÍTEZ, Raúl: "Las relaciones civiles-militares en una democracia: releyendo a los clásicos", en *Revista Fuerzas Armadas y Sociedad, XIX, 1.* México: Centro de Investigaciones sobre América del Norte, Universidad Nacional Autónoma de México, 2005.

BENÍTEZ, Raúl: *Crimen organizado e Iniciativa Mérida en las relaciones México-Estados Unidos*, Colectivo de Análisis de la Seguridad con Democracia A.C., México, 2010.

BERDAL, Mats y SERRANO, Mónica (comps.): *Crimen transnacional organizado y seguridad internacional*, México: Fondo de Cultura Económica, 2005.

BERMÚDEZ, Lilia: *Guerra de Baja Intensidad. Reagan contra Centroamérica*, México: Siglo XX, 1987.

BERNECKER, Walther (comp.): *Transición democrática y anomia social en perspectiva comparada*, México: Colegio de México, 2004.

BLANCO VALDÉS, Roberto L.: *La ordenación constitucional de la defensa*, Madrid: Tecnos, 1988.

BLANCO VALDÉS, Roberto L.: *El valor de la Constitución: separación de poderes, supremacia de la ley y control de constitucionalidad en los orígenes del estado liberal*, Madrid: Alianza Editorial, 1998.

BLANCO VALDÉS, Roberto L.: *La construcción de la libertad*, Madrid: Alianza Editorial, 2010.

BLANCORNELAS, Jesús: *El Cartel. Los Arellano Félix: la mafia más poderosa en la historia de América Latina,* México: Plaza y Janes, 2002.

BOBEA, Lilian: "¿Juntos pero no revueltos?: De la militarización policial a la policiliación militar. Tendencias e implicaciones", en *Políticas de Defensa: desafíos externos y restricciones internas*, Buenos Aires: Woodrow Wilson International Center for Scholars, 2002.

BONILLA, Adrián y MOREANO, Hernan: "La lucha contra el narcotráfico en el Ecuador, 1989-2009", en Tokatlian (comp.), *La guerra contra las drogas en el mundo andino: hacia un cambio de paradigma*, Buenos Aires: Libros del Zorzal, 2009.

BONILLA, Adrián: "La política andina de los Estados Unidos y el conflicto colombiano en la seguridad del Ecuador", en Loveman, B. (ed.), *Adictos al fracaso. Políticas de Seguridad de Estados Unidos en América Latina y la Región Andina*, Santiago: LOM Ediciones, 2010.

BOYER, Jean-Francois: *La guerra perdida contra las drogas. Narcodependencia del mundo actual*, México: Grijalbo, 2001.

BRISCOE, Iván y MARTÍN, Pellecer: *A State under Siege: Elites, Criminal Networks and Institional Reform in Guatemala*, La Haya, Clingendael Institute of International Relations, 2010.

BRUNEAU, Thomas: "Civil-Military Relations in Latin America: The Hedgehog and the fox revisted", en *Fuerzas Armadas y Sociedad*, nº 19, 2005.

BUNKER, Robert, "The Growing Mexican Cartel and Vigilante War in Cyberspace", en *Small Wars Journal*, nº 3, 2011.

BUVINIC, Mayra: "Un balance de la violencia en América Latina: los costos y las acciones para la prevención", en *Pensamiento Iberoamericano*, nº 2, 2008, pp. 37-54.

BUVINIC, Mayra; MORRISON, Andrew y SCHIFTER, Michael: *La Violencia en América Latina y el Caribe: Un Marco de Referencia para la Acción*, Washington D.C.: Banco Interamericano de Desarrollo, 1999.

BYMAN, Daniel: "Understanding Proto-Insurgencies", en *Journal of Strategic Studies*, 31 (2), 2008, pp. 165-200.

CABARCAS, Gilma: *Militares, política y derecho: sobre los silencios de la Constituyente de 1991,* Bogotá: Ediciones Uniandes, 2011.

CAJINA, Roberto: "Centroamérica bajo asedio: Narcotráfico y debilidades institucionales", *Documento de Opinión*, nº 82/2012, Instituto Español de Estudios Estratégicos, Madrid, 2012.

CALDERÓN, Emilse: "La impronta legal de la participación de las Fuerzas Armadas en la seguridad pública: lucha contra el narcotráfico en América del Sur", en *Revista Latinoamericana de Seguridad Ciudadana*, nº 12, 2012, pp. 97-109.

CALDERON, Fernando: "Tiempos de agitación, tiempos de cambio. Sociedad y democracia en los países andinos meridionales", en Sorj, B. y De Olivera, D. (eds.), *Sociedad Civil y Democracia en América Latina: crisis y reinvención de la política*, São Paulo/Río: Instituto Fernando Enrique Cardoso y Centro Edelstein de Pesquisas Sociais, 2006, pp. 155-203.

CAMPBELL, Howard: *Drug War Zone: Frontline Dispatches from the Streets of El Paso and Juárez*, Austin: University of Texas Press, 2009.

CAROTHERS, Thomas: "The End of the Transition Paradigm", en *Journal of Democracy*, vol. 13, nº 1, 2002, pp. 5-21.

CARRANZA, Mario: *Fuerzas armadas y Estados de excepción en América Latina,* México: Siglo Veintiuno Editores, 1978.

CARRILLO-FLÓREZ, Fernando: "Seguridad ciudadana en América Latina: Un bien público cada vez más escaso", en *Pensamiento Iberoamericano,* nº 10, 2007, pp. 178-196.

CASTELLS, Manuel: *Communication Power*, Oxford: Oxford University Press, 2011.

CAULKINS, Jonathan. P.: *After the Grand Fracture: Scenarios for the Collapse of the International Drug Control Regime*, Washington: Brookings Institution, 2015.

CHABAT, Jorge: "El régimen internacional de control de drogas: ineficiencia y resistencia al cambio", en Günther M. y Stefan J. (eds.): *El narcotráfico y su combate: sus efectos sobre las relaciones internacionales,* México: Konrad Adenauer Stiftung/Cátedra Humboldt/Sitesa, 2014.

CHALK, Peter: *Non-Military Security and Global Order,* New York, St. Martin Press, 2000.

CLARO, Eliana; GARCÍA, José Francisco y KANGISER, Pablo: *Coordinación entre Fuerzas Policiales y Fuerzas Armadas para ejecutar acciones de no guerra: Alcances, marco legal y desafíos para el sector defensa,* Santiago de Chile: Centro de Estudios para el Desarrollo (CED), 2012.

COLOM, Guillem: "El Enfoque Integral en los Conflictos Híbridos", en VV.AA., *El Enfoque Multidisciplinar de los Conflictos Híbridos,* Documentos de Seguridad y Defensa, Madrid: Ministerio de Defensa, 2012.

CORCUERA, Santiago: "Propuesta de una iniciativa para retirar a las fuerzas armadas de las funciones de seguridad pública", en Sierra, J. L. (coord.), *El Ejército y la Constitución Mexicana .Combate al narcotráfico, paramilitarismo y contrainsurgencia,* México: Plaza y Valdés, Segunda edición, 1999.

COSSÍO, José Ramón: "Delincuencia organizada, seguridad pública y fuerzas armadas", en *Revista de Justicia Mexicana,* México, nº 4, Procuraduría General de la República, 2011.

COSTA, Arthur y MEDEIROS, Matheus: "Police demilitarisation: cops, soldiers and democracy", en *Conflict, Security and Development,* vol. 2, nº 2, 2002.

COTINO HUESO, Lorenzo: El modelo constitucional de las Fuerzas Armadas, Madrid: Instituto Nacional de Administración Pública-Centro de Estudios Políticos y Constitucionales, 2002.

DAMMERT Lucia y SALAZAR, Felipe: *¿Duros con el delito? Populismo e inseguridad en América Latina,* Santiago de Chile: Facultad Latinoamericana de Ciencias Sociales, (FLACSO), Chile, 2009.

DAMMERT, Lucía y BAILEY, Bruce: *Public Security and Police Reform in the Americas,* Pittsburgh: University of Pittsburgh Press, 2005.

DAMMERT, Lucía y BAILEY, John: "Militarización de la seguridad pública en América Latina"en *Foreign Affairs,* vol. 7, nº 2, México: ITAM, 2007.

DAMMERT, Lucía y BAILEY, John: "Reforma policial y participación militar en el combate a la delincuencia. Análisis y desafíos para América Latina", en *Revista Fuerzas Armadas y Sociedad,* 2005, Año 19 nº 1, pp. 138-141.

DAMMERT, Lucía: "Reforma Policial en América Latina", en *Revista Quórum,* Madrid: Universidad de Alcalá, 2005.

DAMMERT, Lucía: *Perspectivas y dilemas de la seguridad ciudadana en América Latina. Ciudadanía y violencia,* Quito: Facultad Latinoamericana de Ciencias Sociales (FLACSO), sede Ecuador, 2007.

DAVIS, Diane E.: "Irregular Armed Forces, Shifting Patterns of Commitment, and Fragmented Sovereignty in the Developing World", en *Theory and Society,* April, 2010.

DE LA CORTE, Luis y BLANCO, José María (eds.): *Seguridad Nacional, amenazas y respuestas*, Madrid: LID, 2014.

DEARE, Craig: "La militarización en América Latina y el papel de los Estados Unidos", en *Foreign Affairs Latinoamérica*, vol. 8, nº. 3, 2008, pp. 22-34.

DEL ÁLAMO, Óscar: "América Latina, una región en conflicto", en Institut Internacional de Governabilitat de Catalunya, *Documentos de Trabajo* nº 5, Barcelona: Institut Internacional de Governabilitat de Catalunya, 2004.

DESMOND, E. 2006: "The Dynamics of Criminal Governance: Networks and Social Order in Rio de Janeiro", en *Journal of Latin American Studies* vol. 38; nº 2, 2006.

DEVRIES, Osvaldo: "Las Fuerzas Armadas en democracia", en *Revista de la Defensa* nº 4, Buenos Aires: Ministerio de Defensa, 2009.

DIAMINT, Rut: "Military, Police, Politics, and Society. Does Latin America have a Democratic Model?", en Jorge I. Domínguez y Anthony Jones, *The Construction of Democracy. Lessons from Practice and Research,* Baltimore: The Johns Hopkins University Press, 2007, pp. 149-150.

DIAMINT, Rut: *Control civil y Fuerzas Armadas en las nuevas democracias latinoamericanas*, Buenos Aires: Universidad Torcuato Di Tella, 1999.

DIAMINT, Rut: *Democracia y seguridad en América Latina,* Buenos Aires: Nuevohacer, 2002.

DIAMOND, Larry y PLATTNER, Marc F. (eds.): *Civil Military Relations and Democracy*, Baltimore: The John Hopkins University press, 1996.

DIAMOND, Larry: "Democracy in Latin America: Dregrees, Illusions and Directions for Consolidation", en Farer, T. (ed.), *Beyond Sovereignty,* Baltimore: The John Hopkins University Press, 1996.

DIAMOND, Larry: "Thinking About Hybrid Regimes", en *Journal of Democracy,* vol. 13, nº 2, 2002, pp. 22-35.

DIAMOND, Larry: "Towards Democratic Consolidation", en *Journal of Democracy*, vol. 5, nº 3, 1994, pp. 4-17.

DOYLE, Kate: "The Militarization of the Drug War in Mexico", en *Current History*, vol. 92, nº 571, 1993, pp. 83-88.

FELBAB-BROWN, Vanda: "Fighting the Nexus of Organized Crime and Violence Conflict While Enhancing Human Security", en *Drug Trafficking, Violence, and Instability*, editado por Phil Williams y Vanda Felbab-Brown, 1-26. Pittsburg: Matthew B. Ridway Center for International Security Studies, 2012.

FERNÁNDEZ RODRÍGUEZ, José Julio y SANSÓ-RUBERT, Daniel: "El recurso constitucional a las Fuerzas Armadas para el mantenimiento de la seguridad interior. El caso iberoamericano", en *Boletín Mexicano de Derecho Comparado*, nº 128, 2010, pp. 737-760.

FERRAJOLI, Luigi: *Derechos y garantías. La ley del más débil*, Madrid: Trotta, 1999.

FITCH, J. Samuel: *The Armed Forces and Democracy in Latin America,* Baltimore: The Johns Hopkins University Press, 1998.

FLORES PÉREZ, Carlos A.: *El Estado en crisis: crimen organizado y politica. Desafíos para la consolidación democrática*, México D.F., Centro de Investigaciones y Estudios Superiores en Antropologia Social, 2009.

FLORES, Carlos y GONZÁLEZ RUIZ, Samuel: "Democracia y crimen organizado", en Solís, Guillermo y Rojas, Francisco (eds.), *Crimen organizado en América Latina y el Caribe*, Santiago de Chile: Faculta Latinoamericana de Ciencias Sociales (FLACSO), 2010, pp. 51-94.

FLYNN, Stephen E.: "Globalización del narcotráfico: las drogas y el crimen organizado", en *Revista Occidental*, año 12, nº 3, 1995.

FORNÉ, Silva; PÉREZ, Carlos; CATALINA y GUTIÉRREZ, Rodrigo: "Uso de la fuerza letal. Muertos, heridos y detenidos, en enfrentamientos de las fuerzas federales con presuntos miembros de la delincuencia organizada", en *Desacatos*, nº 40, CIESAS.

FRANCO, Vilma Liliana: *Orden contrainsurgente y dominación.* Medellín: Siglo del Hombre Nuevo Editores, 2009.

FREDERIC, Sabina: *Las trampas del pasado: las Fuerzas Armadas y su integración al Estado democrático en Argentina,* Buenos Aires: Fondo de Cultura Económica, 2013.

FREDERIC, Sabina: *Los usos de la fuerza pública. Debates sobre militares y policías en las ciencias sociales de la democracia*, Los Polvorines: Universidad Nacional de General Sarmiento, 2008.

FRÜHLING, Hugo: *La eficacia de las políticas públicas de seguridad ciudadana en América Latina y el Caribe*, Washington: Inter-American Development Bank. Documento de debate IDB-DP-245, 2013.

FRÜHLING, Hugo: "Violencia, corrupción judicial y democracias frágiles. Reflexiones sobre la actual situación en Centroamérica", en *Cuadernos del Presente Imperfecto*, nº 6, Guatemala: F&G Editores, 2008, pp. 341-343.

FRÜLHING, Hugo: *Policía Comunitaria y Reforma Policial en América Latina.¿Cuál es el impacto?*, Serie Documentos del Centro de Estudios en Seguridad Ciudadana, Instituto de Asuntos Públicos de la Universidad de Chile, 2003.

FUKUYAMA, Francis: *La construcción del Estado*, Barcelona: Ediciones B, 2004.

GARAY, Luis Jorge; SALCEDO, Eduardo y DE LEÓN, Isaac: *Illicit Networks Reconfiguring Status. Social Network Analysis of Colombian and Mexican Cases*, Bogotá: Fundación Método, 2010.

GARCÍA CARNEIRO, José L.: "Seguridad interior y exterior. Misiones de las FF.AA en América Latina", en Sepúlveda, I. (ed.): *Seguridad Humana y nuevas políticas de Defensa en Iberoamérica*, Madrid: Instituto Universitario General Gutiérrez Mellado (UNED), 2007.

GARCÍA COVARRUBIAS, Jaime: "Transformación de la Defensa: El caso de EE.UU. y su aplicación en Latinoamérica", en *Military Review, The Professional Journal of the U.S. Army*, Edición Hispanoamericana, U.S. Army Combined Arms Center, Kansas, Fort Leavenworth, 2005, pp. 23-30.

GARCÍA RAMÍREZ, Sergio: *Delincuencia organizada. Antecedentes y regulación en México*, México, Porrúa/UNAM, 2002.

GARCÍA, Caterina y RODRIGO, Ángel J. (eds.): *La Seguridad comprometida. Nuevos desafíos, amenazas y conflictos armados*, Madrid: Tecnos-Universidad Pompeu Fabra, 2008.

GARLAND, David: *La cultura del control. Crimen y orden social en la sociedad contemporánea*, Barcelona: Gedisa, 2005.

GARZÓN, Juan Carlos: "From Drug Cartels to Predatory Micro Networks: The "new" face of organized crime in Latin America", en Bagley, B; Rosen, J. y Kassab, H. (eds.): *Reconceptualizing Security in the Western Hemisphere in the 21st Century*, Lexington Books, 2015.

GARZÓN, Juan Carlos: "La rebelión de las redes criminales. El crimen organizado en América Latina y las fuerzas que lo modifican", en *Citizen Security and Organized Crime*, Washington: Woodrow Wilson Center, 2012.

GARZÓN, Juan Carlos: *Cómo responder al crimen organizado y terminar la guerra contra las drogas*, Washington: Woodrow Wilson Center, 2014.

GARZÓN, Juan Carlos: *Mafia & Co.The Criminal networks in Mexico, Brazil, and Colombia,* Bogotá: Planeta, 2008.

GASTALDI, Sol: "Repensando modelos de control civil para las democracias latinoamericanas. Un aportes desde la teoría de la agencia", en *Documentos de trabajo,* nº 11, Buenos Aires: Escuela de Defensa Nacional, 2013.

GAVIRIA, Alejandro y MEJÍA, Daniel (comps.): *Políticas antidroga en Colombia*, Colombia: Universidad de los Andes, 2011.

GAVIRIA, César, ZEDILLO, Ernesto y CARDOSO, Fernándo Henrique: *Drogas y democracia. Hacia un cambio de paradigma,* Río de Janeiro: Comisión Latinoamericana sobre Drogas y Democracia, 2009.

GAYRAUD, Jean-François: *El G-9 de las mafias del mundo. Geopolítica del crimen organizado*, Barcelona: Tendencias, 2007.

GLENNY, Misha: *Mc Mafia*, Argentina: Destino, 2008.

GODSON, Roy y WILLIAMS, Phill: "Strengthening Cooperation against Transnational Crime: a New Security Imperative", en Williams, P. y Vlassis, D. (eds):

Combating Transnational Crime: Concepts, Activities and Responses, special issue of Transnational Organized Crime, 1998.

GODSON, Roy: "The Political-Criminal Nexus and Global Security", en *Menace to Society. Political-Criminal Collaboration Around the World*, New Brunswick: Transaction Publishers, 2003.

GONZÁLEZ BUSTELO, Mabel: *Narcotráfico y crimen organizado*, Barcelona: Icaria, 2014.

GOODMAN, Louis W.: "Military Roles. Past and Present", en Diamond, L. y Plattner, M. (eds.): *Military Relations and Democracy*, Baltimore, The John Hopkins University Press, 1996.

GOOTEMBERG, Paul (ed.): *Cocaine.Global histories*, New York, Routledge, 1999.

GRILLO, Ioan: *El Narco. En el corazón de la insurgencia criminal mexicana*, México DF: Ediciones Urano, 2012.

HERNÁNDEZ, Anabel: *Los señores del narco,* México: Grijalbo, 2012.

HOBBES, Thomas: *Leviatán, o la materia, forma y poder de una república eclesiástica y civil*, México: Fondo de CulturaEconómica, 1992.

HOLMES, Stephen y CASS, Sunstein: *The Cost of Rights. Why Liberty Depends on Taxes,* Nueva York/Londres: W. W. Norton & Company, 1999.

HOLTZMANN, Guillermo: "Las funciones de asesoría de las Fuerzas Armadas en las democracias latinoamericanas: un aporte a la relación civil militar", Instituto de Ciencia Política, Santiago: Universidad de Chile, 2000.

HOROWITZ, Betty: "The Role of the Inter-American Drugs Abuse Control Commission (CICAD). Confronting the Problem of Illegal Drugs in the Americas", en *Latin American Politics and Society*, vol 52, nº 2, 2010.

ISENBERG, David: "The Pentagon War on Drugs: The Ultimate Bad trip", en *The Defense Monitor*, vol. 21, nº4, 1992, pp. 1-8.

ITURRALDE, Manuel y CAMMAERT, Felipe: *Estados de excepción y razón de Estado en Colombia,* Bogotá: Estudios Ocasionales Cijus/Universidad de los Andes, 1997.

KALDOR, Mary. (eds.): *La Búsqueda de la Seguridad*, Argentina: Paidós, 2013.

KALDOR, Mary: "Nuevos conceptos de seguridad", en García, C. y Rodrigo, A. J. (eds.), *La seguridad compartida. Nuevos desafíos, amenazas y conflictos armados*, Barcelona/ Madrid, Universitat Pompeu Fabra/Tecnos, 2008.

KALDOR, Mary: *Las nuevas guerras. Violencia organizada en la era global*, Barcelona: Tusquets Editores, 2001.

KAPLAN, Robert: *El retorno de la antigüedad. La política de los guerreros*, Barcelona: Ediciones B, 2002.

KEISTER, Jennifer: "The Illusion of Chaos. Why Ungoverned Spaces Aren't Ungoverned, and Why That Matters", en *Policy Analysis,* Cato Institute, nº 766, 2014.

KELSEN, Hans: *Teoría pura del derecho,* México: UNAM, 1959.

KILCULLEN, David: *Counterinsurgency,* New York: Oxford University Press, Inc., 2010.

KILLEBREW, Robert y BERNAL, Jennifer: *Crime Wars: Gangs, Cartels and U.S. National Security*, Washington DC: Center for a New American Security, 2010.

KILLEBREW, Robert: "Criminal Insurgency in the Americas and Beyond", en *Prism* nº 2, 2011, pp 33-52.

KOONINGS, Kees y KRUIJT, Dirk: *Drogas, democracia y seguridad. El impacto del crimen organizado en el sistema político en América Latina*, La Haya, Netherlands Institute for Multi-Party Democracy, 2011.

KRUIJT, Dirk (ed.): *Political Armies: The Military and Nation Building in the Age of Democracy,* Londres: Zed Books, 2002.

KRUIJT, Dirk y KOONINGS, Kees: "From political armies to the 'war against crime': The transformation of militarism in Latin America", en Stavrianakis, A.; Selby, J. y e Oikonomou, I. (eds.), *Militarism and International Relations:Political Economy, Security, Theory*, Londres: Routledge, 2012, pp. 91-103.

KRUIJT, Dirk, GARETH, Jones y RODGERS, Dennis (eds.): *Youth Gangs in Latin America. Gangs and Juvenile Justice in Perspective*, Nueva York: Palgrave Macmillan, 2009.

KURTENBACH, Sabine: "El nuevo escenario de (in)seguridad en América Latina ¿Amenaza para la democracia?, en *Nueva Sociedad*, nº 236, 2003, pp. 11-37.

LAGOS, Martha y DAMMERT, Lucía (eds.): *La seguridad ciudadana. El problema principal de América Latina*, Santiago: Latinobarómetro, 2012.

LAMBAKIS, Steven: "Reconsidering asymetric warfare", en *Joint Force Quarterly,* nº 36, 2004, pp.102-108.

LASALLE, Ferdinand: *¿Qué es la Constitución?,* México: Ediciones Coyoacán, 1994.

LEAL, Francisco: *La inseguridad de la seguridad. Colombia 1958-2005*, Bogotá: Planeta, 2006.

LOCKE, Rachel: *Organized Crime, Conflict, and Fragility: A New Approach*, Nueva York: International Peace Institute, 2012.

LÓPEZ, Claudia (ed.): *Y refundaron la patria... De cómo mafiosos y políticos reconfiguraron el Estado colombiano*, Bogotá: Corporación Nuevo Arcoiris y Random House Mondadori, 2ª ed., 2010.

LOVERMAN, Brian: *Strategy for Empire. US regional security policy in the Post-Cold War Era*, Theworld Beat Series nº 4, New York: SR Books, 2004.

LUPSHA, Peter: "El crimen organizado transnacional versus la Nación-Estado", en *Revista Occidental*, Instituto de Investigaciones Culturales Latinoamericanas, 14 (81), 1997, pp. 15-48.

MABRY, Donald J.: "Aplicación de la doctrina de conflictos de poca intensidad al negocio de la cocaína", en Revista *Militares y Democracia en Bolivia:* Occidental. Estudios Latinoamericanos, año 9, nº,11. IICLA, 1992, pp. 67-83.

MADRAZO, Alejandro: *El impacto de la política de drogas 2006-2012 en la legislación federal,* CIDE, 2014.

MADRAZO, Alejandro: *Los costos constitucionales de la guerra contra las drogas: una primera aproximación (desde México)*, Cuadernos de Trabajo del Seminario de Política de Drogas, nº 12, México: CIDE, 2014.

MAIHOLD, Gunter y JOST, Stefan (eds.): *El Narcotráfico y su combate*, México: Konrad Adenauer Stiftung, 2014.

MALDONADO ARANDA, Salvador: "Drogas, violencia y militarización en el México rural. El caso de Michoacán", en *Revista Mexicana de Sociología,* vol. 74, nº 1, 2012, pp. 5-39.

MARTÍNEZ, Jaime: *Maras en El Salvador y su relación con el crimen organizado transnacional*, Bogotá: Friedrich Ebert Stiftung, Programa de Cooperación en Seguridad Regional, 2010.

MATFESS, Hilary y MIKLAUCIC, Michael (eds.): *Beyond Convergence. World Without Order*, Washington D.C.: Center for Complex Operations, Institute for National Strategic Studies, National Defense University Press, 2016.

MATHIEU, Hans y NIÑO, Catalina (eds.): *Seguridad Regional en América Latina y el Caribe. Anuario*, Bogotá: Friederich Ebert Stinburg, 2011.

MENDEL, William: "Operation Rio: Taking Back the Streets", en *Military Review* vol. 77, nº 3, 1997, pp. 11-17.

MÉNDEZ, Juan E.; O´DONNEL, Guillermo y PINHEIRO, Paulo Sérgio (comps.): *Democracia, violência e injustiça. O não-Estado de Direito na América Latina*, San Pablo: Paz e Terra, 2000.

METZ, Steven: *The Future of Insurgency*, Carlisle Barracks: USAWC, 1993.

MIGDAL, Joel S.: *Estados débiles, Estados fuertes*, México: Fondo de Cultura Económica, 2001.

MIKLAUCIC, Michel y BREWER, Jacqueline (eds.): *Convergence. Illicit Networks and National Security in the Age of Globalization*, Washington D.C.: Center for Complex Operations, Institute for National Strategic Studies, National Defense University Press, 2013.

MOLOEZNICK, M. Pablo: "Fuerzas Armadas en México: entre la atipicidad y el mito", en *Nueva Sociedad*, nº 213, 2008.

MOLOEZNIK, M. Pablo: "Militarización de la seguridad pública, autonomía de las fuerzas armadas e imperativo de la reforma militar en México" en *El Cotidiano*, vol. 22, n° 146, 2007, pp. 99-107.

MOLOEZNIK, M. Pablo: "Seguridad pública y reforma policial en México: ¿cambio o continuidad?" en Dammert, L. y Bailey, J. (coords.), *Seguridad pública y reforma policial en las Américas*, México: Siglo Veintiuno Editores, 2005.

MOLOEZNIK, M. Pablo: "Seguridad y uso de la fuerza en el Estado contemporáneo", en *Revista del Centro de Estudios Latinoamericanos*, Universidad de Varsovia, vol. 6, 2004, pp. 29-36.

MORLINO, Leonardo: "Explicar la calidad democrática: ¿qué tan relevantes son las tradiciones autoritarias?", en *Revista de Ciencia Política*, Santiago: Pontificia Universidad Católica de Chile, vol. 7, nº. 2, 2007, pp. 3-20.

MOSKOS, Charles; ALLEN, John y SEGAL, David: *The postmodern military*, EE.UU: Oxford University Press, 2000.

NAÍM, Moisés: *Ilícito*, Madrid: Debate, 2006.

NARANAJO, Óscar: "Entrevista al General (Retirado) de la Policía Nacional de Colombia Óscar Naranjo, Asesor de seguridad de Peña Nieto", en: *El País*, Madrid, 29 de septiembre de 2012.

NÓBREGA, José Maria: "Segurança pública e democracia: o uso das forças armadas nasoperaço es do Rio de Janeiro em 2010", en *Debate*, Rio de Janeiro: Pontifícia Universidade Católica de Rio, vol. 3, nº 1, 2011, pp. 16-22.

NYE, Joseph S:"Get Smart-Combining Hard and Soft Power", en *Foreign Affairs*, vol. 88, nº4, 2009, pp. 160-163.

O'DONNELL, Guillermo, VARGAS CULLELL, Jorge y IAZZETTA, Osvaldo (eds.): *Quality of Democracy: Theory and Applications*, Chicago: University of Notre Dame Press, 2004.

O'DONNELL, Guillermo: "Acerca del Estado en América Latina contemporánea: diez tesis para discusión", en *La Democracia en América Latina*, PNUD. Argentina, 2004.

OJEDA, Carlos: *Amenazas multidimensionales: una realidad en Sudamérica*, Santiago de Chile: ANEPE, 2013.

OROZCO, Iván y GÓMEZ, Juan Gabriel: *Los peligros del nuevo constitucionalismo en materia criminal*, Bogotá: Universidad Nacional de Colombia (iepri)/ Temis, 1999.

PABÓN, Natalie: "Las relaciones cívico-militares en la Política de Seguridad Democrática", en Vargas, A. (ed.), *Perspectivas actuales de la Seguridad y la Defensa en Colombia y América Latina*, Bogotá: Universidad Nacional de Rosario, 2008.

PATERSON, Pat y BLAIN Cristina "Derechos Humanos y la lucha contra las organizaciones criminales transnacionales: una estrategia imprescindible", en *Security and Defense Studies Review*, vol. 16. CHDS / NDU. EE.UU, 2014.

PEACOCK, Susan C. y BELTRÁN, Adriana: "Poderes ocultos. Grupos ilegales armados en la Guatemala postconflicto y las fuerzas detrás de ellos", WOLA, 2004.

PEARCE, Jenny: "Perverse State Formation and Securitized Democracy in Latin America", en *Democratization* vol. 17, nº 2, 2010, pp. 286-306.

PEÑA, Carlos: "La Policía y el Sistema Democrático", en Fruling, H. (ed.), *Control Democrático en el mantenimiento de la Seguridad Interior*, Santiago: CED, 1996.

PERALES, José Raúl (ed.): *Reforma de las Fuerzas Armadas en América Latina y el impacto de las amenazas irregulares*, Washington DC: Woodrow Wilson Center, 2008.

PEREYRA, Guillermo: "México: violencia criminal y "guerra contra el narcotráfico", *Revista Mexicana de Sociología*, vol. 74, nº 3, 2012, pp. 429-460.

PEVEHOUSE, John C.: "Democracy from the Outside-In?", en *International Organizations and Democratization*, vol. 56, nº 3, 2002, pp. 515-549.

PION-BERLIN, David y CRAIG, Arceneaux: "Decision-Makers o Decision-Takers? Military Missions and Civilian Control in Democratic South America", en *Armed Forces and Society*, vol. 26 n° 3, 2000.

PION-BERLIN, David y TRINKUNAS, Harold: "Latin America's Growing Security Gap", en *Journal of Democracy*, vol. 22, nº 1, 2011, pp. 39-53.

PION-BERLIN, David: "Militares y democracia en el nuevo siglo. Cuatro descubrimientos inesperados y una conclusión sorprendente", en *Nueva Sociedad*, nº 213, 2008, pp. 50-63.

PION-BERLÍN, David; TRINKUNAS, Harold: "Civilian praetorianism and military shirking during constitutional crises in Latin America", en *Congreso Internacional de Latin American Studies Association*, nº 38, 2009.

PIZARRO LEONGÓMEZ, Eduardo: *Una democracia asediada. Balance y perspectivas del conflicto armado colombiano*, Bogotá: Grupo Editorial Norma, 2004.

PRIETO, Alberto: *Las guerrillas contemporáneas en América Latina*, Bogotá: Ocean Sur, 2007.

PRZEWORSKI, Adam: *Democracia y mercado,* Cambridge: Cambridge University Press, 1995.

PULIDO, Julia y SANSÓ-RUBERT, Daniel: "A Phenomenological Analysis of Terrorism and Organized Crime from a Comparative Criminological Perspective", en *Journal of Law and Criminal Justice*, vol. 2, nº 2, 2014, pp. 113-131.

RAMOS, José María: "Seguridad ciudadana y seguridad nacional en México: hacia un marco conceptual", en *Revista Mexicana de Ciencias Políticas y Sociales*, vol. 47 (194): 2005, pp. 33-52.

RAVELO, Ricardo: *Narcomex*, Debate España. 2012.

RIBANDO SEELKE, Clare: *Gangs in Central America*, Washington DC: Congressional Research Service, 2011.

RIVERA, Fredy: "Estudio introductorio: seguridad multidimensional en América Latina", en Rivera, F. (ed.), *Seguridad multidimensional en América Latina*, Quito: Facultad Latinoamericana de Ciencias Sociales (FLACSO) / Ministerio de Cultura, 2008, pp. 11-33.

ROJAS ARAVENA, Francisco: "El riesgo de la superposición entre las políticas de defensa y seguridad", *Nueva Sociedad*, nº 213, 2008.

ROJAS ARAVENA, Francisco: "Ingobernabilidad: Estados colapsados, una amenaza en ciernes", en *Nueva Sociedad*, n° 189, 2005, pp. 36-49.

ROJAS, Saúl y PEÑA, Mónica A.: "¿Por qué el conflicto colombiano puede ser calificado como una guerra asimétrica?", en *Perspectivas en inteligencia* nº 6, 2011, pp.15-33.

ROSE-ACKERMAN, Susan: *Corruption and Government. Causes, Consequences, and Reform*, Cambridge: Cambridge University Press, 1999.

ROSIN, Eileen: *Drogas y democracia en América Latina,* Buenos Aires: Biblos, 2005.

ROTBERG, Robert I.: "Failed States, Collapsed States, Weak States: Causes and Indicators", *State Failure and State Weakness in a Time of Terror*, 1-25, Cambridge: The World Peace Foundation, 2003.

SABET, Daniel: "Confrontation, Collusion and Tolerance: The Relationship Between Law Enforcement and Organized crime in Tijuana," en *Mexican Law Review*, vol. 11, nº 2, September, 2009, pp. 3-29.

SAIN, Marcelo: *Los votos y las botas. Estudios sobre la defensa nacional y las relaciones-civiles militares en la democracia argentina,* Buenos Aires: Prometeo Libros, 2010.

SAINT Pierre, Héctor; KUHLMANN, Paulo Loyola y WINAND, Érica: "Militares y tareas subsidiarias: la inconsistencia política de la reglamentación de las misiones de las Fuerzas Armadas en Brasil", en *Boletín Resdal,* IV, 30, 2008.

SAINT-PIERRE, Héctor y DONADELLI, Laura: "El empleo de las Fuerzas Armadas en asuntos internos", en Maihold, Gunter y Jost, Stefan (ed.), *El Narcotráfico y su combate*, México: Konrad Adenauer Stiftung, 2014, pp. 73-74.

SAINT-PIERRE, Héctor: "El concepto de seguridad multidimensional: una aproximación crítica", en ALDA, Sonia y GÓMEZ V. (eds.), *El concepto y las relaciones multilaterales de seguridad y defensa el contexto de la UNASUR,* Madrid: Instituto Universitario General Gutiérrez Mellado / Ministerio de Defensa Nacional, España, 2012, pp. 39-43.

SAINT-PIERRE, Héctor: "Fundamentos para pensar la distinción entre defensa y seguridad", en RESDAL (ed.), *Atlas comparativo de la Defensa en América Latina y el Caribe*. Buenos Aires: RESDAL, 2012.

SALOMÓN, Leticia: "Political System, Armed Forces and Interruption of Constitutional Order", en *A Comparative Atlas of Defence in Latin America and the Caribbean. 2010 Edition*, Buenos Aires: Red de Seguridad y Defensa de América Latina (RESDAL), 2010, pp. 240-241.

SÁNCHEZ DAVIS, Rubén y RODRÍGUEZ MORALES, Federmán: *Seguridad, democracia y seguridad democrática*, Bogotá: Editorial Universidad del Rosario, 2007.

SANSÓ-RUBERT, Daniel y GIMÉNEZ-SALINAS, Andrea: *Crimen Organizado*, en De la Corte, Luis y Blanco, José (comps.): *Seguridad nacional, amenazas y respuestas*, Madrid: LID, 2014.

SANSÓ-RUBERT, Daniel: "¿Inteligencia criminal?: Líneas de demarcación y áreas de confusión. La necesidad de reevaluar su rol en la esfera de la seguridad y en la lucha contra la criminalidad organizada", en VELASCO, Fernando y ARCOS, Rubén (eds.), *Cultura de Inteligencia*, Madrid: Plaza y Valdés, 2012.

SANSÓ-RUBERT, Daniel: "Criminalidad organizada transnacional y seguridad internacional", en Fernández Rodríguez, J. J., Jordán, J., y Sansó-Rubert Pascual, D. (eds.), *Seguridad y Defensa hoy. Construyendo el futuro*, Madrid, Plaza y Valdés Editores, 2008.

SANSÓ-RUBERT, Daniel: "Criminalidad organizada y tráfico ilícito de armas ligeras. Repercusiones en el ámbito de la seguridad internacional", en VV.AA, *Actores armados no estatales. Retos a la seguridad*, Madrid. Cuaderno de Estrategia número 152, Instituto Español de Estudios Estratégicos-Centro Mixto Universidad de Granada-MADOC, Ministerio de Defensa, 2012, pp. 177-205.

SANSÓ-RUBERT, Daniel: "Impacto social del fenómeno criminal organizado: déficit constitucional, deslegitimación estatal, corrupción, radicalización y crisis de Gobernanza", Bañón i Martínez, R. y Tamboleo García, R. (Eds.), *Gestión de la escasez: participación, territorios y estado del bienestar. Experiencias de democracia y participación*, Madrid, GOGEP Complutense, 2013, pp. 297-305.

SANSÓ-RUBERT, Daniel: "La participación militar en la provisión de seguridad ciudadana y su empleo frente a la expansión del fenómeno criminal organizado", en *Sociedad Internacional en el siglo XXI: Nuevas perspectivas de la seguridad*, García Rico y Torres Cazorla (eds.), Madrid: Plaza y Valdés, 2011, pp. 221-238.

SANSÓ-RUBERT, Daniel: "Seguridad Vs. Libertad: el papel de los servicios de inteligencia", en Joseph Mª Felip Sardá (coord.), *Inteligencia y seguridad nacional: el estado de la cuestión*, Cuadernos Constitucionales de la Cátedra Fadrique Furió Ceriol núm. 48, Valencia: Universidad de Valencia, 2004, pp. 85-112.

SAVENIJE, Wim: *Maras y barras. Pandillas y violencia juvenil en los barrios marginales en Centroamérica*, San Salvador: Facultad Latinoamericana de Ciencias Sociales (FLACSO), 2009.

SEPÚLVEDA, Isidro (coord.): *Seguridad humana y nuevas políticas de defensa en Iberoamérica*, Madrid: Instituto Universitario General Gutiérrez Mellado, 2007.

SEPÚLVEDA, Isidro y ALDA, Sonia: *La administración de la Defensa en América Latina*, Madrid: Instituto Universitario General Gutiérrez Mellado, 2008, vols. I, II y III.

SERRANO, Mónica y TORO, Celia: "Del Narcotráfico al Crimen Transnacional Organizado en América Latina", en Berdal, M. y Serrano, M. (comps.), *Crimen transnacional organizado y seguridad internacional*, México: Fondo de Cultura Económica, 2005, pp. 233-273.

SHEMELLA, Paul: "The Spectrum of Roles and Missions of the Armed Forces", en Bruneau, Thomas C. y Tollefson, Scott (eds.), *Who Guards the Guardians and How: Democratic Civil - Military Relations*, Austin. University of Texas Press, 2006.

SHIFTER, Michael: *Countering Criminal Violence in Central America*,Washington, DC: Council on Foreign Relations, Center for Preventive Action, Council Special Report nº 64, 2012.

SMITH, Peter H.: "Semiorganized International Crime: Drug Traffickers in Mexico" en T. Farer (comp.), *Transnational Crime in the Americas*, Nueva York-Londres: Routledge, 1999.

SOARES, Eduardo; PIMENTEL, Rodrigo; BATISTA, Andre: *Tropa de élite*, Barcelona: Los Libros del Lince, 2010.

SOLÍS, Guillermo y FOGLESONG, Todd: "El crimen organizado y su impacto en las sociedades democráticas. Reflexiones sobre México, Centroamérica y la República Dominicana: El papel de la sociedad civil", en SOLÍS G. y ROJAS F. (eds.), *Crimen organizado en América Latina y el Caribe*, Santiago de Chile: Catalonia, 2008.

SOLÍS, Luis Guillermo y ROJAS ARAVENA, Francisco (eds.): *Crimen organizado en América Latina y el Caribe*, Santiago de Chile: Ed. Catalonia, FLACSO Secretaría General, 2008.

STEPAN, Alfred: *Rethinking Military Politics. Brazil and the Southern Cone*, Princeton: Princeton University Press, 1988.

STEWART, Patrick: *Weak Links, Fragile States, Global Threats and International Security*, Oxford: University Press, 2011.

SULLIVAN, John P. y ELKUS, Adam: "Plazas for Profit: Mexico's Criminal Insurgency", en *Small Wars Journal*, 2009.

SULLIVAN, John P.: "From Drug Wars to Criminal Insurgency: Mexican Cartels, Criminal Enclaves and Criminal Insurgency in Mexico and Central America. Implications for Global Security," *Working Paper* n° 9, Paris: Fondation Maison des sciences de l'homme, FMSH-WP, 2012.

TELLERÍA, Loreta: *Fuerzas Armadas, seguridad interna y democracia en Bolivia: entre la indefinición estratégica y la criminalización social*, Buenos Aires: CLACSO, 2004.

THIES, Cameron G.: *Public Violence and State Building in Central America*, Honolulu: International Studies Association, 2005.

THOUMI, Francisco E.: *Illegal Drugs, Economy, and Society in the Andes*, Washington and Baltimore: Woodrow Wilson Center Press/The Johs Hopkings University Press, 2003.

THOUMI, Francisco E.: "Organized Crime and Democratic Government in Colombia", en Francisco E. Thoumi (et al.), *The Impact or Organised Crime on Democratic Governance in Latin Americ*a, Berlín: Friedrich Ebert Stiftung, Department for Latin America and the Caribbean, 2010, pp. 4-12.

THUOMI, Francisco (ed.): *Drogas ilícitas en Colombia. Su impacto económico, político y social*, Bogotá: Ed. Ariel/PNUD, 1997.

TORO, María Celia: "México y Estados Unidos: el narcotráfico como amenaza a la seguridad nacional", en Aguayo, S. y Bagley, B. (comps.), *En busca de la seguridad perdida. Aproximaciones a la seguridad nacional mexicana*, México D.F.: Siglo XXI, 1990, pp. 367-398.

TULCHIN, Joseph S.: "Control democrático de las Fuerzas Armadas", en Tulchin, J. S. (et al.), *Nuevos temas de seguridad en América Latina*, Barcelona: CIDOB ediciones, 2002.

TULCHIN, Joseph S.; BENÍTEZ MANAUT, Raúl, y DIAMINT, Rut (eds.): *El Rompecabezas. Conformando la seguridad hemisférica en el siglo XXI,* Buenos Aires: Prometeo libros, 2006.

TULCHIN, Joseph y FAGAN, Graig: "Perfil actual de la seguridad ciudadana e impacto en la gobernabilidad democrática", en Bobbea, L. (ed.), *Entre el crimen y el castigo. Seguridad ciudadana y control democrático en América Latina y el Caribe*, Caracas: FLACSO y Woodrow Wilson International Center, 2003. p. 13-29.

VALDÉS, Guillermo: *Historia del Narcotráfico en México*, Madrid: Aguilar, 2013.

VARGAS VELÁSQUEZ, Alejo (ed.): *Fuerzas Armadas en la política antidrogas. Bolivia, Colombia, México*, Bogotá: Universidad Nacional de Colombia, 2011.

VARGAS VELÁSQUEZ, Alejo (ed.): *El papel de las Fuerzas Armadas en la política antidrogas colombiana 1985-2006*, Bogotá: Universidad Nacional de Colombia, 2006.

VARGAS, Jorge: "La calidad de la democracia y el estudio comparado de la democratización", en *Revista Latinoamericana de Política Comparada,* 5, 2011, pp. 67-94.

VELASCO, José Luis: *Insurgency, Authoritarianism, and Drug Trafficking in Mexico's «Democratization»*, Nueva York: Routledge, 2005.

VILLALOBOS, Joaquín: "Nuevos mitos de la guerra contra el narco", en *Nexos*, enero de 2012.

VILLAMARÍN, Luis Alberto: *Narcoterrorismo. La guerra del nuevo siglo*, Madrid: Ediciones Nowtilus, 2005.

VON CLAUSEWITZ, Carl: *De la guerra*, Barcelona: Editorial Labor, 1976.

VV.AA: *Atlas comparativo de la defensa en América Latina*, RESDAL, Bogotá: Programa de Cooperación en Seguridad Regional / Friedrich Ebert Stiftung, 2014.

WAILSELFISZ, Julio: *Mapa da violencia: Os jovens de América Latina*, Río de Janeiro: UNESCO-Instituto Sangari, Ministerio de Justiça, 2008.

WALKMANN, Eric: *El Estado anómico: derecho, seguridad pública y vida cotidiana en América Latina*, Buenos Aires: Iberoamericana, 2006.

WALSH, John M.: "¿Ya llegamos? Midiendo el progreso obtenido en la guerra contra las drogas en Latinoamérica", en *Drug War Monitor* vol. 3, nº 5, 2005.

WITKER, Iván: "Del prototerrorismo al narcoterrorismo. Revisando la violencia política en América Latina", en *Política y Estrategia*, nº 96, 2004.

WOODWARD, Bob: *Las guerras secretas de la CIA*, México: Grijalbo, 1988.

World Bank: *Crime and Violence in Central America: A Development Challenge*, 2011.

YOUNGERS, Coletta A. y ROSIN, Eileen (eds.): *Drugs and Democracy in Latin America. The Impact of U.S. Policy*, Boulder: Lynne Rienner Publishers, 2010.

ZALUAR, Alba: *Integraçao perversa. Pobreza e tráfico de drogas*, Río de Janeiro: Editora FGV, 2004.

ZAVERUCHA, Jorge.: *Forças armadas y polícia. Entre o autoritarismo e a democracia, 1999-2002*, Río de Janeiro: Editorial Record, 2005.

ZÚÑIGA, Liza: "Desafíos institucionales de la colaboración policial-militar: El Triángulo Norte", en *Revista URVIO*, n.º 12, 2012, pp. 83-96.

Made in the USA
Monee, IL
04 November 2026

67387166R00128